电子信息技术研究

张庆顺　郜周军　刘延宝　主编

黑龙江朝鲜民族出版社

图书在版编目（CIP）数据

电子信息技术研究 / 张庆顺, 郜周军, 刘延宝主编.
哈尔滨：黑龙江朝鲜民族出版社, 2024. -- ISBN 978-7-
5389-2944-7

Ⅰ. G203

中国国家版本馆CIP数据核字第20253TJ331号

DIANZI XINXI JISHU YANJIU

书　　名	电子信息技术研究	
主　　编	张庆顺　郜周军　刘延宝	
责任编辑	赵海霞	
责任校对	姜哲勇	
装帧设计	韩元琛	
出版发行	黑龙江朝鲜民族出版社	
发行电话	0451-57364224	
电子信箱	hcxmz@126.com	
印　　刷	黑龙江天宇印务有限公司	
开　　本	787mm×1092mm　1/16	
印　　张	14	
字　　数	310千字	
版　　次	2024年12月第1版	
印　　次	2025年4月第1次印刷	
书　　号	ISBN 978-7-5389-2944-7	
定　　价	56.00元	

编 委 会

主 编

张庆顺 临沂市妇幼保健院

郜周军 山东省邮电工程有限公司

刘延宝 山东省邮电工程有限公司

副主编

于法帅 山东省邮电工程有限公司

徐 杰 山东省邮电工程有限公司

张海伟 山东省邮电工程有限公司

前　言

当今世界，信息技术迅猛发展，全球一体化趋势日趋明显。所以，对目前我国电子信息技术发展中所面临的困难与问题进行深刻的分析，对促进我国信息化建设具有重要意义。

在已经进入信息时代的当今社会，电子信息技术在社会中得到了广泛的应用和普及，并已经渗透各行各业、人们生活的各个方面。在日常生产生活中，电子信息技术和人工智能技术已经在诸多方面给予了帮助。电子信息技术和人工智能技术的结合，可以提高两种技术的发展水平，促进和推动生产力的发展，所以对人工智能在电子信息技术中的应用进行分析，有着现实的价值和意义。我国电子信息技术发展迅速，从而取得了令人满意的效果。但由于受国际经济环境的影响和制约，我国的经济增长速度已显著减缓。当前，世界许多国家的经济和社会发展都以电子信息技术为主要推动力，电子信息技术在国民经济中所占的比例逐渐增加。在世界各国的信息化进程中，我国的电子信息技术已处于高速和可持续发展的态势。

电子信息技术的发展使人类文明取得了巨大进步，对社会经济发展起到了良好的促进作用。本书旨在对电子信息技术进行研究探讨，不断寻求对策，紧跟市场发展趋势，加强自身的技术创新，加强技术研究，借鉴国外的技术与实践，使我国的电子信息技术取得持续的发展，以促进我国的社会、经济、整体力量的提升，提高我国在世界上的地位和在世界上的竞争力。

目 录

第一章 电子信息技术概述

目前,电子信息技术在现代生活中的运用已经渗透到各个领域。一些科学技术的发明创造不仅为科学事业的进步做出了贡献,而且对于人类发展进入一个新的时代也发挥了关键性的作用。本章主要对电子信息技术的内容进行简要概述。

第一节 关于信息科学技术

一、信息的含义

"信息(information)"一词早期的含义基本上等同于"消息(massage)",但到了20世纪50年代,信息与消息的含义逐渐有了区别。到了20世纪末,由于微电子技术、计算机技术的发展,移动通信和互联网普及。相应地,我们的时代也由工业化时代进入信息化时代,那么什么是信息呢?对"信息"一词有多种从不同角度出发给出的定义(解释),但一般说来,信息是人类社会、宇宙和大自然的一切事物运动变化的表征。社会、宇宙和大自然是不断运动变化的,因此它们在不断发出信息;相反,如果事物死亡了,或者说运动终止了,那么信息也就没有了。因此,一个寂静的世界是不产生信息的。

人类正是通过获取自然界的信息来了解自然,认识自然;通过获取人类社会各方面的信息来了解社会,认识社会;通过交换彼此获得的信息来促进人类科学技术的不断发展和社会的不断进步。信息是知识,是资源,也是财富。因此,当代社会将信息、材料和能源并列,称之为"社会的三大支柱"。

信息,指音讯、消息、通信系统传输和处理的对象,泛指人类社会传播的一切内容。人通过获得、识别自然界和社会的不同信息来区别不同事物,得以认识和改造世界。在一切通信和控制系统中,信息是一种普遍联系的形式。

二、关于信息技术

人类对信息的认知是随着科学技术的发展而深化的,"信息"所包含的内容也在不断丰富。不论何种信息，要描述它都需要通过语音，文字（包括定律，数学公式和数据等书面形式）或图像反映出来，因而信息与语音，文字和图像密不可分，在一定程度上可以说：信息技术是关于语音、文字和图像的技术。

而语音、文字和图像又不与信息等同。例如，不同的人，用同一种语言描述同一事物，可能一个人文字简洁，描述得十分清楚，而另一个人文字冗长，却词不达意，不能使人明白事物的本质。因此，人们逐渐又将语音、文字和图像看成是消息，而将信息看成是消息所表征的自然界事物运动变化的内在规律和本质。但在不少情况下，人们又并未将二者严格区分开来，往往信息一词指的就是消息，消息一词指的就是信息。

信息是客观存在，并不以人的意志为转移。但限于科学技术水平，经验与研究的不充分，人们现在对很多自然现象还不了解，甚至并未感知到它的存在；有的虽然已感知到它的存在，但不知其所以然，所以无法描述它。对于自然界的这类未知事物，它们还未进入人们的认知体系，也不能用信息技术方法描述它们，因而也未能给人们信息量。

人们能不断获得自然界的信息，丰富人们知识的前提是发展科学技术，其中包括信息技术，使信息畅通，并将信息转化为人们共同资源和财富。考察人类的发展历史，可以说人类社会的进步离不开信息技术的进步。人之所以由动物进化为人类，首先是创造了语言；动物可能也有"语言"，但是动物的语言远没有人类的语言复杂、完美。有了语言才可以彼此交流、沟通，交换各自得到的信息；后来又创造了文字，可以记录语言和其他信息现象，进而又发明了印刷术，有了出版物和图书馆，使得人类的知识可以长期保存并传承下去

语言在人类社会的信息交流中使用最频繁，也最便利，人们对语音的研究也最早。1876年，贝尔发明有线电话，可以使语言信息交流漂洋过海，而不受距离的限制，所以电话是早期信息技术的最重大的发明。贝尔发明的第一部电话远没有今天的程控电话先进，当时还没有电子技术，利用的是基本的电工原理——利用声音去控制电路中电流的大小。

除了语言之外，其次是图像。1938年，黑白电视广播开始商用，使图像通达千家万户。上面提到的这些技术伴随着世界工业革命而诞生，同时也大大地加快了工业革命的进程。人们无法想象，如果生活在20世纪初的人们没有电话，他们的工业化生产会如何进行；今天如果没有电视，那么，我们就会像井底之蛙，不了解外面的世界。电视不仅丰富了人们的物质文化生活，而且促进了工业化生产，如远程医疗会诊，武装机器人，导弹电视末制导等。

前面说的电话、电视都与电有关，然而，信息技术可以是非电的。例如，机械的、光的等。爱迪生发明的留声机，利用的就是记录声音产生机械振动的原理，他并未用到电。他制作的"第一台会说话的机器"是采用一张锡箔卷在刻有螺旋槽纹的金属圆筒上，让针的一头（针尖）轻擦着锡箔转动，另一头和受话器的膜片连接，在摇动曲柄转动螺

旋槽金属圆筒的同时对着受话器唱歌，歌声就通过针尖将声音的振动记录在锡箔上；而后将针头重新回到起始点，再摇动曲柄，受话器膜片就重新唱出了歌，这就是早期机械留声机的原理。

关于文字的技术也一直在发展，我国是最早使用活字印刷术的国家，也是第一个采用数字激光照排印刷技术的国家，并且我国的数字激光照排技术一直走在世界前列。新闻出版技术当然属于信息技术范畴。

然而信息技术的高速发展是在 20 世纪 90 年代之后。由于以互联网，移动通信网和数据通信网为代表的信息网络技术的成熟和普及，改变着全球经济社会发展的格局，促进社会的信息化变革。进入 21 世纪，信息化对经济社会发展的影响更加深刻。广泛应用高度渗透的信息技术正孕育着新的重大突破；信息资源日益成为重要生产要素、无形资产和社会财富；信息技术是当代社会最具潜力的新的生产力；信息化水平已成为现代化水平和综合国力的重要标志。

三、信息科学技术

"科学"一词已频繁出现在众多技术领域，然而何谓"科学"，尚无一个公认的定义。不同的国家，不同的学者，不同的时期，可能对"科学"一词会有不同定义。下面列举"科学"一词的几种典型定义。

1. 科学首先不同于常识，科学通过分类，以寻求事物中的条理。此外，科学通过揭示支配事物的规律，以求说明事物。

2. 从查找到的有关"科学"一词的众多不同定义中，仍然可以找到关于"科学"一词的一个共同含义，即：科学是如实反映客观事物固有规律的系统知识。

3. 根据"科学"一词的概念，再来考察"信息科学"，就不难理解其中的含义了。"信息科学"既古老，又年轻。说其古老，是由于人们为了生存就需要获取外界信息，无论是远古还是现代；说它年轻，是由于它一直处在发展与成熟的过程中。当代一般认为，信息科学是人类了解自然、感知自然、了解社会、沟通情报的一门综合性科学。信息科学是由信息论、通信工程、控制论、计算机科学、仿生学、系统工程与人工智能等学科互相渗透，相互结合而形成。如果从技术角度看，则可以认为：信息科学是系统研究信息获取、传输、处理、显示、存储、检索与应用的科学，它涉及语音、文字、图像等信息形式。

随着信息科学技术的不断进步，在世界工业体系中形成了庞大的信息产业。我国在信息技术研究领域发展迅速，建立了大量研究机构，目前在大学设立有若干相应的工科专业，如：通信工程、电子信息工程，电子信息科学与技术，光电信息科学与技术，光电信息工程，计算机科学与技术，控制科学与技术，以及数字媒体技术等。在大学本科专业之上又划分了若干研究生的专业学科，规划了各学科的重点研究方向，以培养信息学科的高级专门人才。在 21 世纪，随着学科的高度分化和高度结合，有关信息学科的专业设置学科分工及人才培养等将会不断调整与变化，以适应未来信息科学的发展。

第二节　电子科学技术的发展

一、微电子技术发展方向

微电子技术是电子信息技术未来发展的主要趋势，可以向着系统集成方向发展，直接代表了未来电子信息技术的发展前景。目前，微电子技术的发展是大规模的，甚至是特大规模的，可见其重要位置。微电子技术是一种新型的技术，在电子系统与电子电路微型化过程中形成发展起来的，是信息产业的核心技术，具有极强的渗透性。作为社会发展的关键技术，是未来的主要发展趋势。将微电子技术与其他学科相结合，可以形成新的交叉学科，可以为技术的研究开展贡献力量。

二、光电子技术发展方向

光电子技术在最近一段时间内，得到了迅速提升，其运用价值已在实践生产中逐渐显露出来。我们可以预见光电子技术将会是未来持续时间内电子科学技术发展应用的重点领域，3D 技术（三维数字化技术）会是这电子科学技术的运用主要形式。伴随着 3D 技术的综合性运用，也在潜移默化中推动了软性显示器的设计和运用，二者有机结合大大优化了工作程序。另外，LED 技术（发光二极管技术）也会成为电子科学技术在光电领域拓展的另一重点运用技术。众所周知，当下 LED 技术由于其本身的创新性与低碳环保的特点，在当代倡导绿色生态文明建设的社会中广泛运用，也在一些细微之处给人们带来了一些不曾有过的新鲜体验。可想而知，光电技术会是电子科学技术在未来着重发展的一个重要领域。

三、多核发展方向

计算机朝着多核方向发展是电子信息技术发展的主要趋势，是未来电子信息技术发展的主要方向。计算机作为电子信息技术的关键技术，为实现计算机高效工作，应朝着多核方向发展，确保其运行速度越来越快、处理器体积越来越小，发挥越来越重要的作用。简而言之，处理器是计算机的核心，自计算机产生以来，体积要小，运行速度要快，多核方向是未来计算机发展的主要方向，具有广阔的发展前景。除此之外，在朝着多核方向发展的情况下，可以实现智能技术与多媒体技术的结合可以促进人机交流，保证技术发展的智能化，促进技术进一步延伸发展。

四、通信技术发展方向

通信技术的出现也是电子科学技术发展的成果，通信技术是电子信息工程未来发展的主要方向，就通信技术全面发展的当下来看，通信技术中包含了诸多的卫星通信传播技术、数字化无线技术和有线技术的综合运用，其中发展良好的一个案例是中国移动通信技术的发展，当前人类社会已经离不开通信设备的支撑，因此深入研究和分析通信技术将会一直延续。

五、21世纪电子新器件——纳米电子器件

纳米电子学和纳米器件将是微电子器件的又一次革命，纳米电子器件的功能将远远超出人们的预期，它将给人类信息科学技术的发展带来新的变革。随着固体器件尺寸变小，达到纳米（$10^{-9}m=1\ nm$）级，其中受限电子会呈现量子力学波动效应和现象，使器件出现用经典力学无法解释的特性，这些特性在信息电子学看来是十分有用的，从而可以提供人们研究与制造新的电子器件，如纳米集成电路、纳米显示器等。

纳米电子学是当今世界电子学发展的大势所趋，全世界的众多科学家正大力开展研究工作并取得了很大进展。北京大学成立纳米科学与技术研究中心，通过化学、物理、电子、生物、微电子的多学科交叉，在超高密度信息存储材料、纳米器件的组装和自组装、纳米结构的加工、短单壁碳纳米管的结构和电子学特性研究、近场光学显微技术、纳米尺度的生物研究以及微电子机械加工技术方面都取得了可喜的成果，发现了0.34nm级别的单壁碳纳米管。

该碳纳米管上侧向垂直生长形状，得出了纳米电子器件的"T"型模型。这种"T型结"与纳米点，纳米线构成的"隧道结"一起，可能成为替代微电子P-N结（普通晶体管内的基本结构）的两种纳米电子学的基本结构。竖立起来的单壁碳纳米管本身有场致发光效用，因而可用于显示屏的开发，制备场发射器件和改进扫描探针。单壁碳纳米管很短时，出现的负电阻效用（负电阻等效于释放能量，这是微波振荡电路的物理基础）也引起了科学家们的兴趣。

第三节　电子信息科学技术

一般说来，电子信息科学技术主要是采用电子学的方法与手段来研究信息科学与技术，概括而言是研究信息获取、传输、处理、存储与检索利用等。

一、信息获取技术简述

一切生物都要随时获取外部信息才能生存。人类主要通过眼、耳、鼻等来获取外界信息，并利用大脑对信息进行加工，分析和处理，而后做出反应。目前还做不出对外部环境感知能超过人类的机器。信息科学技术的最高目标是能制造出和人类一样的机器，能感知外部环境，能自主进行思维分析并做出判断，能根据判断对外部环境做出反应，即采取适当行动。

目前，在信息获取技术方面，研究比较深入的是语音和图像信息的获取。

1. 语音信息的获取

获取语音信息有多种方法，除了早期留声机采用直接记录声波引起的机械振动的方法之外，大量采用的方法是将声音转换成电信号，统称这类转换器为拾音器。拾音器实际上是一种声音传感器，如固定电话和移动电话中的送话器、会场扩音系统中的麦克风等。按声波转换成电信号的不同机理，大致有两类器件，一类是采用压电晶体（或压电陶瓷），另一类是采用动感线圈。

压电陶瓷的物理特性是：当瓷体受压，则产生电，可通过瓷片两边的金属膜将电信号引出；如果在瓷片两边加电压信号，则瓷片就产生与电压信号相同的振动。动感线圈的工作原理是：线圈切割磁力线而产生电压。这两类拾音器的共同结构是都有一个振膜，以感知声波的振动。如将拾音器的输出送至受话器（或喇叭）则可发声。压电陶瓷成本低，灵敏度高，但音质不好。目前动感线圈原理制作的传感器用的较多，体积最大的如扩音器中的麦克风，最小的如移动电话中的送话器，直径仅约 6mm，高度不到 1mm。

2. 图像信息的获取

图像信息的获取应用十分广泛，如照相机、摄像机、视频会议，远程医疗，实时监控、机器人视觉、地球资源遥感等。要获取图像，首先要有摄像头。摄像头分为光电扫描摄像头和半导体电荷耦合器件（CCD）摄像头两大类，早期用光电摄像管，现在几乎全部采用 CCD，其区别在于摄像管中的感光器件。

（1）光电摄像管的工作原理

以光电导摄像管为例，它由感光靶面、光学镜头和电子束扫描控制（编转线圈）系统等组成。外部景物通过光学镜头成像在由光-电转换材料制成的靶面上，光的强弱不同，感光靶面上相应感光点上的电压强度就不同，各感光点上的电压信号由摄像管产生的电子束扫描靶面获取。从左至右扫描一条线，称之为一"行"，扫描完整靶面一次为一"场"，这就是早期电视摄像头的工作原理。扫描的快慢根据应用要求不同而不同，在模拟电视系统中是每秒扫描 50 场，每场图像扫描 625 行；如果是资源卫星中的图像遥感，则扫描频率可以慢得多。

顺便说明，彩色图像是由红、绿、蓝 3 种颜色图像的合成，因而要有红、绿，蓝 3 个摄像头分别摄像才能合成彩色图像。

（2）CCD 半导体摄像头工作原理

摄像头用电荷耦合器件（Charge Couple Device，CCD）代替了光电摄像管的靶面，用 DSP（Digital Signal Processing，数字信号处理技术）控制芯片代替光电摄像管中的电子束扫描系统。一个 CCD 元件构成一个像素点，目前 CCD 已经做到 1450 万个像素点。DSP 芯片比电子束扫描的控制精度高得多，且消耗功率很小。目前 CCD 几乎应用到了所有的图像传感器领域。

每一个 CCD 单元由电荷感应控制和传递 3 个小单元构成，电荷的多少由光的强弱决定，各单元的电荷依次按行在控制单元的控制下传递出去，按行、场的规律排列就组成了一幅图像。

可以制造出对不同光线敏感的 CCD 器件用作不同用途，如红外成像和微波遥感等。红外成像应用广泛，如医疗、温度检测、夜视仪、工业控制、森林防火等；微波遥感可用于资源卫星、探物、探矿等。

3. 物理参数信息的获取

工业控制中往往需要测量被控制对象的物理参数，如温度、压力、张力、变形、流量（液体或气体）、流速，等等，这些都是通过传感器实现的。一般传感器都得将被测参数的变化变成电参数的变化才能录取。设计与制造好的传感器的关键是材料。在大学本科相关专业课程中会安排专门课程介绍传感器技术。由于语音和图像信息的复杂性，在部分专业的教学计划中还安排有"语音信号处理"和"数字图像处理"方面的课程，这也是多年来研究生学习和课题研究的主要方向之一。

对语音和图像进行处理的有效工具是计算机。要使语音和图像进入计算机，首先必须将其数字化，变成一连串数字。

二、信息传输技术简述

信息传输是电子信息科学中的一个重要方面。信息传输的另一个常用技术名词叫通信。大学本科设有通信工程专业，旨在培养信息传输理论与技术兼备的复合型人才。

1.通信系统

（1）发送设备

多个功能部分设备的总称，包括信息获取，信号数字化，信号处理、编码和调制等。

（2）接收设备

完成与发送设备对消息所进行的相反变换（如解码、解调等），最后还原出所传送的消息。人们希望接收设备还原的消息与送入发送设备的消息完全相同，这不是不能做到，而是在不少场合没有必要。这是因为：

1）任何仪器都具有一定的精度，只要恢复的消息达到感知仪器的精度要求即可。

2）要提高传送消息的精度需付出设备成本代价，因此应根据通信系统的实际应用需求在传送消息的精度和设备成本代价之间折中选择。

（3）接收者

可以是人，也可以是机器。

（4）干扰源

表示信号在传输过程中可能引入的各种干扰，如设备的内部噪声和外来干扰等。通信设备多种多样，应用环境各不相同，要完成通信系统设备的设计制造，需要学习电路理论的多门课程［包括电子技术基础、高频电子线路（又称通信电子线路）、数字电路与微波技术基础等］。不过现在已很少用分离元件来制造电子系统，而是采用集成电路，因此电子系统的设计基本上等同于集成电路的设计。此外，现代通信系统都是硬件与软件的结合，甚至可以用计算机系统平台来实现原有通信系统的功能，因此除了硬件技术外，还应掌握软件技术。

2.通信系统类型

有多种划分通信系统类型的方法。如按信道类型来划分，就可以将通信系统划分为有线通信与无线通信。如固定电话、互联网、闭路电视属有线；移动电话、卫星通信，广播电视属无线；光纤传输属有线，大气激光通信属无线，等等。

无线通信可以工作在不同的频率。中波广播的频率是 525 ~ 1605 kHz，广播电视工作在 49 ~ 863 MHz，移动通信工作在 450 ~ 2300 MHz（在与电视重叠的频率部分二者须错开，即已分配给电视的频段，移动通信就不能用）；频率不同，无线通信设备的性能指标会不同，因此各个频段安排的用途也不同。

3.通信系统中的理论技术问题

对于通信系统中的理论技术问题已研究了一个多世纪，建立较完善的通信系统理论体系，总括起来其主要包括：信源编码理论、信道编码理论、调制理论、噪声理论和信号检测理论等。由于理论是在工程实践基础上的知识系统化和认知的升华，随着设备实现技术的不断进步，上述理论也一直在发展，今后还会进一步发展。

4. 通信网技术

当代通信一般都不是单点对单点，而是众多用户同时接入一个网络中，任何一个用户都可以跟接入网络的另一个用户通信，如固定电话网、移动通信网和互联网等。同一时刻可能有几万、几十万用户在同时呼叫对方。武汉的用户甲如何找到北京的用户乙，固定电话网中的用户甲如何找到移动电话网中的用户乙，这涉及路由和电路交换原理，同时还涉及通信网的体制结构与信号结构问题。固定电话网中的语音数据速率、信号结构与移动通信网中的语音数据速率、信号结构不同，这时要实现跨网通信，除了要选择路由和进行数据交换之外，还必须进行信号格式和速率的变换。

5. 互联网的未来

目前的信息网络组成格局是多网并存，如固定电话网、移动电话网、互联网和有线电视网等。近年各网的发展情况是固定电话网用户在减少，移动电话网、互联网在扩展。现在互联网已成为全世界信息汇聚的平台，不仅通过互联网可以了解当前世界正在发生的新闻，而且通过互联网可以打电话（网络电话、视频电话）、看电视（IPTV）、发邮件（代替传真），同时还可以在网上开视频会议等。网络已经成为人们工作、学习和娱乐的平台，也正成为越来越多人们生活的一部分。未来将是互联网的一网独大，其他的网络将逐步融合到互联网中来，而互联网技术本身也必将不断演进、发展。

三、信息处理技术简述

1. 信号处理与信息处理

信号通常是指代表消息的物理量，如电信号，光信号等，它们是由消息经变换后得到的。在通信中通常采用的信号有两类，一类是模拟信号，另一类是数字信号。它们由多个参数决定，如信号幅值、频率、持续时间等（光信号同样有这些参数）。信号的每个参数都可以由消息确定，如果消息是无失真变换成信号，这时消息中的信息就转移到了信号中，因此此时的信号序列已经含有信息。这一信号序列已成为信息的载体。除了人脑可以直接对信息进行加工处理之外，机器只能通过对载有信息的信号序列的处理才能实现对信息的处理。那么信号处理是否等同于信息处理？答案是：非也！它们有联系，但也有区别。

（1）信号处理

信号处理是针对信号中的某一参数所进行的运算，如编码、滤波、插值、去噪和变换等。在处理过程中系统并未考虑信号参数所代表的信息含义。因此，信号处理的系统模型可表示为从信号参数→信号参数，即输入的是信号参数，输出的仍然是信号参数，它无法感知信号参数所代表的信息内容和信号处理后的效果。例如，手机在传送语音时，首先获取的是模拟语音波形，而后将模拟波形变成数字信号，接着将数字信号每 20 ms

切割为一段，而后分析这 20 ms 的语音波形参数，再接着将这一组波形参数再编码为新的数字信号。

在上述这些处理过程中，系统是机械地根据信号进行操作，从一组参数变成了另一组参数，丝毫也未顾及信号中的信息。即使是在分割信号流时正好是将语音的一个音节切成两半，它也照切不误。因此手机对语音所进行的上述处理应属于信号处理。信号处理的目的和设计要求，并非服从或者服务于信息本身。上述手机对语音所进行的处理就是服从于通信系统对语音数据速率的限制，因此它不惜损伤语音信息本身。

（2）信息处理

信息处理有两种模型，一种是"信号→信息"，另一种是"信息→信息"。信息处理往往要通过对信号中代表信息的相应信号参数的处理来实现。信息处理与信号处理的区别主要是引入了对信号参数的理解，因此它对信号参数的处理目的是服从于信息本身，如要求图像清晰度高、音质好等。信息处理主要包括：信息参数提取与增强、信息分类与识别等。信息处理模块的设计与评价是以其输出信息的指标作为依据。

数字电视属第一类信息处理，它输入信号，输出图像。在数字电视机中对信号进行的处理都是为了获得好的图像。语音翻译机属第二类信息处理，系统中对语音信号进行的处理，如编码、语音参数提取、语音识别、语义分析、语音合成等，都是以语音信息的质量指标为前提。因此信息处理的输出是信息（即语音、文字和图像），信息处理系统中对信号进行处理的目的是获得所需要的信息参量指标，这和信号处理中的"信号→信号"模型是不同的，因此将其表示为"信号→信息"模型。

2. 汉字识别

汉字识别分为印刷体汉字识别和手写体汉字识别。印刷体汉字识别已成熟，困难的是手写体汉字识别，因为每个人的写字风格不同，行草程度不同。

手写体汉字识别分为联机手写体汉字识别和脱机手写体汉字识别。所谓联机手写体汉字识别是利用与识别系统（专用计算机或者专用汉字识别器等）相连的专用输入设备（如写字板、光笔等）写入单个汉字，待机器识别该汉字后再输入下一个汉字。这一技术已较成熟，目前大部分手机都有该项功能。所谓脱机手写体汉字识别是将文件、单据上的手写体汉字以照片或者扫描的方式输入识别系统，由系统完成对汉字的识别。

在脱机手写体汉字识别系统中又分为特定人和非特定人，非特定人手写体汉字识别是最困难的。然而，经过持续多年研究，当前该项技术也已接近实用程度，系统的正确识别率可达 95% 以上，采用一般个人计算机识别每秒可达每秒 2 ～ 5 个汉字。

3. 语音信息处理

语音信息处理包括语音识别与语音合成两方面。目前，语音信息处理技术研究已取得惊人进展，已有成熟的语音识别与语音合成芯片，不但在机器人中采用，而且已应用在智能玩具中，制造出了能听懂人说话和能说话的玩具，预计市场前景广阔。与此同时，语音研究的条件也越来越好，在新近发布的 Windows Vista 操作系统中嵌入了一个允许研究人员通过 API（应用程序接口）访问的一个语音平台，人们可以利用这一平台来研究语音信息，同时该平台还为计算机提供语音电话（voice call）和语音命令（voice command）等功能。

（1）语音识别

语音识别的第一步是将模拟语音波形数字化；第二步是从数字语音信号中提取语音参数，在这一步中要采用多种数字语音信号处理技术，如线性预测系数（LPC）分析、全极点数字滤波、离散傅里叶变换、反变换、求倒谱系数等，在学完了大学本科"高等数学"和"数字信号处理"两门课程后就可以理解上述名词的含义了；第三步是建立语音的声学模型和语音模型；第四步是根据语音参数搜索并匹配语音模型与声学模型，最后识别出语音。其中还有很多技术细节问题需要考虑，由于汉语有很多同音字，因此需要利用语义分析、联想等人工智能策略。

（2）语音合成

如果语音识别是将语音通过数字语音处理变为文本文件，那么，语音合成就是语音识别的逆过程，是将文本文件转换成语音，这就不难理解语音合成的原理了。采用语音合成技术可以生产出既能朗读书，又能朗读报刊的机器。

4.图像信息处理

语音信号是一维时间函数，而图像是二维的；语音信号的处理只是对数字序列进行运算，图像信号的处理是对一个平面的数据（矩阵）进行运算。因此图像信号处理的运算量比语音要大。图像信息处理的内容很多，包括图像去噪、增强、变换、边沿提取；图像分割、图像识别和图像理解等。图像信息处理有着广泛应用，如视频通信、网络电视、监控、人脸识别、机器人视觉、导弹自动寻的、目标识别、地球资源勘探等。

四、信息存储技术简述

信息的存储是信息系统的重要方面，如果没有信息存储，就不能充分利用已收集、加工的所有的信息，同时还要耗资、耗人、耗物来组织信息的重新收集、加工。有了信息存储，就可以保证随用随取，为单位信息的多功能利用创造条件，从而大大降低费用。其优点在于存取速度极快，存储的数据量大。信息存储时应当决定，什么信息存储在什么介质比较合适。总的来说凭证文件应当用纸介质存储；业务文件用纸或磁带存储；而主文件，如企业中企业结构、人事方面的档案材料、设备或材料的库存账目，应当存于磁盘，以便联机检索和查询。

信息存储在电子信息学科领域应划入计算机科学的范畴。下面介绍几种应用最广的电子信息存储技术。

1. 磁存储

磁存储的主要设备是硬盘，它是计算机的外部设备。计算机将数据通过磁头变成磁信号形式刻录在硬盘磁体上；记录在硬盘上的数据可以擦洗后重写；硬盘的尺寸有多种规格，最小的硬盘直径只有 2.16cm（0.85in），可以直接插在摄像机内作为数字图像的大容量存储器。

2. 光存储

光存储是计算机将数据通过激光头记录在 CD（Compact Disc）盘片上。有一次写入型 CD 盘片和多次擦写型 CD 盘片两种。盘片性能差别较大，如目前较好的蓝光 DVD 盘片可保存数据 70 年，一张 DVD 盘片上可存入的数据量是 4.7 ～ 8.3 GB。随着技术的进步，盘片的数据容量还将提高。

五、信息检索技术简述

信息检索有广义和狭义之分。广义的信息检索全称为"信息存储与检索"，是指将信息按一定的方式组织和存储起来，并根据用户的需要找出有关信息的过程。狭义的信息检索包括三个方面的含义：了解用户的信息需求、信息检索的技术或方法、满足信息用户的需求。

由信息检索原理可知，信息的存储是实现信息检索的基础。这里要存储的信息不仅包括原始文档数据，还包括图片、视频和音频等，首先要将这些原始信息进行计算机语言的转换，并将其存储在数据库中，否则无法进行机器识别。待用户根据意图输入查询请求后，检索系统根据用户的查询请求在数据库中搜索与查询相关的信息，通过一定的匹配机制计算出信息的相似度大小，并按从大到小的顺序将信息转换输出。

信息检索是信息技术研究的重要内容，其含义是将信息按一定方式组织和存储起来，并根据用户的需要查找出所需要的信息内容。信息检索技术包含两方面：一是信息的组织结构和标识；二是检索系统。

根据信息检索的内容可划分为文件检索、数据检索、事实检索和概念检索等。无论是何种内容的检索，都要通过检索系统来进行。一个检索系统通常由检索文档、检索设备（计算机、网络等）等构成。

信息化社会即信息网络化社会，社会各方面的信息都汇聚到网络中，只有在网络具备良好信息检索功能的条件下，信息才能发挥作用，社会才能共享网络资源，才能实现社会信息化。

第四节　关于信息论

　　信息论（information theory）是运用概率论与数理统计的方法，研究信息、信息熵、通信系统、数据传输、密码学、数据压缩等问题的应用数学学科。信息论将信息的传递作为一种统计现象来考虑，给出了估算通信信道容量的方法。信息传输和信息压缩是信息论研究中的两大领域。这两个方面又与信道编码定理、信源—信道隔离定理相互联系。

　　信息论是将传送的消息看成是不相关的白噪声（即消息元素之间不存在任何联系），这与自然界的一切消息特性都是不相符的。例如，文字之间、语音之间总是有联系的才能构成确定的语义，当听到别人说"我"字后，下面接下来出现"们"字的概率就很大。消息的相关性是"概率论与随机过程"的课程中要研究的问题。由于"信息论"对消息的假设与实际不符，因此信息论中所得结论只是实际通信系统性能指标的理论极限，而这一理论极限是实际通信系统无法达到的。因此信息论不是技术科学，而属于数学。更不能用信息论中的理论公式来计算实际通信系统的性能指标。对于通信工程和电子信息工程这类工科专业，应恰当地评价信息论课程在教学计划中的位置。

　　1.信息论的主要内容

　　传统的通信系统如电报、电话、邮递分别是传送电子信息、语音信息和文字信息的；而广播、遥测、遥感和遥控等系统也是传送各种信息的，只是信息类型不同，所以也属于信息系统。有时，信息必须进行双向传送，例如电话通信要求双向交谈，遥控系统要求传送控制用信息和反向的测量信息等。这类双向信息系统实际上是由两个信息系统构成。

　　（1）信源

　　信息的源泉或产生待传送的信息的实体，如电话系统中的讲话者，对于电信系统还应包括话筒，它输出的电信号作为含有信息的载体。

　　（2）信宿

　　信息的归宿或接受者，在电话系统中这就是听者和耳机，后者把接收到的电信号转换成声音，供听者提取所需的信息。

　　（3）信道

　　传送信息的通道，如电话通信中包括中继器在内的同轴电缆系统，卫星通信中地球站的收发信机、天线和卫星上的转发器等。

　　（4）编码器

　　在信息论中泛指所有变换信号的设备，实际上就是终端机的发送部分。它包括从信源到信道的所有设备，如量化器、压缩编码器、调制器等，使信源输出的信号转换成适于信道传送的信号。

（5）译码器

是编码器的逆变换设备，把信道上传送的信号转换成能接受的信号，可包括解调器、译码器、数模转换器等。

当信源和信宿已给定、信道也已选定后，决定信息系统性能就在于编码器和译码器。设计一个信息系统时，除了选择信道和设计其附属设施外，主要工作也就是设计编译码器。一般情况下，信息系统的主要性能指标是它的有效性和可靠性。有效性就是在系统中传送尽可能多的信息；可靠性是要求信宿收到的信息尽可能地与信源发出的信息一致，或者说失真尽可能小。最佳编译码器就是要使系统最有效和最可靠，但是可靠性和有效性往往是相互矛盾的，越有效常导致不可靠，反之也是如此。

从定量意义上说，应使系统在规定的失真或基本无失真的条件下，传送最大的信息率；或者在规定信息率的条件下，失真最小。计算这最大信息率并证明达到或接近这一值的编译码器是存在的，就是信息论的基本任务。只讨论这样问题的理论可称为香农信息论。一般认为信息论的内容尚应更广泛一些，即包括提取信息和保证信息安全的理论；后者就是估计理论、检测理论和密码学。

信息论是建立在概率论基础上而形成的，也就是从信源符号和信道噪声的概率特性出发的，这类信息通常称为语法信息。其实，信息系统的基本规律也应包括语义信息和语用信息。语法信息是信源输出符号的构造或其客观特性所表现与信宿的主观要求无关，而语义则应考虑各符号的意义，同样一种意义，可用不同语言或文字来表示，各种语言所包含的语法信息可以是不同的。

一般地说，语义信息率可小于语法信息率；电报的信息率可低于表达同一含义的语音的信息率就是一个例子；更进一步，信息或信息的接受者往往只需要对他有用的信音，他听不懂的语言是有意义的，但对他是无用的。所以语用信息，即对信宿有用的信息一般又小于语义信息。倘若只要求信息系统传送语义信息或语用信息，效率显然会更高一些。

在目前情况下，关于语法信息，已在概率论的基础上建立了系统化的理论，形成一个学科；而语义和语用信息尚不够成熟。因此，关于后者的论述通常称为信息科学或广义信息论，不属于一般信息论的范畴。概括起来，信息系统的基本规律应包括信息的度量、信源特性和信源编码、信道特性和信道编码、检测理论、估计理论以及密码学。

2.信息论的应用

（1）信息论在密码学中的应用

密码学是研究编制密码和破译密码的技术科学。从传统意义上来说，密码学是研究如何把信息转换成一种隐蔽的方式并阻止其他人得到它。密码技术的研究和应用虽有很长的历史，但在信息论诞生之前，它还没有系统的理论，直到香农发表的《保密通信的信息理论》一文，为密码学确立了一系列的基本原则与指标，如加密运算中的完全性、剩余度等指标，它们与信息的度量有着密切相关。之后才产生了基于信息论的密码学理论，所以说信息论与密码学的关系十分密切。

近代密码学由于数据加密标准与公钥体制的出现与应用，使近代密码学所涉及的范围有了极大的发展，尤其是在网络认证方面得到广泛应用，但其中的安全性原理与测量标准仍未脱离香农保密系统所规定的要求，多种加密函数的构造，如相关免疫函数的构造仍以香农的完善保密性为基础。

（2）信息论在统计中的应用

信息论在统计中的应用一般指信息量在统计中的应用，也有编码定理与编码结构在统计中的应用等问题。由于统计学研究的问题日趋复杂，如统计模型从线性到非线性，统计分布从单一分布到混合分布，因此信息量在统计中的作用日趋重要，在许多问题中以信息量作为它们的基本度量。

在统计领域里，统计计算技术近年来发展很快，它使许多统计方法，尤其是贝叶斯（Bayes）统计得到广泛的运用。Bayes 计算方法有很多，其中一类是直接应用于后验分布以得到后验均值或后验众数的估计，以及这种估计的渐进方差或其近似。EM 算法（最大期望算法）就是一种迭代方法，主要用来计算后验分布的众数或极大似然估计，这种方法可以广泛地应用于缺损数据、截尾数据、成群数据，带有讨厌参数的数据等所谓的不完全数据。EM 算法的最大优点是简单和稳定，主要目的是提供一个简单的迭代算法来计算极大似然估计，问题是如此建立的 EM 算法得到的估计序列是否收敛。它的特点与信道容量的递推渐近算法相似，但应用更为广泛。EM 算法实现简单、数值计算稳定、存储量小，并具有良好的全局收敛性；EM 算法是一种求参数极大似然估计的迭代算法，在处理不完全数据中有重要应用。

信息与统计相结合的其他典型问题还很多，如假设检验中的两类误差估计问题、试验设计问题、信息量在有效估计中的应用问题等，这些问题已使信息论与统计学形成相互推动发展的局面。

（3）信息论在信号处理中的应用

信号处理包括数据、影像、语音或其他的信号的处理，从信息论的观点看，信号则是观察客观事物表达其相应信息的技术手段，也就是特定信息的载体间信息是通过信号来表达的，对信息的加工和处理，也就是信号的加工和处理。所有处理过程无非是信源编码、变换、过滤或决策过程，其实变换也是一种编码过程。这些过程中的大部分的信息论基础是信息率失真理论。

如数字信号处理，其技术可以归结为以快速傅里叶变换和数字滤波器为核心，以逻辑电路为基础，以大规模集成电路为手段，利用软硬件来实现各种模拟信号的数字处理，其中要用到信息论中的信号检测、信号变换、信号的调制和解调、信号的运算、信号的传输和信号的交换等。

现在，信息理论与技术不仅直接应用于通信、计算机和自动控制等领域，而且广泛渗透到生物学、医学、语言学、社会学、经济学和管理学等领域，这些交叉学科的发展，使信息论的应用范围更加广泛。

第五节 电子信息科学技术的学科分工

一、工学一级、二级学科

学科的划分是随着科学技术的不同发展阶段而变化的。我国将科学技术划分为 12 个门类（工学、理学，农学、医学、文学、历史学、法学，哲学、经济学、教育学、管理学），各门类下又划分出了若干一级学科，在部分一级学科下面又划分出了二级学科。教育部根据国家学科的划分和人才培养的需求，在高等学校设立了数十个本科专业和研究生学科专业，按专业制订教学计划、培养人才，按本科、硕士、博士 3 个层次分别授予学士、硕士和博士学位。电子信息技术属于工学。教育部在工学下划分了 12 个一级学科，部分一级学科下又划分了二级学科。

所谓电子信息科学与技术主要是指 4 个一级学科：电子科学与技术、信息与通信工程、控制科学与工程，以及计算机科学与技术。这 4 个一级学科既各有侧重，又相互融合，共同承担着繁荣我国电子信息科学技术事业和培养高科技人才的工作。

另外，由于激光的发明，光学工程与电子信息学科的关系已越来越密切，光纤通信、光电信息处理信息光存储器，激光技术已渗透到了电子信息技术中的各个领域。还有其他一些学科也涉及电子信息技术，如机械电子工程、电力电子等，它们主要是利用电子信息技术方法去解决专业领域中的工程实际问题。电子信息技术已渗透到了众多行业，成为普遍采用的技术手段和方法，如办公自动化、数字城市、数字地球和信息化农业等，信息化社会是对信息技术广泛应用的最好概括。

二、关于电子信息科学技术学科分工的分析

上述 4 个一级学科主要是针对研究生教育。一般大学本科专业设置与研究生学科专业的设置不同，它有更宽的专业口径，其专业口径反映在专业的教学计划中。对于工科的学生而言，不但要求掌握本专业的基本理论技术，同时还应具备相应设备、系统硬件与软件的设计、研究开发和设备运行维护的能力。专业不同，基本理论技术和相应的设

备、系统也会有些不同。

由于大学在人才培养方面注重宽口径，强调培养学生分析问题与解决问题的能力，所以学生毕业后往往也可以从事其他相关专业领域的业务工作，即可能有专业交叉。一般这不但不会对工作造成影响，相反，只要专业人员努力学习，专业人员交叉可能还更容易出新的学术思想。这里所说的学科分工，指的不是专业、人员任职领域的划分，而是从科学技术的范畴来分析各学科专业所面对的主要科学技术问题。

"电子科学与技术"安排在底层，它是信息科学技术的基础。该学科主要承担电子材料与元器件的研究、设计、制造与应用。新型材料和新型电子元器件的发明往往会开辟电子信息技术一个新的时代，如电子管、晶体管和集成电路决定了电子信息技术的 3 个时代，激光发明之后诞生了众多光电器件，纳米器件时代将是即将到来的新时代，这一时代同以往的 3 个时代一样，何时到来将取决于纳米器件何时成熟。其他产品也是器件推动产品升级换代，例如，液晶显示器就使电视机由 CRT（阴极射线管）时代进入了液晶时代。因此电子科学技术是基础，是电子信息技术进步的源动力。

"控制科学与工程"处在最上层，它主要是研究信息综合应用的学科，获取外部信息，综合分析、判断、决策、实施对系统的控制，使系统适应环境要求，完成人类赋予的工作。机器人是该学科研究的工程对象和专业领域的典型代表。控制科学与工程学科的最高目标是制造出能代替人的机器——智能机器人。

处在中间位置的是"信息与通信工程"和"计算机科学与技术"，这两个学科的作用类似于"血液循环系统"和人的"手"和"脚"。电子科学与技术为它们提供工具、武器，使它们能更好地从事信息科学与技术基本原理、技术、方法应用与产品开发的研究等工作。这两个学科的研究成果又为"控制科学与工程"学科提供了武器、方法与技能。

"信息与通信工程"主要从事信息获取、信号处理、信息处理、信息传输与通信网络的理论、技术与产品的研究开发、设计与制造方面的工程技术工作。由于通信涉及社会化生产、人民生活、国防安全等众多领域，因此该学科已形成了巨大的产业群体，需要众多的工程技术人员和高科技人员。"计算机科学与技术"承担着信息处理与识别、计算机系统结构、软件工程、人工智能、信息存储、计算机网络及计算机外部设备等的理论、技术、设备的设计、制造与研究工作。计算机技术与方法已应用到了国民经济的各行各业，包括行政管理与办公自动化等。计算机科学技术的进步已对社会发展产生了巨大推动作用。

上述 4 个学科各有侧重，但也有交叉与融合。科学技术的发展往往是分化→融合→分化……近期的发展趋势是融合的领域在增多。尤其是激光的发明，促进了更广泛的学科之间的融合。在激光发明之后，产生了光电信息技术的新领域，激光和计算机技术相结合出现了超大容量光存储、CD/DVD 光盘，使计算机成为名副其实的多媒体终端；激光和通信相结合出现了光纤通信、自由空间光通信、激光雷达等新一代通信产品。光电信息技术和传统电子信息技术已密不可分。另外，集成电路技术是推动学科融合的另一动力，一块集成电路就是一个电子系统，而集成电路的设计都是由配置在计算机上的专用软件完成的，因此无论是从技术层面，还是具体到实际工程，学科领域之间都已无法切割。

本科专业的划分，与一级学科的名称有的相同，有的不同。但本科专业的业务面更广，所修课程通常要跨多个一级学科专业，而且可能跨学科门类，尤其工科的学生应具备良好的数理基础。当前，电子信息科学技术正进入了一个新的发展时期，已不同于爱迪生发明电灯泡的时代，电子信息技术已进入微观，没有好的数理基础很难有新的发现。教育必须适应科学技术的发展，因此专业设置、学科划分和教学计划等必须与时俱进，不断调整。

第六节　电子信息整机产品的生产技术

随着科技的飞速发展，电子信息整机产品已经成为现代社会不可或缺的一部分。从智能手机、平板电脑到计算机、通信设备，再到智能家居和智能汽车，这些产品不仅极大地丰富了人们的日常生活，也推动了社会经济的快速增长。电子信息整机产品的生产技术，作为这一产业的核心，其重要性不言而喻。

一、电子信息整机产品生产技术概述

电子信息整机产品的生产技术可以大致分为三个层次：最上层是直接面对终端用户的整机产品制造，如计算机、手机等；中间层次是形成电子终端产品的各种电子基础产品，如半导体集成电路、电子元件等；最底层则是支撑电子终端产品组装和电子基础产品生产的专用设备、电子测量仪器和电子专用材料。

1. 整机产品制造

整机产品的制造是电子信息整机产品生产技术中最直观的一环。它涉及将各种电子元器件、零部件按照设计要求进行组装，形成具有特定功能的电子产品。这一过程包括以下几个关键步骤：

（1）设计

根据市场需求和技术规范，进行产品的初步设计和详细设计，确定产品的功能、结构、外观等。

（2）原材料采购

根据设计需求，采购所需的电子元器件、零部件、材料等。

（3）组装

将电子元器件、零部件按照设计图纸进行组装，形成电路板、模块等半成品。

（4）测试与调试

对组装好的半成品进行测试，确保其功能正常，并根据测试结果进行调试和优化。

（5）包装与出货

将测试合格的产品进行包装，并准备出货。

2. 电子基础产品制造

电子基础产品是构成整机产品的关键部件，其制造技术直接影响到整机产品的性能和质量。电子基础产品主要包括半导体集成电路、电子元件、机电组件等。

（1）半导体集成电路制造

半导体集成电路是电子信息产业的核心，其制造技术包括晶圆制备、光刻、刻蚀、离子注入、薄膜沉积、封装测试等多个环节。

（2）电子元件制造

电子元件如电阻、电容、电感等，其制造技术包括材料选择、成型、涂覆、焊接等多个步骤。

（3）机电组件制造

机电组件如连接器、开关、继电器等，其制造技术结合了机械和电子两个领域，需要高精度的加工和组装技术。

3. 专用设备与材料

专用设备和材料是电子信息整机产品生产技术的基础和支撑。专用设备包括 SMT（表面组装技术）贴片机、波峰焊接机、测试仪器等，这些设备能够极大地提高生产效率和产品质量。电子专用材料则包括介电材料、半导体材料、导电金属及其合金材料等，这些材料是构成电子元器件和整机产品的基石。

二、关键技术解析

1. SMT 贴片加工技术

SMT（Surface-mounted Technology，表面贴装技术）是一种将电子元器件直接贴装在电路板表面的技术。SMT 贴片加工技术极大地提高了电子组装的效率和质量，其工艺过程包括 PCB（印刷电路板）上印刷焊膏、贴装元器件、回流焊等。

（1）PCB 上印刷焊膏

使用精密的印刷设备将焊膏均匀地印刷在 PCB 板的焊盘上。

（2）贴装元器件

使用贴片机将电子元器件精确地贴装在 PCB 板的焊盘上；贴片机的精度、速度和适应范围直接决定了 SMT 贴片加工生产线的效率。

（3）回流焊

将贴装好元器件的 PCB 板放入回流焊炉中，通过高温使焊膏熔化并与元器件引脚和 PCB 板焊盘形成可靠的电气连接。

2. 微细加工技术

微细加工技术是指在微米和纳米尺度上进行加工的技术，包括微纳加工、微加工以及电子制造中使用的一些精密加工技术。这些技术广泛应用于半导体集成电路、微机电系统（MEMS）等领域。

（1）微纳加工

通过逐层叠加的方法在平面衬底材料上构筑微纳米结构。这种技术需要使用高精度的加工设备和材料，如光刻机、电子束刻蚀机等。

（2）精密加工

包括使用光子束、电子束和离子束进行切割、焊接、3D 打印、刻蚀、溅射等加工方法。这些技术能够实现高精度的加工和制造，满足电子信息产品对精度和性能的高要求。

3. 互连与包封技术

互连与包封技术是芯片封装技术的重要组成部分，包括芯片与基板之间的互连以及芯片封装后的保护。这些技术对于提高芯片的可靠性、降低功耗和减小尺寸具有重要意义。

（1）互连技术

如倒装键合、引线键合、硅通孔（TSV）等，这些技术能够实现芯片与基板之间的高效、可靠的电气连接。

（2）包封技术

将芯片封装在保护材料中，以防止其受到外界环境的影响。包封材料需要具有良好的绝缘性、耐热性和机械强度等性能。

三、自动化与智能化生产

在电子信息整机产品的生产技术中，自动化与智能化是近年来发展的两大趋势。随着工业自动化技术的不断进步和人工智能技术的广泛应用，电子信息产品的生产正逐步向高度自动化、智能化方向迈进。

1. 自动化生产线

自动化生产线是电子信息整机产品生产中不可或缺的一环。通过引入自动化设备和机器人，可以大大提高生产效率和产品质量，同时降低人力成本。自动化生产线通常包括自动上料、自动组装、自动测试、自动包装等多个环节，各环节之间通过先进的控制系统实现无缝对接和协同作业。

（1）自动上料

采用自动送料系统，将电子元器件和零部件按照预设的顺序和数量输送到组装工位。

（2）自动组装

利用机器人和精密的组装设备，将电子元器件和零部件精确地组装在一起，形成电路板、模块等半成品。

（3）自动测试

采用自动测试设备，对组装好的半成品进行功能测试和性能测试，确保产品质量符合标准。

（4）自动包装

将测试合格的产品进行自动化包装，包括贴标、装箱、打包等步骤，准备出货。

2. 智能制造系统

智能制造系统是基于物联网、大数据、云计算等先进技术构建的一种新型生产模式。它通过集成各种智能化设备和系统，实现对生产过程的全面监控和优化，进一步提高生产效率和产品质量。

（1）数据采集与分析

通过传感器、射频识别（RFID）等技术手段，实时采集生产过程中的各种数据，包括设备状态、产品质量、生产效率等。利用大数据和云计算平台，对这些数据进行深度挖掘和分析，发现生产过程中的问题和瓶颈。

（2）智能决策与优化

基于数据分析结果，智能制造系统能够自动生成优化方案，指导生产过程的调整和改进。例如，根据设备故障预警信息，提前安排维修计划；根据产品质量波动情况，调整生产工艺参数等。

（3）远程监控与运维

通过物联网技术，实现对生产设备的远程监控和运维。技术人员可以随时随地查看设备运行状态和生产情况，及时发现并解决问题，确保生产线的稳定运行。

四、质量控制与可靠性保障

在电子信息整机产品的生产过程中，质量控制和可靠性保障是至关重要的。为了确保产品的高质量和长寿命，需要采取一系列有效的质量控制措施和可靠性保障手段。

1. 质量管理体系

建立完善的质量管理体系是保障产品质量的基础。企业应根据自身特点和市场需求，制定符合国际标准的质量管理规范，如 ISO 9001 等。通过建立健全的质量管理体系，明确各部门和人员的职责和权限，规范生产流程和质量标准，确保产品从设计到出货的每一个环节都符合质量要求。

2. 质量检测与评估

质量检测与评估是确保产品质量的重要手段。企业应建立完善的质量检测体系，采用先进的检测设备和方法，对原材料、半成品和成品进行全面、细致的检测和评估。通过定期的质量抽检和不定期的质量审核，及时发现并纠正生产过程中的质量问题，确保产品质量的稳定性和可靠性。

3. 可靠性设计与测试

可靠性设计是指在产品设计阶段就充分考虑产品的可靠性要求，通过采用冗余设计、容错设计、环境适应性设计等手段，提高产品的可靠性和耐用性。同时，还需要进行严格的可靠性测试，模拟产品在各种恶劣环境下的使用情况，评估产品的可靠性和寿命。通过可靠性设计和测试，可以有效降低产品的故障率和维修成本，提高用户满意度和市场竞争力。

第二章　信号的分析及处理技术

本章详细介绍信号的分析及处理技术。信号是信息的表现形式，是反映信息的物理量，消息则是信号的具体内容。

第一节　信号分析基础

一、信号分析概述

信号分析是信号处理领域中的一个重要环节，它涉及对信号进行数学和统计上的研究，以揭示其内在特性和规律。

信号分析是对信号进行深入研究的过程，旨在理解信号的组成、特性及变化规律。信号作为传递信息的载体，广泛存在于自然界和工程技术中，如声音、图像、电磁波等。信号分析通过对信号的分解、变换和统计处理，提取出有用信息，为信号的进一步处理和应用提供基础。

在信号分析中，时域分析是最直观、最基础的方法。它直接在时间域上对信号进行观测和分析，研究信号随时间变化的规律。波形分析、相关性分析和自相关函数分析等都是时域分析的重要手段，它们通过观察信号的波形特征、计算信号之间的相关性等，来揭示信号的基本性质和周期性、随机性等特性。

频域分析则将信号从时间域转换到频率域进行分析，通过分析信号的频率成分和分布，来揭示信号的频谱特性。傅里叶变换是频域分析的核心工具，它将信号分解为不同频率的正弦波叠加，从而得到信号的频谱图。功率谱分析、倒谱分析等也是频域分析的重要方法，它们分别用于研究信号的功率分布、能量分布和调制特性等。

此外，信号分析还包括统计特性分析、滤波、调制与解调、编码与解码等多个方面。统计特性分析通过对信号的统计量进行计算和分析，揭示信号的随机性和规律性；滤波则用于滤除信号中的噪声和干扰；调制与解调是实现信号传输和接收的关键技术；编码与解码则用于信号的压缩、加密和传输等。

二、信号的描述与分类

（一）信号的概念与描述

在信息时代，我们随时随地在与各种各样载有信息的信号密切接触。手机通话、收音机广播是一种信号——声信号；电影电视、交通指示灯是一种信号——光信号；我们身边无处不在、看不见摸不到的电磁波也是一种信号——电信号。这些声、光、电信号，虽然具体物理形态不同，但共同特点都是在向人们传递这样那样的信息或消息。

由于电信号具有传播速度快（以光速传播）、传播方式多（如有线、短波、微波和卫星等）等众所周知的优点，因此电信号是传递信息的主要方式之一。许多非电的物理量，如压力、流速、声音、图像等，也都可以利用各种传感器变换为电信号来进行处理和传输。

信号通常可以用函数表达式、波形图和数据表等方式来描述。函数表达式是将信号看作一个或多个自变量的函数，从函数特点来分析信号。波形图是将信号的变化情况用图形的方式来描述，有时这种描述方法更加直观和形象。在某些情况下，只能得到信号的测量值，而无法得到一个确定的函数关系时，也可用数据表格的方式将信号值罗列出来。从时间的角度来分析信号特性，主要采用函数表达式和波形图来描述信号。由于信号随时间变化的关系，可以用数学上的时间函数来表示。

（二）信号的分类

信号是反映消息的物理量，它所包含的信息就蕴含在这些物理量的变化之中。不同类别的信号具有不同的特性。

1. 确定性信号和随机信号

如果信号的变化可以用一个确定函数来描述，给定时刻就可知道该时刻的信号值，称该信号为确定性信号。如果信号的变化具有不可准确预知的随机性，就称为随机信号。例如空气中的噪声信号就具有随机性，无法获得某一个时刻它的准确值，对于这类信号可以通过它的统计特性来描述。主要讨论确定性信号的分析，也就是每个信号都可以用确定函数来描述，它也是随机信号分析的基础。

2. 周期与非周期信号

周期信号与非周期信号是根据信号是否重复某一规律来进行划分的。如果信号的变化按照某一个时间间隔周而复始不断重复，则称该信号为周期信号。周期信号的数学表达式通常可以写为

$$f(t)=f(t\pm nT)，n=0，1，2，3，\cdots$$

上式中最小的重复时间间隔 T 称为周期。如果信号的变化不具有周期重复性，则称为非周期信号。

从信息传输的角度来看，周期信号并没有实际意义，但是在分析信号特性时，有时可利用信号的准周期特点，从信号中提取一些有意义的参数。例如，语音信号具有短时平稳性，在一定时间内可近似为周期信号，从而可以分析出语音信号的特征参数。

3. 连续时间信号与离散时间信号

连续时间信号和离散时间信号是根据信号在时间轴上取值是否连续来划分的。如果信号在时间轴取值是连续的（除有限个间断点外），则称该信号为连续时间信号，简称连续信号。图 2-1 所示为两种连续时间信号，其中图所示信号在幅度上也是连续的，通常也称为模拟信号。

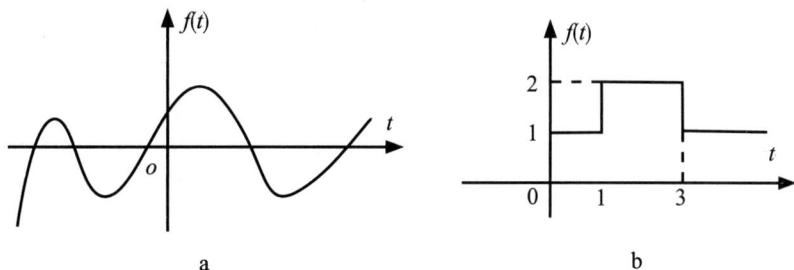

图2-1 连续时间信号

4. 能量信号与功率信号

按信号的能量和平均功率是否有限，信号可区分为能量信号和功率信号。当信号可看作随时间变化的电压或电流时，信号 $f(t)$ 在单位电阻上的瞬时功率为 $|f(t)|^2$。定义在 $-\infty < t < \infty$ 整个时间域上的信号能量 E 和平均功率 P 分别为：

$$E=\int_{-\infty}^{\infty}|f(t)|^2 dt$$

$$P=\lim_{\tau\to\infty}\frac{1}{T}\int_{-\frac{T}{2}}^{\frac{T}{2}}|f(t)|^2 dt$$

若信号 $f(t)$ 是实函数，其能量和平均功率的定义式分别为：

$$E=\int_{-\infty}^{\infty}f^2(t)dt$$

$$P=\lim_{T\to\infty}\frac{1}{T}\int_{-\frac{T}{2}}^{\frac{r}{2}}f^2(t)dt$$

若信号的能量有限，其平均功率为零，这样的信号称为能量有限信号，简称能量信号；若信号的平均功率有限，其能量为无限大，这样的信号称为功率有限信号，简称功率信号。实际工程应用中的周期信号和直流信号通常为功率信号，而持续时间有限的有界信号一般是能量信号。

5. 因果与非因果信号

按信号所存在的时间范围，可把信号分为因果信号与非因果信号。如果当 $t<0$ 时，$f(t)=0$；当 $t>0$ 时，$f(t) \neq 0$ 的信号，则信号 $f(t)$ 称为因果信号；非因果信号指的是在时间零点之前有非零值。

三、典型信号

1. 正弦信号

随时间按正弦规律变化的信号称为正弦信号。由于正弦信号与余弦信号两者仅在相位上相差 $\pi/2$，习惯上将两者统称为正弦信号。正弦信号的时域表达式为：

$$f(t)=A_m\sin(\omega t+\theta)$$

正弦信号是周期信号，其周期 T、角频率 w 和频率 f 满足以下关系：

$$T=\frac{2\pi}{\omega}=\frac{1}{f}$$

在实际生活中正弦信号有着广泛的应用，如电力系统中的电压、电流及电源几乎为正弦信号的形式。在对正弦信号进行研究时，除了随时间变化的瞬时值，有时在工程上为了衡量其效应还需要研究其平均效果，因此引出了有效值的概念。

有效值是从能量的角度来定义的。如图 2-2 所示，令正弦电流 $I(t)$ 和直流电流 I 分别通过两个阻值相等的电阻 R，如果在相同的时间 T 内电阻 R 消耗的能量相同，则对应的直流电流 I 的值即为正弦电流 $I(t)$ 的有限值。

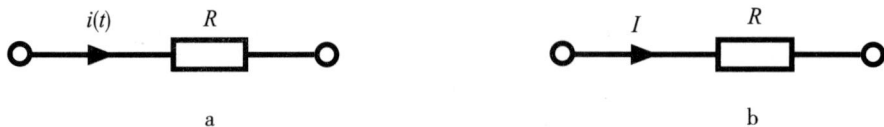

图2-2 正弦信号和直流通过电阻R

这里假设 T 取正弦信号的一个周期，则当电流为正弦电流 $I(t)$ 时，一个周期内电阻消耗的能量为：

$$E_1=\int_0^T p(t)dt=\int_0^T RI^2(t)dt=R\int_0^T I^2(t)dt$$

当电流为直流电流 I 时，在时间 T 内电阻消耗的能量为：

$$E_2=I^2RT$$

令 $E_1=E_2$，可得：

$$I=\sqrt{\frac{1}{T}\int_0^T I^2(t)dt}$$

即有效值为 $I(t)$ 的方均根值。设 $I(t) = I_m \cos(\omega t + \theta)$，则有效值为：

$$I = \sqrt{\frac{1}{T}\int_0^T [I_m^2 \cos^2(\omega t + \theta)]dt} = I_m\sqrt{\frac{1}{T}\int_0^T \frac{1+\cos^2(\omega t + \theta)}{2}dt} = \frac{\sqrt{2}I_m}{2} \approx 0.707 I_m$$

即正弦电流或电压的有效值是振幅值的 0.707 倍。

有效值的概念在实际电路中应用十分广泛。例如，民用日常生活中的电压 220V，指的就是有效值，其振幅值为 311 V。

2. 实指数信号

当指数信号的指数因子是实数时，称之为实指数信号。实指数信号的时域表达式为：

$$f(t) = ke^{at} \quad (a \text{ 为实数})$$

其波形如图 2-3 所示（假设系数 $k>0$）。根据 a 取值不同，分为以下三种情况。

（1）当 $a>0$ 时，$f(t)$ 随时间指数增长。

（2）当 $a<0$ 时，$f(t)$ 随时间指数衰减。

（3）当 $a=0$ 时，$f(t)=k$ 为直流信号。

$|a|$ 的大小反映了信号 $f(t)$ 随时间增长或衰减的速率。

由于指数信号的微分和积分仍然是指数信号，利用指数信号可使许多运算和分析得以简化，所以在信号分析理论中，它是一种常用的基本信号。

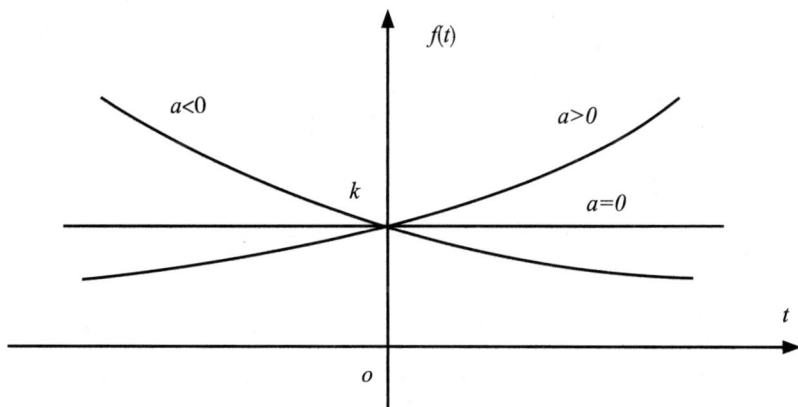

图 2-3 实指数信号的波形

第二节 语音信号处理技术

一、语音信号处理技术概述

通过语言，相互传递信息是人类最重要的基本功能之一。语言是从千百万人的言语中概括总结出来的规律性的符号系统，是人们进行思维、交际的形式。语言是人类特有的功能，它是创造和记载几千年人类文明史的根本手段，没有语言就没有今天的人类文明。

语音是语言的声学表现，是声音和意义的结合体，是相互传递信息的最重要的手段，是人类最重要、最有效、最常用和最方便的交换信息的形式。语音中除包含实际发音内容的语言信息外，还包括发音者是谁及其喜怒哀乐等各种信息。在人类已构成的通信系统中，语音通信方式（比如日常的电话通信）早已成为主要的信息传递途径之一，具有最方便、最快捷的特点。语言和语音也是人类进行思维的一种依托，它与人的智力活动密切相关，与文化和社会的进步紧密相连，具有最大的信息容量和最高的智能水平。

语音信号处理是研究用数字信号处理技术对语音信号进行处理的一门学科，它是一门新兴的学科，同时又是综合性的多学科领域和涉及面很广的交叉学科。虽然从事这一领域研究的人员主要来自信号与信息处理及计算机应用等学科，但是它与语音学、语言学、声学、认知科学、生理学、心理学等许多学科也有非常密切的联系。

语音信号处理技术是许多信息领域应用的核心技术之一，是目前发展最为迅速的信息科学研究领域中的一个。语音信号处理是目前极为活跃和热门的研究领域，其研究涉及一系列前沿科研课题，且处于迅速发展之中，其研究成果具有重要的学术及应用价值。

形成的一系列数字信号处理的理论和算法，如数字滤波器、快速傅里叶变换（FFT）等是语音信号数字处理的理论和技术基础。随着信息科学技术的飞速发展，语音信号处理在最近几十年中取得了重大进展：提出了用于语音信号的信息压缩和特征提取的线性预测技术（LPC），已成为语音信号处理最强有力的工具，广泛应用于语音信号的分析、合成及各个应用领域，以及用于输入语音与参考样本之间时间匹配的动态规划方法。

一种新的基于聚类分析的高效数据压缩技术——矢量量化（VQ）应用于语音信号处理中；用隐式马尔可夫模型（HMM）描述语音信号过程的产生是语音信号处理技术的重大进展，目前HMM已构成了现代语音识别研究的重要基石。近年来，人工神经网络的研究取得了迅速发展，语音信号处理的各项课题是促使其发展的重要动力之一。同时，它的许多成果也体现在有关语音信号处理的各项应用之中，尤其语音识别是神经网络的一个重要应用领域。

从技术角度讲，语音信号处理是信息高速公路、多媒体技术、办公自动化、现代通信及智能系统等新兴领域应用的核心技术之一。在高度发达的信息社会用数字化的方法进行语音的传送、存储、识别、合成、增强等是整个数字化通信网中最重要、最基本的组成部分之一。同时，语言不仅是人类相互间进行沟通的最自然、最方便的形式，也是人与机器之间进行通信的重要工具，它是一种理想的人机通信方式，因此可以为计算机、自动化系统等建立良好的人机交互环境，进一步推动计算机和其他智能机器的应用，提高社会的信息化和自动化程度。

语音处理技术的应用极其广泛，包括工业、军事、交通、医学、民用等各个领域。目前，语音处理技术处于蓬勃发展时期，已有大量产品投放市场，并且不断有新产品被开发研制，具有极其广阔的市场需要和应用前景。

目前，对语音信号均采用数字处理，这是因为数字处理与模拟处理相比具有许多优点。其表现为：数字技术能够完成许多很复杂的信号处理工作；通过语音进行交换的信息，本质上具有离散的性质，因为语音可以看作音素的组合，这就特别适合于数字处理；数字系统具有高可靠性、廉价、快速等特点，很容易完成实时处理任务；数字语音适于在强干扰信道中传输，也易于进行加密传输。因此，数字语音信号处理是语音信息处理的主要方法。

语音信号处理是一门边缘学科，它主要是数字信号处理和语音学等学科相结合的产物，所以它必然受这些学科的影响，同时也随着这些学科的发展而发展。语音信号处理又简称为语音处理，它的研究目的和处理方法多种多样，一直是数字信号处理技术发展的重要推动力量，而数字信号处理的很大部分内容也涉及语音信号处理。数字信号处理技术的发展，其中的一部分就是由数字语音处理的研究中得到的。无论是谱分析方法，还是数字滤波技术或压缩编码方法等，许多新方法的提出，首先是在语音处理中获得成功，然后再推广到其他领域的。同时，它始终与当时信息科学中最活跃的前沿学科保持密切的联系，并且一起发展。比如说，神经网络、模糊集理论、子波分析和时频分析等研究领域，常将语音处理作为一个应用实例，而语音处理也常常从这些领域的研究进展中取得突破。

高速数字信号处理器的诞生和发展也是与语音处理的发展分不开的，语音识别和语音编码算法的复杂性和实时处理的需要，就是促使人们去设计这样的处理器的重要推动力量之一。这种产品问世之后，又首先在语音处理的应用中得到最有效的推广应用。语音处理产品的商品化对这样的处理器有着巨大的需求，因此它反过来又进一步推动了微电子技术的发展。

语音信号处理需要有两方面的知识作为基础，除了数字信号处理外，还有语音学。语音信号处理与语音学存在十分密切的关系。语音学是研究言语过程的一门科学，它包括三个研究内容：发音器官在发音过程中的运动和语音的音位特性；语音的物理属性；以及听觉和语音感知。

二、语音信号的基本特性

在研究分析各种语音信号处理技术及其应用之前，必须了解有关语音信号的一些基本特性。为了对语音信号进行数字处理，需要建立一个能够精确描述语音产生过程和语音全部特征的数字模型，即根据语音的产生过程建立一个既实用又便于分析的语音信号模型。为了处理和实现上的简便，这个模型应尽可能简单。然而，人类语音的产生过程很复杂，语音中所包含的信息又十分丰富和多样，因此至今尚未找到一种能够细致描述语音产生过程和所有特征的理想的模型。在已经提出来的许多种模型中，线性模型是模拟语音主要特征的较成功的模型之一。该模型以人类语音的发音生理过程和语音信号的声学特性为基础，成功地表达了语音的主要特征，在语音编码、语音识别和语音合成等领域得到了广泛应用。

语音学是研究言语过程的一门学科。语音就是人类说话的声音，它是语言信息的声学表现。语言交际是通过连结说话人大脑和听话人大脑的一连串心理、生理和物理的转换过程实现的，这个过程分为"发音—传递—感知"三个阶段。因此现代语音学发展为与此相应的三个主要分支：发音语音学、声学语音学、听觉语音学。

发音语音学主要研究语音产生机理，借助仪器观察发音器官，以确定发音部位和发音方法，这一学科目前已相当成熟。声学语音学研究语音传递阶段的声学特性，它与传统语音学和现代语音分析手段相结合，用声学和非平稳信号分析理论来解释各种语音现象，是近几十年中发展非常迅速的一门新学科。听觉语音学研究语音感知阶段的生理和心理特征，也就是研究耳朵是怎样收听语音的，大脑是怎样理解这些语音的，以及语言信息在大脑中存储的部位和形式。听觉语音学与心理学关系密切，是近几十年才发展起来的新兴学科，目前还处于探索阶段。语音信号处理的进一步发展在很多方面依赖于语音信息的研究，以此为目的的语音学的研究工作也非常活跃。

1. 语音产生的过程

声音是一种波，能被人耳听到，它的振动频率在 20 ~ 20000Hz。自然界中包含各种各样的声音，如风声、雷声、雨声、机械发出的声音，乐器发出的声音等。而语音是声音的一种，它是由人的发音器官发出的、具有一定语法和意义的声音。语音的振动频率最高可达 15000Hz 左右。

人类生成语音过程的第一阶段是决定想传给对方的内容是什么，然后将内容转换为语言的形式。选择表现其内容的适当语句，将其按文法规则排列，便能构成语言的形式。由大脑对发音器官发出运动神经指令，发音器官各种肌肉运动振动空气而形成语音波。

这个过程可分为神经和肌肉的生理学阶段和产生语音波、传递语音波的物理阶段。

　　人类的语音是由人体发音器官在大脑控制下的生理运动产生的。人的发音器官包括肺、气管、喉（包括声带）、咽、鼻和口等。这些器官共同形成一条形状复杂的管道，其中喉以上的部分称为声道，随着发出声音的不同其形状是变化的；而喉的部分称为声门。在发音器官中，肺和气管是整个系统的能源，喉是主要的声音生成器官，而声道则对生成的声音进行调制。

　　产生语音的能量，来源于正常呼吸时肺部呼出的稳定气流，喉部的声带既是阀门，又是振动部件。在说话的时候，声门处气流冲击声带产生振动，然后通过声道响应变成语音。由于发不同的音时，声道的形状不同，所以听到不同的声音。

　　喉部的声带是对发音影响很大的器官。声带的声学功能是为语音提供主要的激励源——由声带振动产生声音，是形成声音的基本声源。呼吸时左右两声带打开，讲话时则合拢起来，两声带之间的部位称为声门。讲话时声带合拢，因此受声门下气流的冲击而张开。但由于声带韧性迅速地闭合，随后又张开又闭合……。声带开启和闭合使气流形成一系列脉冲。

　　每开启和闭合一次的时间即振动周期，称为音调周期或基音周期，其倒数称为基音频率，也简称为基频。基音频率取决于声带的尺寸和特性，也决定于它所受的张力。声带振动的频率即基频决定了声音频率的高低，频率快则音调高，频率慢则音调低。基音的范围约为 80 ~ 500 Hz，它随发音人的性别、年龄及具体情况而定，老年男性偏低，小孩和青年女性偏高。

　　语音由声带振动或不经声带振动来产生，其中由声带振动产生的音统称为浊音，而不由声带振动产生的音统称为清音。浊音中包括所有的元音和一些辅音，而清音中包括另一部分辅音。

　　声道是声门至嘴唇的所有器官，由咽、口腔和鼻腔组成，它是一根从声门延伸至口唇的非均匀截面的声管，其外形变化是时间的函数，发不同音时其形状变化是非常复杂的。成年男子声道的平均长度约 17cm，而声道的截面积取决于其他发音器官的位置，它可以从零（完全闭合）变化到 20cm²。在产生声音的过程中，声道的非均匀截面又是在随着时间不断地变化。声道是气流自声门、声带之后最重要的，对发音起决定性作用的器官。

　　下面介绍语音的产生过程：空气从肺部排出形成气流，空气通过声带时，如果声带是绷紧的，则声带将产生张弛振动，即声带周期性地启开和闭合。声带开启时，空气流从声门喷射出来，形成一个脉冲，声带闭合时相应于脉冲序列的间歇期。因此，这种情况下在声门处产生出一个准周期性脉冲序列的空气流，该空气流经过声道后最终从嘴唇辐射出声波，这便是"浊音"语音。

　　如果声带是完全舒展开来，则肺部发出的空气流将不受影响地通过声门。空气流通过声门后，会遇到两种不同的情况：一种情况是，如果声道的某个部位发出了收缩而形成一个狭窄的通道，当空气流到达此处时被迫以高速冲过收缩区，并在附近产生出空气的湍流，这种湍流通过声道后便形成"摩擦音"或"清音"；另一种情况是，如果声道的某个部位完全闭合在一起，当空气流到达时便在此处建立空气压力，一旦闭合点突然开启便会让气压快速释放，经过声道后便形成"爆破音"。

由此可见，语音是由空气流激励声道最后从嘴唇或鼻孔或同时从嘴唇和鼻孔辐射出来而产生的。对于浊音、清音和爆破音来说，激励源是不同的，浊音语音是位于声门处的准周期脉冲序列，清音的激励源是位于声道的某个收缩区的空气湍流（类似于噪声），而爆破音的激励源是位于声道某个闭合点处建立起来的气压及其突然释放。

当一个物体（或空腔）做受迫振动，所加驱动（或激励）频率等于振动体的固有频率，便以最大的振幅来振荡，在这个频率上其传递函数具有极大值，这种现象被称为共振。实际上，共振体的共振作用，常常不只是在一个固有频率上起作用，它可能有多个响应强度不同的共振频率。

2. 语音信号的特性

构成人类语音的是一种特殊的声音，是由人讲话所发出的声音。语音由一连串的音所组成。语音中的各个音的排列由一些规则所控制，对这些规则及其含义的研究属于语言学的范畴，而对语音中音的分类和研究则称为语音学。

语音具有被称为声学特征的物理性质，语音既然是人的发音器官发出来的一种声波，它就和其他各种声音一样，也具有声音的物理属性。它具有以下一些特性：

（1）音质

它是一种声音区别于其他声音的基本特征。

（2）音调

就是声音的高低，音调取决于声波的频率；频率快则音调高，频率慢则音调低；声音的强弱。

（3）音强

即音量，又称响度。它是由声波振动幅度所决定的。

（4）声音的长短

也称为音长，它取决于发音持续时间的长短。

语音除了具有上述的声音的物理属性外，还具有另一个重要性质，就是语音总是和一定的意义相联系着，一定的语音要表达一定的思想和意义。语音所代表的意义是历史发展形成的，是约定俗成的。语音不仅表达了一定的意义和思想内容，而且还能表达出一定的语气、情感，甚至许多"言外之意"。因此，语音中所包含的信息是十分丰富和多种多样的。音节是由音素结合而构成的语音流最小的单位，是发声的最小单位。音素是语音的最小、最基本的组成单位；音素都有其独立的各不相同的发音方法和发音部位，它是使听者能区别一个单词和另一个单词的声音的基础。一个音节可以由一个音素构成，也可以由几个音素构成。实际上，各种音素组合而构成语音时的连接方法有几种限制，并不是所有的组合都存在。

因此，一种语言中所用的音节数，远少于音素的组合数。词是由音节结合而成的更大单位，单词简称词，它是文章的基础，是有意义的语言的最小单位；而句子是词的进一步组合。

任何语言的语音都有元音和辅音两种音素。一个音节由元音和辅音构成：元音是由声带振动发出的声音，构成了一个音节的主干，无论从长度看还是从能量看，元音在音节中都占有主要部分。每个元音的特点是由声道的形状和尺寸决定的。所有元音都是浊音。辅音是由呼出的气流克服发音器官的阻碍而产生的。发辅音时如果声带不振动，则称为清音；发辅音时如果声带振动，则称为浊辅音，它是浊音和清音的混合音。在已知语言中元音有少至2个，多至12个，辅音从10多个至70多个。而音节的定义不一定明确，但是一个音节可以是1个元音和1～2个辅音组合。

重音、语调和声调也是构成语言学的一部分，它们或者用来表示一句话中重要的单词，或者用来表示疑问句，或者用来表示说话人的感情。重音和语调是一种附加的信息，其中词的重音是西方语言（如英语）的一个重要特点，而语调实际上是讲话声音的调节，它决定于诸多因素，如语气、环境、讨论的话题等。语音中还有一个问题是同音异义词，它是指有相同的语音，但是有两个或更多的不同意义。如汉语中的"语""与""雨"，英语中的"site""sight""cite"等就是同音异义词。语音除了上述一些特点外，还具有所谓超语言学特点，如低语表示秘密、高声说话表示愤怒等。

对于我们所使用的汉语，有其特殊的、不同于英语的特点。汉语的特点为自然单位是音节，每一个字都是单音节字，即汉语的一个音节就是一个字的音，这里字是独立的发音单位；再由音节字构成词（其中主要是两音节字构成的词），最后再由词构成句子。而每一个音节字又都是由声母和韵母拼音而成。在音节中，声母比较简单，它们只是一个音素；而韵母则比较复杂。

汉语语音的另一个重要特点是它具有声调（即音调在一个音节中的变化），这使它使用语声较其他语言更为经济。我国公布的汉语拼音方案中采用"声调"这个词。声调是一种音节在念法上的高低升降的变化。汉语有四种声调，即阴平、阳平、上声、去声。由于有声调之分，所以参与拼音的韵母又有若干种（包括轻声在内至多有5种）声调。

汉语的特点是音素少、音节少。它大约有64个音素，但只有400个左右音节，即400个基本的发音。如考虑每个音节有5个声调，也只不过有1200多个有调音节，即不同的发音。

在我国，传统上习惯对汉语语音的分析，是将每个"字音"分为"声母"和"韵母"

两个部分。在汉语语音中，辅音也称为声母，元音也称为韵母。汉语中有 21 个声母和 39 个韵母，每个"字音"又有四种音调。所以说，汉语中的音节即字音是由声母、韵母和声调按一定方式构成的，即由声、韵、调三个因素构成的。声母都是由辅音充当的，但辅音不一定就是声母。汉语中共有 22 个辅音，其中 21 个可以作为声母。韵母可以由元音充当，例如汉语的 10 个元音中有 9 个可以作为韵母。韵母也可以由复合元音充当，还可以由元音加上鼻音构成韵母，所以汉语中共有 39 个韵母。

下面以元音为例，讨论一下语音波形的性质，这些性质在语音信号处理中会被经常引用。

因为元音属于浊音，所以其声门波形为图 2-4 所示的脉冲序列，脉冲之间的间隔为基音周期，这个函数用 $g(t)$ 表示 o 将它加于声道得到的语音信号是 $g(t)$ 与声道冲激响应 $h(t)$ 的卷积。这里假定 $g(t)$ 不受声道形状影响。假定声道传递函数是全极点的，其冲激响应就是一系列衰减的正弦波之和，$H(z)$ 的每一个极点对应一个衰减振荡，得到的典型时间函数如图 2-5 所示。每个高峰代表一个新的声门脉冲的起点，因此，它们之间的间隔等于声门脉冲的周期。

图2-4　元音的周期声门激励脉冲

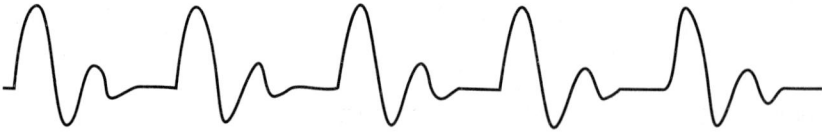

图2-5　声道对声门脉冲响应的输出

由于语音从嘴唇辐射出去时其声压与口腔中体速度的微分成正比，这使语音频谱的幅度有 6 dB/ 倍频程的提升。通常，把这种提升的影响与声门的影响结合起来，以便于研究声道滤波器，采用 6 dB/ 倍频程下降的脉冲序列作为"综合"激励频谱。

三、语音信号处理技术的发展

电话的发明可以认为是现代语音通信的开端。电话的理论基础是尽可能不失真地传送语音波形，这种"波形原则"几乎统治了整整一百年。产生了一种概念全新的语音通信技术，这就是通道声码器技术。这种声码器打破语音信号的内部结构，使之解体，提取其参数加以传输，在接收端重新合成语音。

这一技术包含了其后出现的语音参数模型的基本思想，在语音信号处理领域具有划时代的意义。研制成功了将语音信号的时变谱用图形表示出来的仪器语谱仪，为语音信号分析提供了一个有力的工具，语谱仪的研制对声学语音学的发展曾经起过很大的推动作用。

在语音信号分析研究的基础上，电话通信技术得到了很大发展，同时也开展了人机自然语音通信的研究。这样，便出现了第一台口授打字机和第一台英语单词语音识别器。但由于语音信号分析的理论尚未取得决定性成熟，工艺技术水平尚未达到一定高度，这些研究工作都未取得决定性成果。数字计算机的应用得到了推广，特别重要的是数字信号处理的技术和方法取得了突破性进展，其主要标志是快速傅里叶变换算法的成功应用。这样，出现了第一台以数字计算机为基础的孤立词语音识别器，继而又研制出第一台有限连续语音识别器。

费拉纳根（Flanagan）的重要著作《语音的分析、合成和感知》，奠定了数字语音处理系统的理论基础。与此同时，倒谱分析技术和线性预测技术在语音处理中的成功应用，微电子学和集成电路技术取得的进展，价格低廉的微处理器芯片及专用信号处理芯片的不断问世，再次给数字语音处理技术的发展和推广应用以巨大的推动力。发展到今天，虽然语音信号处理领域中还有许多关键问题尚未很好解决，但已经在很多研究中取得了巨大进展。可以相信，经过长期不断的艰苦努力，必将取得更大的成果。

语音信号处理有着广泛的应用领域，其中最重要的包括语音编码、语音合成、语音识别、说话人识别及语音增强。

语音编码技术是伴随着语音的数字化而产生的，目前主要应用在数字语音通信领域。语音信号的数字化传输，一直是通信的发展方向之一。采用低速率语音编码技术进行语音传输比语音信号的模拟传输有诸多优点。由于简单地将连续语音信号抽样量化得到的数字语音信号，在传输时要占用较多的信道资源，因此，在尽量减少失真的情况下，使得同样的信道容量能够传输更多路的信号，就必须对模拟语音信号进行高效率的数字表示，即进行压缩编码，就成为语音编码技术的主要内容。如何在中低速率上获得高质量的语音，一直是其研究的主要目标。低数码率编码在无线通信、网络安全、数字电话及存储系统等方面有广泛的应用前景。语音编码技术的研究开始发明的声码器，中低比特率语音编码一直没有大的突破。

而在最近几十年中整个语音编码技术产生了一个大的飞跃。世界上公布了一种2.4kbit/s 的标准编码算法，使人们所希望的在普通电话带宽信道中传输数字电话的愿望终于变成事实，而数字电话具有保密性高、容易克服噪声累积现象、便于进行程控交换等优点。然而，上述的线性预测编码的音质并不令人满意，提出了众多新型编码算法，可以在 16kbit/s、4.8kbit/s 以至 2.4kbit/s 上提供高质量的语音，而且这些算法都可用单片数字信号处理器实时实现。

目前，实用系统的最低压缩速率已经达到 2.4kbit/s 甚至更低，在大大节省信道带宽的同时还保证了语音质量。目前的研究是努力减小编码解码过程所产生的时延，以使其在移动通信中得到广泛应用。

近年来，高质量的语音编码技术已经开始大规模地走向实用化，各种国际标准的制定集中反映了这种技术发展的水平和趋势。语音编码的研究和通信技术的发展密切相关。现代通信的重要标志是实现数字化，语音编码技术的根本作用是使语音通信数字化，而语音通信的数字化将使通信技术的水平提高一大步。对于目前蓬勃兴起的移动通信和个人通信，语音编码技术是非常重要的支撑技术。语音编码技术的进展对通信新业务的发展有着极为显著的影响。同时，语音编码产品化的过程比语音识别容易，其研究成果能很快推向实用对通信事业的发展将起重要的推动作用。

目前计算机已经得到了广泛的应用，但计算机使用起来还不够方便，因为人与计算机的通信通常是采用键盘和显示器，这种方式在很多场合效率低下，操作也不方便。因此，人们期望计算机具有智能的接口，能够更加方便、更加自然与计算机打交道，也就是计算机像人一样能接收、识别并理解声、文、图信息，能够看懂文字、听懂语言、朗读文章，甚至能够进行不同语言之间的翻译。

语音识别与语音合成为人机交流开辟了一条新的途径。语音合成和语音识别的研究是智能接口技术中的标志性成果。语音识别和语音合成是人工智能的重要课题。语音合成的目的是使计算机说话；它是一种人机语音通信技术，其应用领域十分广泛，这些应用已经发挥了很好的社会效益。对语音合成应用的社会需求是广泛和迫切的，因此语音合成技术的研究和产品开发具有很好的发展前景。

目前，有限词汇的语音合成技术比较成熟，在自动报时、报警、报站、电话查询服务等方面得到了广泛应用；而无限词汇语音合成的音质的改善存在较大困难，仍未达到完美的程度。这是当前语音合成研究的主要方向，从社会需求来看也是迫切需要解决的问题。

语音识别是使计算机判断出所说的话的内容。语音识别和语音合成一样，也是一种人机语音通信技术。语音识别的研究具有重要意义，特别是对于汉语来讲，由于汉字的书写和录入比较困难，通过语音输入汉字信息就显得特别重要。计算机终端的微型化也使键盘操作不方便，使语音输入代替键盘输入的必要性变得更加突出。在计算机智能接口技术及多媒体技术的研究中，语音识别技术具有很大的应用潜力。同时，为了实现人机语音通信，必须具备语音识别和语音理解两种功能。

语音识别的研究比语音合成困难得多，其起步也较晚。到目前已取得了长足的进步，而且近年来不断有语音识别器（主要是集成电路芯片）投放市场。目前，小词汇量特定人孤立词语音识别技术已经成熟，而大词汇量连续语音识别系统的性能有待进一步改善。语音识别的研究重点便集中在大词汇量非特定人连续语音识别上，目前比较有代表性的是 IBM 公司推出以来，语音识别的研究逐渐由实验室走向实用化。一方面，对声学语音学统计模型的研究逐渐深入，鲁棒语音识别、基于语音段的建模方法及隐马尔可夫模型与人工神经网络的结合成为研究的热点；另一方面，为了语音识别实用化的需要，听觉模型、快速搜索识别算法，以及进一步的语言型的研究课题受到很大的关注。

在语音识别方面，很多专业人员对其理论和应用进行了广泛的研究，有关这方面的文章浩如烟海。然而，语音识别是一项综合性的、难度很大的高科技项目，从语音中提取满意的信息的过程是一项艰巨复杂的任务。语音识别研究中一直面临着许多难以解决的问题，可以说存在着无穷无尽的困难。目前是语音识别研究的黄金时期，该领域的研究得到了前所未有的重视，国内外均投入了大量人力、物力，语音识别因此成为科学与技术研究的热点。

计算机和集成电路技术的发展，推动了语音信号处理的实用化。目前有很多专用语音处理芯片，这些芯片与微处理机或微型计算机相结合可以组成各种复杂的语音处理系统。

四、语音信号处理应用的技术

1. 语音编码技术（Speech Coding Technology）

在语音信号数字处理过程中，语音编码技术是至关重要的，直接影响到话音存储、语音合成、语音识别与理解。语音编码是模拟语音信号实现数字化的基本手段。语音信号是一种时变的准周期信号，而经过编码描述以后，语音信号可以作为数字数据来传输、存储或处理，因此具有一般数字信号的优点。语音编码主要有三种方式：波形编码、信源编码（又称声码器）和混合编码，这三种方式都涉及语音的压缩编码技术。通常把编码速率低于 64 kbps 的语音编码方式称为语音压缩编码技术。如何在尽量减少失真的情况下，降低语音编码的比特数已成为语音压缩编码技术的主要内容。换言之，在相同编码比特率下，如何取得更高质量的恢复语音是较高质量语音编码系统的要求。

2. 语音合成技术（Speech Synthesis Technology）

语音合成技术就是所谓"会说话的机器"。它可分为三类：波形编码合成、参数式合成和规则合成。波形编码合成以语句、短语、词或音节为合成单元。合成单元的语音信号被录取后直接进行数字编码，经数据压缩组成一个合成语音库。重放时根据待输出的信息，在语音库中取出相应的合成单元的波形数据，将它们连接在一起，经解码还原成语音。参数式合成以音节或音素为合成单元。

3. 语音识别技术（Speech Recognition Technology）

语音识别又称语音自动识别（Automatic Speech Recognition，ASR），语音识别基于模式匹配的思想，从语音流中抽取声学特征，然后在特征空间完成模式的比较匹配，寻找最接近的词（字）作为识别结果。

几十年来，语音识别技术经历了从特定人（Speaker Dependent，SD）中小词汇量的孤立词语和连接词语的语音识别到非特定人（Speaker Independent，SI）大词汇量的自然口语识别的发展历程。尽管如此，语音识别技术要走出实验室，全面融入人们的日常生活还需假以时日。当使用环境与训练环境有差异时，如在存在背景噪声、信道传输噪声、说话人语速和发音不标准等情况下，识别系统的性能往往会显著下降，无法满足实用的要求。环境噪声、方言和口音、口语识别已经成为目前语音识别中三个主要的新难题。

4. 语音理解技术（Language Understanding Technology）

语音理解又称自然语音理解（Natural Language Understanding，NLU），其目的是实现人机智能化信息交换，构成通畅的人机语音通信。

目前，语音理解技术开始使计算机丢掉了键盘和鼠标，人们对语音理解的研究重点正拓展到特定应用领域的自然语音理解上。一些基于口语识别、语音合成和机器翻译的专用性系统开始出现，如信息发布系统、语音应答系统、会议同声翻译系统、多语种口语互译系统等，正受到各方面越来越多的关注。这些系统可以按照人类的自然语音指令完成有关的任务，提供必要的信息服务，实现交互式语音反馈。

第三节　数字图像处理技术

21世纪，人类已经进入信息化时代，人类传递信息的主要媒介是语音和图像。研究表明，在人类接受的各种信息中，听觉信息占20%，视觉信息占60%，其他如味觉、触觉、嗅觉等加起来约20%。所以，图像是人类获取信息、表达信息和传递信息的重要手段。俗话说，"百闻不如一见""眼见为实""一图值千字""一目了然"等，这些都反映了图像在传递信息中的独到之处。同时，我们又生活在一个数字化时代，随着计算机技术及网络技术的迅速发展，几乎所有的信息都可以以数字的形式呈现在人们面前。因此，学习和研究数字图像处理技术是时代的迫切需求。

将主要介绍数字图像处理的基本概念、目的、特点和主要研究内容，数字图像处理系统及数字图像处理的应用和发展趋势等内容，并且简单介绍数字图像处理实验常用的仿真软件MATLAB及其在图像处理中的应用。

一、数字图像处理的基本概念

1. 图像的种类

为了实现对图像信号的处理和传输，首先必须对图像进行正确的描述，即什么是图像。从广义上来说，图像是自然界景物的客观反映，是人类认识世界和人类本身的重要源泉。照片、绘画、影视画面无疑属于图像；照相机、显微镜或望远镜的取景器上的光学成像也是图像；汉字起源于象形文字，可以看成是一种特殊的绘画；图形可以理解为介于文字与绘画之间的一种形式，也属于图像的范畴；通过某些传感器变换得到的电信号图，如脑电图、心电图等都可以看作一种图像。

"图"是物体反射或透射光的分布，"像"是人的视觉系统所接收的"图"在大脑中形成的印象或反映。总之，凡是记录在纸介质上的，拍摄在底片或照片上的，显示在电视、投影仪或计算机屏幕上的所有具有视觉效果的画面都可以称为图像。因此，图像是客观和主观的结合。

（1）按图像的点空间位置和灰度的大小变化方式，图像可分为连续图像和离散图像两类。

①连续图像

指在二维坐标系中具有连续变化的空间位置和灰度值的图像。如彩色照片、眼睛所观察到的图像等。

②离散图像

指在空间位置上被分割成点，灰度值大小也分为不同级数的图像。数字图像就是典型的离散图像。

（2）根据图像记录方式的不同，图像可分为模拟图像和数字图像两类。

①模拟图像

通过某种物理量的强弱变化来表现图像上各个点的颜色信息。例如，在生物医学中，人们在显微镜下看到的图像就是一幅光学模拟图像，照片、用线条画的图、绘画都是模拟图像。模拟图像是连续的，一幅图像可以定义为一个二维函数 $f(x, y)$。其中，x 和 y 是空间平面坐标，f 表示图像在点 (x, y) 处的某种性质的数值，如亮度、灰度、色度等。x、y 和 f 可以是任意实数。

②数字图像

将连续的模拟图像经过离散化处理后变成计算机能够辨识的点阵图像。将图像分解成若干个点（像素），每个点的颜色以不同的量化值来表示。数字图像必须依靠数字设备来产生和保存，易于处理和保存，例如，扫描的图片、数码相机所拍的图片等。在由二维函数 $f(x, y)$ 表示的图像中，当 x、y 和灰度值 f 是有限的离散数值时，称该图像为数字图像。

2. 数字图像处理的概念

数字化后的图像可以看作存储在计算机中的有序数据，数字图像处理是指借助于数字计算机来处理数字图像，包括对图像进行去除噪声、增强、复原、分割、提取特征等的理论、方法和技术。数字图像处理主要包括两方面的内容：

（1）图像到图像的处理

这类处理是将一幅图像变为另一幅经过加工的图像，从而获得较好的效果。例如，在大雾天气下拍摄的景物，由于在空气中悬浮着许多微小的水颗粒，这些水颗粒在光线的散射下，使景物与镜头之间形成了一个半透明层，使得画面的能见度很低，一些细节特征看不见。为了提高画面的清晰度，采用适当的数字图像处理方法，消除或减弱大雾层对图像的影响，就可以得到一幅清晰的图像。

（2）图像到非图像的处理

这类处理是将一幅图像转化为另一种非图像的表示。通常是对一幅图像中的若干个目标物进行识别分类后，给出其特性测度。例如，在一幅图像中，拍摄记录下来包含几个苹果和几个橘子等水果的画面，经过对图像的处理与分析之后，可以分检出苹果的个数和大小等。又如，对人体组织切片图像中的细胞分布进行自动识别与分析，给出病理分析报告就是一个在计算机辅助诊断系统中的一个重要的应用。这类处理在图像检测、图像测量等领域有着广泛的应用。

二、数字图像处理技术的发展简史

从远古时代开始，人们对外界的感觉是直观的，象形文字就是用视觉印象表达抽象意义的一种表达形式。望远镜延伸了人的视觉宏观范围，而显微镜则使人们能够洞察微观世界。照相机使人们对图像的印象成为永恒的记录。

图像处理首次采用图像压缩技术改善英国伦敦和美国纽约之间海底电缆发送的图片质量。数字计算机的出现使图像的获取、处理、传输和存储产生了质的飞跃。数字图像处理的出现，当时的电子计算机已经发展到一定水平，人们开始利用计算机来处理图形和图像信息。早期的计算机在计算速度、存储容量和软件处理功能等主要方面，难以满足对图像数据进行实时处理的要求。随着计算机软硬件技术的迅速发展，计算机处理图像的性能有了大幅度的提高。

数字图像处理作为一门学科，首次成功地应用在美国宇航局喷气推进实验室，当时对"徘徊者7号"探测器发来的几千张月球照片进行了几何校正、灰度变换、去除噪声等处理，并考虑了太阳位置和月球环境的影响，用计算机绘制了月球表面的照片，随后又对探测飞船发回的近十万张照片进行更为复杂的图像处理，获得了月球的地形图、彩色图及全景镶嵌图，为人类登月创举奠定了坚实的基础。在以后的宇航空间技术，如对火星、土星等星球的探测研究中，数字图像处理技术都发挥了巨大的作用。直到现在，数字图像处理在航天技术领域还是不可缺少的重要手段。

数字图像处理技术在前期应用于医学成像、地球资源遥感监测和天文学等领域。早发明的计算机轴向断层术，简称计算机断层（CT），是图像处理在医学诊断领域最重要的应用之一。计算机轴向断层术是一种处理方法，在这种处理中，检测器环绕着一个物体（或病人），并且一个与该环同心的X射线源绕着物体旋转。X射线穿过物体并由环中对面的检测器进行收集。当 X 射线源旋转时，重复这一过程。断层由一些算法组成，这些算法使用感知的数据来重建通过物体的"切片"图像。当物体沿垂直于检测器环的方向运动时，就产生一系列这样的"切片"，这些切片组成该物体内部的三维再现。

图像处理领域一直在生机勃勃地发展。除了航天和医学应用外，数字图像处理技术现在已用于更广泛的范围。用计算机方法增强对比度或将灰度编码为彩色，以便于解释工业、医学及生物科学等领域中的 X 射线图像和其他图像；地理学者使用相同或相似的技术，从航空和卫星成像中研究污染模式；图像增强和复原方法用于处理不可修复物体的退化图像，或太昂贵以至于不可复制的实验结果；在考古学领域，使用图像处理方法已成功地复原了模糊的图片，这些图片是丢失或损坏的稀有物品的现有的记录；在物理学相关领域，计算机技术通常用于增强如高能等离子和电子显微镜等领域的实验图像；类似地，图像处理技术也成功地应用在天文学、生物学、核医学、法律实施、国防及工业领域中。

三、数字图像处理的目的和特点

1.数字图像处理的目的

一般地，数字图像处理需要完成以下一项或几项任务。

（1）提高图像的视觉质量以达到人眼主观满意或较满意的效果。例如，图像的增强、图像的复原、图像的几何变换、图像的代数运算、图像的滤波处理等有可能使受到污染、干扰等因素影响产生的低清晰度、变形等图像质量问题得到有效的改善。

（2）提取图像中目标的某些特征，以便于计算机分析或机器人识别。这些处理也可以划归于图像分析的范畴。例如，边缘检测、图像分割、纹理分析常用作模式识别、计算机视觉等高级处理的预处理。

（3）为了存储和传输庞大的图像和视频信息，常常对这类数据进行有效的压缩。常用的方法有统计编码、预测编码和正交变换编码等。

（4）信息的可视化，如温度场、流速场、生物组织内部等许多信息并非可视，但转化为视觉形式后，可以充分利用人们对可视模式快速识别的自然能力，更便于人们观察、分析、研究、理解大规模数据和许多复杂现象。信息可视化结合了科学可视化、人机交互、数据挖掘、图像技术、图形学、认知科学等诸多学科的理论和方法，研究人与计算机表示的信息，以及它们相互影响的技术。

（5）信息安全的需要，主要反映在数字图像水印和图像信息隐藏。这是图像工程出现的新热点之一。数字水印是利用多媒体数字产品中普遍存在的冗余数据与随机性，把水印信息可见或不可见的嵌入到数字作品中，以期达到保护数字产品的版权或完整性的一种技术。在计算机通信、密码学等学科也有其用武之地。

2. 数字图像处理的特点

数字图像处理利用数字计算机或其他专用的数字设备处理图像，与模拟方式相比具有以下鲜明的特点：

（1）处理精度高

图像采集设备可将一幅模拟图像数字化为任意大小和精度的二维数组供处理设备加工。根据应用的需求，数字化的像素数可以从几十到几百万，甚至上千万，每个像素的等级可以量化为从1位到16位甚至更高，活动图像的帧率可以从十几赫兹到六十赫兹，高速摄像达几千赫兹到上万赫兹。而对处理设备来说，不同数据量的图像其处理程序大致是一样的。

（2）重现性能好

理论上，数字图像处理不会因图像的存储、传输等过程而导致图像质量的退化。图像的质量主要受数字化过程时取样样本数、量化精度、处理过程中的处理精度等的限制。由于在一定范围内，人眼和机器视觉的分辨率都是有限的，因此只要保持足够的处理精度，图像重现性就会很好，能保证图像的原貌。

（3）灵活性高

与模拟图像处理相比较，由于图像处理软件功能强大、扩展性好、用户界面友好，数字图像处理不仅能完成一般的线性和非线性处理，而且一切可以用程序实现的智能信息处理方法都可以加以采用。

（4）图像信息量大

在数字图像处理中，一幅图像可以看成是由图像矩阵中的像素组成的，通常每个像素用红、绿、蓝三种颜色表示，每种颜色用8bit表示灰度级，一幅1024像素×1024像素不经压缩的真彩色图像，数据量达3MB。一幅3240像素×2340像素的遥感图像，采用4bit量化，占用约3.8MB的存储空间。一幅中等分辨率的VGA 640像素×480像素的256色图像的数据量为300KB。传送一路PCM彩色电视图像的速率达108 Mbit/s，则每秒的数据量可达13.5MB。大数据量和传输速率对计算机的计算速度、网络带宽、媒体存储容量等提出了很高的要求，如果精度及分辨率再提高，所需处理时间将大幅度增加，因此数据压缩成为不可缺少的处理环节。

（5）数字图像信号占用的频带较宽

在模拟域，视频信号的带宽比音频信号的带宽要大几个数量级。为了保证图像的质量，根据采样定理，数字化后，数字视频占用的频带进一步加宽。所以，在成像、传输、存储、处理、显示等各个环节的实现上，技术难度较大，成本较高，宽频带对处理和传输设备提出了更高的要求，因此频带压缩技术也是数字图像处理的一个值得注意的问题。

（6）处理费时

由于图像数据量较大，因此处理比较费时。特别是采用区域处理方法时，由于处理结果与中心像素邻域有关而导致花费的时间更多。要实现快速甚至实时处理图像，就要对图像处理系统提出更高的要求，多处理器并行处理器、嵌入式系统等专用处理系统为提高图像处理速度提供了有效的解决方法。

四、数字图像处理技术的主要研究内容

数字图像处理技术的研究内容大体可分为以下几个方面：

1. 图像信息的获取和存储

图像的获取是将自然界的图像通过光学系统成像并由电子器件或系统转化为模拟图像信号，再由模拟 / 数字转换器得到原始的数字图像信号，也称为图像的采集。

图像信息的突出特点是数据量巨大，一般主要采用磁带、磁盘或光盘进行存储。为解决海量存储问题，主要研究数据压缩、图像格式及图像数据库技术等。

2. 图像频域变换

图像阵列很大，直观性强，但图像的频率、纹理等特性在空间域中难以获得和处理，计算量也很大。各种图像变换的方法，如离散傅里叶变换、离散余弦变换、小波变换等，可以间接地将空间域的处理转换到变换域进行更有效的处理。通过二维离散傅里叶变换（DFT），可以将空间域的图像变换为图像频谱，再在频率域进行各种数字滤波以获得图像质量的改善、数据量的压缩或突出某些特征便于后期处理。

3. 图像几何变换

图像几何变换的目的是改变一幅图像的大小或形状。例如，通过平移、旋转、放大、缩小、镜像等，可以进行两幅以上图像内容的配准，以便于进行图像之间内容的对比检测。在印章的真伪识别以及相似商标检测中，通常都会采用这类的处理。另外，对于图像中景物的几何畸变进行校正、对图像中的目标物大小测量等，也需要进行图像几何变换处理。

4. 图像增强

图像增强处理主要是突出图像中感兴趣的信息，而减弱或去除不需要的信息，从而使有用的信息得到加强，便于区分或解释。如强化图像高频分量，可使图像中物体轮廓清晰，细节明显；而强化低频分量可减少图像中的噪声影响，即对高频噪声起到平滑作用，其主要方法有直方图修正、伪彩色增强法、图像平滑、图像锐化等技术。

5. 图像复原

图像复原处理主要是去掉干扰和模糊，恢复图像的本来面目，以达到清晰化的目的。图像退化的原因是过程有噪声、运动造成的模糊、光学系统的几何失真等，如果对其有

一定的了解，通过理论推导或实验数据甚至可以建立退化的数学模型，那么可以采用某种滤波方法在一定程度上从降质的图像恢复原始图像。

6. 图像压缩编码

数据量庞大是数字图像的显著特点之一。在多媒体技术中，现有的大容量存储器和宽带网络技术仍不能满足对图像数据处理、存储和传输的需要。图像信息具有较强的相关特性，存在大量冗余信息，因此通过改变图像数据的表示方法，可对图像的数据冗余进行压缩。另外，利用人类的视觉特性，可对图像的视觉冗余进行压缩，由此来达到减小描述图像数据量的目的。

7. 图像分割

图像可以看成是由背景和一个或多个目标组成的。图像分割是按一定的规则将图像分成若干个有意义或感兴趣的区域的过程，每个区域可代表一个对象。通过图像分割，图像中如边缘、区域等有意义的特征部分被提取出来。

8. 图像重建

图像重建的目的是根据二维平面图像数据构造出三维物体的图像。例如，在医学影像技术中的 CT 成像技术，就是将多幅断层二维平面数据重建成可描述人体组织器官三维结构的图像。三维重建技术成为目前虚拟现实技术以及科学可视化技术的重要基础。

9. 图像隐藏

图像隐藏的目的是将一幅图像或者某些可数字化的媒体信息隐藏在一幅图像中。在保密通信中，将需要保密的图像在不增加数据量的前提下，隐藏在一幅可公开的图像之中，同时要求达到不可见性及抗干扰性。图像隐藏的重要应用之一是数字水印技术。数字水印在维护数字媒体版权方面起着非常重要的作用。

五、数字图像处理的应用和发展趋势

1. 数字图像处理的应用

视觉是人类观察世界、认知世界的重要功能和途径。图像是人类获取和交换信息的主要来源，图像处理起初主要应用在遥感、医学等领域，随着人类活动范围不断扩大、需求不断提高，图像处理的应用几乎渗透到科学研究、工程技术和人类社会生活的各个领域。

（1）遥感方面

在飞机遥感和卫星遥感技术中，数字图像处理起到了其他技术无法替代的作用。侦察飞机或卫星获取的大量空中摄影照片需要进行处理和分析,如果人工进行处理和识别,则需要花费大量的人力资源，处理速度慢且不精确。而采用计算机图像处理系统进行分析，既节省了人力资源，又加快了处理速度。美国及一些国际组织发射了资源遥感卫星

（Landsat 系列）和天空实验室（Skylab 系列），由于成像条件受飞行器位置、姿态、环境条件等的影响，图像质量不可能很高，必须采用数字图像处理技术进行几何校正、恢复、增强等加工，从而还原图像的本来面目。

利用卫星遥感技术所获取的图像可以进行资源调查、灾害监测、资源勘查、农业规划、城市规划、气象预报等。

（2）生物医学方面

数字图像处理在生物医学工程方面的应用十分广泛，且具有无创伤、快速、直观、准确等优势，无论是在临床诊断还是病理研究方面都大量采用图像处理技术。数字图像处理在医学上应用最成功的技术当数 X 射线 CT 技术，该技术的主要研制者科马克〔A.M.Commack（美）〕和豪斯费尔德〔G.N.Hounsfield（英）〕获得了诺贝尔生理学或医学奖，这足以说明 CT 的发明与研究对人类贡献之大、影响之深。图像处理还应用于显微图像的处理分析，如红细胞、白细胞分类，染色体分析，癌细胞识别等。在 X 光肺部图像增强、超声波图像处理、心电图分析、立体定向放射治疗等医学诊断方面都广泛地应用图像处理技术。

（3）通信方面

数字图像通信包括传真、电视电话、数字电视、电视会议等。当前通信的主要发展方向是声音、文字、图像和数据结合的多媒体通信，电话网、电视网和计算机网络将以"三网融合"的方式形成多媒体通信网。由于图像的数据量巨大，必须采用编码技术来压缩信息的比特量。

（4）工业生产方面

在工业生产领域，图像处理和机器人技术有着广泛的应用，对提高劳动生产率具有重大意义。管理者可以通过监控系统远程监控车间的生产情况，自动装配线中的图像测量装置可以无损检测产品的质量，对产品进行分类。如食品包装出厂前的质量检查，浮法玻璃生产线上对玻璃质量的监控和筛选，甚至在工件尺寸测量方面也可以采用图像处理的方法加以自动实现。在一些危险、有毒、放射性大、劳动强度大的环境中，利用机器人完成识别工件、装配产品、维护设备更是必不可少的，它们已在太空、深海、重工业、高污染等场合中得到了有效利用。自动识别系统可以实现邮政信件的自动分拣，从而大大减轻邮局工作人员的负担。

（5）生活娱乐方面

在文化艺术和生活娱乐方面数字图像处理所起的作用也是有目共睹的。数字摄像机、数码照相机、扫描仪、高分辨率打印机等图像输入／输出设备和各种各样的图像处理软件使个人计算机如虎添翼，成为名副其实的计算机图像处理系统。数字电视的普及也使数字图像处理设备进入千家万户。

另外，这类应用还有数字编辑、艺术照片、电子游戏、纺织工艺品设计、服装设计与制作、发型设计、计算机美术、广告等。

2. 数字图像处理的发展趋势

数字图像处理技术经过了初创期、发展期、普及期及广泛应用几个阶段。经过几十年的研究与发展，数字图像处理的理论和方法进一步完善，应用范围更加广阔，已经成为一门新兴的交叉学科，现已进入实用阶段。近几年来，随着计算机和各个相关领域研究的迅速发展，科学计算可视化、多媒体技术等研究和应用的兴起，数字图像处理从一个专门领域的学科，变成了一种新型的科学研究和人机界面的工具，其研究和应用呈现出蓬勃发展的崭新势头。数字图像处理的发展趋势主要反映在以下几个方面。

（1）从低分辨率向高分辨率方向发展

随着图像传感器分辨率和计算机运算速度的不断提高，图像存储器内存、计算机内存及外设存储容量不断增大，数字图像由低分辨率向高分辨率不断发展，数字图像处理的运算量也越来越大，对处理和显示设备的要求也越来越高。

（2）从二维（2D）向三维（3D）方向发展

三维图像获取及处理技术主要通过全息摄影实现，或通过断层扫描与图像重建实现。随着图像技术和计算机技术的发展，三维图像不再只是科幻电影中的某个镜头，而已经在军事、医学上得到广泛应用，并已逐步进入人们的日常生活。例如，现代医院的CT、MR 等设备都是三维成像与重建设备，高档的超声设备也出现了三维成像与重建功能，这些设备对于人们的身体健康检查和治疗正发挥着日益重要的作用。

（3）从静止图像向动态图像方向发展

随着传感器分辨率和主机运算速度的提高，计算机内存及外存容量的增大，数字图像处理由以静止图像处理为主发展到静止图像和动态图像并存，并相互补充、相互促进的局面。例如，VCD、DVD、数码摄像机、数字电视等影视设备，以及数字电影的制作和发行，都是动态图像广泛应用的体现。

（4）从单态图像向多态图像方向发展

多态图像是指对于同一目标、景物或场景，采用不同的图像传感器或在不同条件下获取图像，然后对这些图像进行综合处理和应用。例如，军事上为了满足目标侦察的需要，可以用可见光、红外、合成孔径雷达（SAR）遥感对同一可疑地点进行扫描成像，并在不同时间段跟踪扫描，形成多态图像。又如，医院为了有效检查某种疑难病症，可以将病灶位置的 CT、MR、超声的图像进行综合对比和分析。

第四节　盲信号处理技术

一、盲信号处理基本概念

1. 定义与特点

盲信号处理是指在信号处理过程中，所需的各种信息并不全部已知，仅通过观测到的信号（或称为混合信号）来恢复或推断出原始信号的过程。这里的"盲"有两重含义：一是源信号不能被直接观测；二是源信号如何混合成观测信号的方式未知。这种技术挑战在于，如何在缺乏先验知识的情况下，从复杂的混合信号中分离出有用的信息。

2. 技术分类

盲信号处理根据信号经过传输通道的混合方式，可以分为线性瞬时混合信号盲处理、线性卷积混合信号盲处理和非线性混合信号盲处理三类。同时，根据源信号和混合信号是单路或多路，又可以分为单输入多输出（SIMO）系统的盲处理和多输入多输出（MIMO）系统的盲处理。

二、盲源分离技术

（一）盲源分离技术简介

盲源分离技术是发展起来的一种新的信号处理技术，它是从多维统计数据中找出隐含因子或分量的方法。从线性变换和线性空间角度，源信号为相互独立的非高斯信号，可以看作线性空间的基信号，而观测信号则为源信号的线性组合，盲源分离就是在源信号和线性变换均不可知的情况下，从观测的混合信号中估计出数据空间的基本结构或者说源信号。

目前，盲源分离的研究工作大致可分为两大类，一类工作是盲源分离的基本理论和算法的研究，基本理论的研究有基本线性盲源分离模型的研究以及非线性盲源分离、信号有时间延时的混合、卷积和的情况、带噪声的盲源分离、源的不稳定问题等的研究。算法的研究可分为基于信息论准则的迭代估计方法和基于统计学的代数方法两大类，从原理上来说，它们都是利用了源信号的独立性和非高斯性。各国学者提出了一系列估计算法。如 Fast ICA 算法，Informax 算法，最大似然估计算法，二阶累积量、四阶累积量等高阶累积量方法。另一类工作则集中在盲源分离的实际应用方面，已经广泛应用在特征提取、生物医学信号处理、通信系统、金融领域、图像处理、语音信号处理等领域，并取得了一些成绩。这些应用充分展示了盲源分离的特点和价值。

（二）盲源分离问题的由来

盲源分离的研究起源于著名的"鸡尾酒会问题"，即在一个鸡尾酒会上，很多人彼此交谈，音乐声、谈笑声混杂在一起，但作为谈话的双方却能从嘈杂的声音中提取对方的话语信息。人耳的这种可以从混合声音中选取自己感兴趣的声音而忽视其他掩蔽声音的现象就是"鸡尾酒会效应"（Cocktail Party Effect）。"鸡尾酒会问题"简单来说就是当很多人同时在一个房间内说话时，混叠声音信号由一组麦克风记录下来，如何从得到的观测信号中成功分离出我们感兴趣的某个话音的问题。这就是 ICA 分离算法所需要解决的问题。

盲源分离算法需要做的就是利用这四个混合矢量，在混合矩阵和源信号 S 均未知的情况下，仅根据源信号间是统计独立的这一假设，只利用观测信号 X 确定一个线性变换矩阵 W，使变换后的输出信号 $Y=W \cdot X$ 是源信号 S 的最优估计 S，便实现了对混叠信号的分离。

（三）盲源分离的数学模型

盲源分离问题涉及很多数学知识，为更好地理解盲源分离的原理及算法，主要介绍了盲源分离的基本线性数学模型，然后对噪声模型和非线性模型进行了简要阐述，最后通过一个实验演示了 BSS 问题的解决过程。

1. 盲源分离的线性模型

BSS 问题是信号处理中一个传统而又极具挑战性的课题。BSS 是指仅从观测的混合信号（通常是多个传感器的输出）中恢复独立的源信号，这里的"盲"是指：源信号是不可观测的；混合系统是事先未知的。在科学研究和工程应用中，很多观测信号都可以假设成是不可见的源信号的混合。所谓的"鸡尾酒会问题"就是一个典型的例子。

问题是：如何从这组观测信号中提取每个说话者的声音信号，即源信号。如果混合系统是已知的，则以上问题就退化成简单的求混合矩阵的逆矩阵。但是在更多的情况下，人们无法获取有关混合系统的先验知识，这就要求人们根据观测信号来推断这个混合矩阵，实现盲源分离。

盲源分离的线性数学模型如下：

设有 N 个未知的源信号 $Si(1)$（$i=1, 2, …, N$）构成一个列向量 $S(t) =[S1(t)$，$S2(t)$，$…$，$SN(t)]T$，其中 1 是离散时刻，取值为 0，1，2…设 A 是一个 $M \times N$ 维矩阵，一般称为混合矩阵（mixing matrix）。设 $X(t) =[X1(t)$，$X2(t)$，$…$，$XM(t)]T$ 是由 M 个可观察信号 $Xi(t)$（$i=1.2$，$…$，M）构成的列向量，且满足下列方程：

$$X(t)=AS(t)(M \geq N)$$

BSS 的问题是，对任意 t，根据已知的 $X(t)$ 在 A 未知的条件下求未知的 $S(t)$。

这构成一个无噪声的盲分离问题。设 $N(t)=[N1(t)，N2(t)，\cdots，NM(t)]^T$ 是由 M 个白色、高斯、统计独立噪声信号 $Ni(t)$ 构成的列向量，且 $X(t)$ 满足下列方程：

$$X(t)=AS(t)+N(t)(M \geqslant N)$$

则由已知的 $X(t)$ 在 A 未知时求 $S(t)$ 的问题是一个有噪声盲源分离问题。

一般根据以下几个基本假设条件来解决 BSS 问题：

（1）各信号源 $Si(t)$ 均为 0 均值、实随机变量，各源信号之间统计独立。

（2）源信号数 M 与观察信号数 N 相同，即 $N=M$，这时混合阵 A 是一个确定且未知的 $N×N$ 维方阵。假设 A 是满秩的，逆矩阵 $A-1$ 存在。

（3）各个 $Si(t)$ 的 pdf（概率分布函数）中最多只允许有一个具有高斯分布。

（4）各观察器引入的噪声很小，可以忽略不计。这时可以用下式描述源信号与观察信号之间的关系且 $N=M$。

这称为基本 BSS。BSS 的目的是对任何 t，根据已知的 $X(t)$ 在 A 未知的情况下求未知的 $S(t)$，BSS 的思路是设置一个 $N×N$ 维反混合阵 $W=(wij)$，$X(t)$ 经过 w 变换后得到 N 维输出列向量 $Y(t)=[Y1(t)，\cdots，YN(t)]^T$，即有：

$$Y(t)=WX(t)=WAS(t)$$

2. 盲源分离的其他模型

实际中往往不能同时满足基本 BSS 的这些假设条件。因此，近几年很多学者都涉及了减弱这几个假设条件的 BSS 研究，提出了一些新的理论，如非线性 BSS 噪声 BSS 信号有时间延时的混合、卷积和的情况、源的不稳定问题等，但这些理论还不够完善，许多问题还有待进一步研究解决。下面简单介绍一下噪声 BSS 和非线性 BSS。

（1）盲源分离的噪声模型

现实生活中，观察信号中往往包含噪声信号，因此在解决问题的时候应该把噪声考虑进去，以求使得问题的结果更加精确。噪声 BSS 模型的定义如下：

$$X(t)=AS(t)+N(t)(M \geqslant N)$$

这里要求如下假设成立：

1）这个噪声是加性的，并且独立于独立分量。

2）噪声是高斯的。

（2）盲源分离的非线性模型

在某些情况下，基本线性的 BSS 太简单，不能对观察向量 $X(t)$ 予以充分的描述。非线性 BSS 混合模型定义如下：

$$X(t)=f(S(t))$$

这里，$X(t)$、$S(t)$ 与基本 ICA 中定义的 $X(t)$、$S(t)$ 相同，其中 $f(s(t))$ 是非线性混合函数。

（四）盲源分离的不确定性

在盲源分离中，通过随机矩阵来模拟混合的未知性，使得源信号的混合情况变得多种多样，要想获得混合矩阵的完全估计就变得困难重重。

需要指出的是，对瞬时混合信号盲源分离，当源信号可以精确恢复的情况下应有 $W=A-1$，在假设条件的约束下，盲源分离问题是有解的，只不过存在两个不确定性，即恢复的源信号的幅度不确定性和源信号各分量次序的不确定性。

1. 分离结果的幅度存在不确定性

由于在 $X=AS$ 中，A 和 S 均未知，如果将 S 中任一分量 Si 扩大 a 倍，只需将 A 中相应的混合系数乘以 $1/a$，上式仍成立。在观测信号幅度不变的前提下，源信号的幅度存在不确定性。因此，在求解独立分量时，往往事先假设 S 具有单位方差 $E|Si2|=1$，且各分量均值为零。

2. 分离结果的排序存在不确定性

由于 A 和 S 的未知，公式 $X=AS$ 中独立分量的顺序可能会被调换，在 $X=AS$ 中插入一个置换矩阵 P 和它的逆矩阵 $P-1$，得到 $X=AP·P-1s$，将 $AP-1$ 看成新的混合矩阵，则 PS 中的各分量便成为新的已调换顺序的独立源 Si。这表明 BSS 分离结果存在排序上的不确定性。由于混合的未知性使得我们对源信号中各个分量是怎样排列得难以确定，但是只要按照可分离条件能够使得混合信号分离，其分离结果在排列顺序上的多解性对分离结果影响不大。这是因为信号提供的有价值信息大多是通过其波形来表现的，所以上述提到的不确定性对解决盲源分离问题并没有很大的影响。

由于在许多应用背景下，绝大多数信息是包含在信号的波形而不是幅度和次序中的，因此这两种不确定性是可以接受的。所以，在信号盲源分离问题中，如果得到一个"源信号的拷贝"，则可以说完成了信号盲源分离的工作，因为在没有先验知识的情况下，我们不可能获得比"源信号的拷贝"更好的结果。但在有些应用中，需要对不同观测信号的独立分量进行比较，BSS 的不确定性会给后续工作带来麻烦。

（五）盲源分离算法的分类及介绍

在近几十年的盲信号处理发展进程中，各位学者孜孜不倦地进行了大量的分析探索，研究出许多高质量的分离算法。在此，对这些算法的思想做一个简单的归类分析。

1. 基于源信号的统计信息分类

基于源信号统计特性，一些经典的算法可以归为以下几方面：

（1）基于统计独立性的盲源分离算法

这类算法主要以信息论和高阶累积量为基础，使得通过分离系统后的输出信号的统计独立性最大，或者互信息最小、非高斯性最强等，来作为分离准则。其基本要求除了要使源信号相互独立外，还对源信号中高斯信号的个数做了限制，最多只能包含一个。

常见的经典算法包括基于神经网络的自然梯度算法、Informax 算法（自适应差分进化优化算法）、JADE 算法、EASI 算法、Fast ICA 算法等。

值得一提的是，有些学者会将基于 HOS（高阶统计法）的算法单独归为一类，这是因为 HOS 算法在盲信号分离中占据重要的席位。盲分离早期算法研究就是始于高阶累积量的 H-J 算法，而且由于高阶累积量算法对高斯噪声的天然抑制效果，使得其在算法研究中被广泛应用。高阶累积量的引入分为两种：一种是显性引入，例如直接采用三阶累积量、四阶累积量等作为分离准则；另一种是隐性引入，通过引入非线性函数来间接地引入。

（2）基于二阶统计量（SOS）的盲源分离算法

采用二阶统计量的盲源分离算法主要是利用源信号相关函数矩阵为对角阵的已知条件，通过联合对角化对接收信号的相关函数矩阵进行处理，进而估计出分离矩阵。

常见的算法包括 AMUSE 算法、广义特征值分解（GED）算法、SOBI 算法等。

2. 根据矩阵论原理等数学知识分类

在盲源分离中，对混合信号采取的预处理过程，包括单位化、预白化、去相关等，以及在后续的分离过程中都会用到一些矩阵论的数学知识，比如通过矩阵对角化达到去相关的目的，因此可以把盲源分离算法分为以下几类：

（1）完全基于特征值分解算法

这类算法完全通过矩阵特征值分解来确定分离矩阵，其优点是计算量较小，但是分离性能较低。

比较经典的算法包括 AMUSE 算法、GED 算法，它们都是基于特征值分解的去相关算法，因此对源信号的限制为要满足不相关的特性，而在应用的过程中接收到的信号往往不能满足这一要求，限制了算法的应用。

（2）基于特征值分解与优化算法相结合的盲源分离算法

前面介绍的基于 ICA 思想的盲源分离算法大多基于这种思想，即在分离前采用预白化等预处理手段，例如结合 PCA 方法通过对混合信号的特征值进行分解，以达到去相关的目的，然后采用优化算法求分离矩阵。

常见的算法包括 SOBI 算法、JADE 算法、Comon 算法。

（3）完全基于优化算法

这类算法只需要使用优化算法转化为求最优问题，不需要进行求解特征值的步骤。这类的算法比前两类算法的分离性能更好。

3. 盲源分离与独立分量分析（ICA）

盲源分离包含了线性瞬时混合和卷积混合两种盲源分离问题。解决盲源分离问题的重要方法——独立分量分析（ICA）法，通常以线性瞬时混合为模型，而盲解卷积则是一种更为实际的盲源分离问题，其混合模型是一种卷积混合，线性卷积混合模型比较接近实际，这是因为：

（1）实际中每一个源信号不会同时到达所有的传感器，每一个传感器对不同的源延时不同，延时值的大小取决于传感器与源信号间的相对位置以及信号的传播速度。

（2）源信号到达传感器是经过多途径传播的，即多径效应。假设信号是线性组合的，则从传感器观测到的信号是源信号各种延时值的线性组合。解决此类问题的盲信号处理方法就是盲解卷积。特别地，ICA方法也可被用于盲解卷积或盲均衡。此外，盲信号处理还包括许多重要内容，例如非线性BSS或非线性ICA问题、盲多用户检测，以及盲波束形成等。

尽管有许多不同的盲源分离算法可用，但它们的原理都可以归纳为以下四种方法。

①最普遍的方法就是使用代价函数来衡量信号独立性和非高斯性或者稀疏性。当源信号具有统计独立性，且没有时间结构时，基于高阶统计量的方法是求解盲源分离问题的基本手段，这种方法对多于一个高斯分布的源信号不适用。

②如果源信号具有时序结构，则其有非零的时序相关数，从而可以降低对统计独立性的限制条件，用二阶统计量方法（SOS）就足以估计混合矩阵和源信号。这种方法（SOS）不允许分离功率谱形状相同或独立同分布（IID）的源信号。

③第三种方法即采用非平稳性方法（NS）和二阶统计量方法（SOS）。由于源信号主要随时间有不同的变化，就可以考虑利用二阶非平稳性。有专家首先考虑了非平稳性，并证明在盲源分离中可以应用简单的解相关技术。与其他方法相比，基于非平稳性信息的方法能够分离具有相同功率谱形状的有色高斯源，然而却不能够分离具有相同非平稳特性的源信号。

④第四种方法运用了信号的多样性，典型的是时域多样性、频域多样性（谱或时间相干性）或者时频域多样性，更一般的，即联合空间—时间—频率（STF）多样性。

自从BSS和ICA的概念产生以来，人们几乎是不加区分地使用这两个概念。但是，如果深入研究BSS和ICA的基本原理和作用对象，两者之间的区别和联系是显而易见的。

Comon对ICA给出了较严格的定义：对于观测信号矢量，存在一个线性变换，使得观测信号在线性变换下各分量的统计独立性最大化，这一过程称为ICA过程。

与此对应，可以给出BSS的如下定义：对于观测信号矢量，存在线性变换W，使得全局矩阵G的各行及各列中只有一个非零元素（不妨称为广义对角矩阵），即$G=PD$。其中，P为置换阵；D为对角阵，从而实现信号分离。

ICA的目的是通过线性变换使得观测信号的各个分量的统计独立性最大化。通常用输出信号的互信息、熵等作为统计独立性的量度，如基于信息论的Informax算法、自然梯度算法等。如果源信号之间具有统计独立性，那么可以通过ICA实现信号的分离。

BSS考察的是在什么条件下可以使全局矩阵实现广义对角化，而不去衡量输出信号的统计独立性是否达到最大化。因此，BSS 并不一定要求源信号是统计独立的。例如，AMUSE 算法、GED 算法只要求源信号具有统计不相关性。如果源信号是统计独立的，那么 BSS 的输出信号也一定是统计独立的，这时 BSS 和 ICA 等价。

从作用对象看，ICA 除了可以用于多源信号的分离外，还可以用于其他多维数据的分析，例如图像的特征提取、经济数据分析等。而 BSS 不仅局限于瞬时混合信号的分离，还包括实际应用中更重要的卷积混合信号的分离。

可以说，ICA 是实现 BSS 的一种方法，而 BSS 是 ICA 的一个具体的应用。

三、盲信号提取技术

盲信号提取技术侧重于从混合信号中提取出特定的源信号。与盲源分离不同，盲信号提取通常不需要恢复所有源信号，而是根据特定的目标信号进行提取。这类技术常应用于语音增强、生物医学信号处理等领域。

四、盲信道均衡与盲波束形成

1.盲信道均衡

信道均衡是信号处理中的一项重要技术，用于纠正或补偿传输信道的不平坦幅频特性，使整个传输信道近似具有平坦的幅频特性。盲信道均衡则是在不知道信道输入和信道冲激响应的情况下，仅通过信道输出来实现均衡。这种技术在实际应用中具有重要意义，如无线通信、数据通信等领域。

2.盲波束形成

盲波束形成是一种在无信号方向或阵列等先验信息条件下，通过优化波束形成器的权向量来实现信号接收的技术。它可以看作盲源分离问题的一个特例，广泛应用于雷达、声呐、无线通信等领域。盲波束形成算法通过优化权向量来增强目标信号的接收，同时抑制干扰和噪声。

五、盲信号处理的应用领域

盲信号处理技术在多个领域具有广泛的应用前景，以下简单介绍几类。

1.通信系统

在通信系统中，盲信号处理技术可以用于信道均衡、信号恢复和干扰抑制等方面。例如，在无线通信中，由于信道的多径效应和干扰噪声的存在，接收到的信号往往存在畸变和失真。通过盲信道均衡技术可以纠正信道的不平坦特性，提高信号的接收质量。同时，盲信号分离技术可以用于多用户通信中的信号分离和干扰抑制。

2. 语音增强

语音增强是盲信号处理技术在语音处理领域的一个重要应用。在嘈杂的环境中，语音信号往往被各种噪声所淹没，导致语音质量下降。通过盲信号提取技术可以从混合信号中提取出清晰的语音信号，实现语音增强。这在电话会议、语音识别和助听器等应用中尤为重要。盲信号处理技术可以自动适应不同的噪声环境，有效去除背景噪声，提高语音的可理解度和清晰度。

3. 遥感与地球科学

在遥感领域，盲信号处理技术广泛应用于图像处理、目标检测和特征提取等方面。由于遥感数据通常包含多种类型的信号（如地表反射、大气散射、传感器噪声等），盲信号处理技术可以从复杂的混合信号中分离出有用的信息，提高遥感数据的解译精度和可靠性。例如，在卫星图像处理中，盲信号分离技术可以用于去除云层覆盖，恢复地表的真实信息。

4. 医学成像

在医学成像领域，盲信号处理技术也发挥着重要作用。医学图像（如 MRI、CT、EEG 等）通常受到各种噪声和伪影的干扰，影响医生的诊断准确性。盲信号处理技术可以通过去除噪声、增强图像对比度和细节等手段，提高医学图像的质量。此外，盲信号分离技术还可以用于脑电信号（EEG）的分析，从多通道 EEG 信号中分离出不同的脑电活动成分，帮助研究人员深入了解大脑的功能和机制。

5. 地震探测与地球物理

地震探测和地球物理领域也广泛应用盲信号处理技术。地震波在传播过程中会受到地下介质的影响，产生复杂的反射、折射和散射等现象。盲信号处理技术可以从地震记录中分离出不同的波场成分，如直达波、反射波和转换波等，为地震成像和地下结构分析提供重要依据。此外，盲信号处理技术还可以用于地震噪声的去除和信号增强，提高地震数据的信噪比和分辨率。

六、盲信号处理技术未来发展趋势

1. 非线性盲信号处理

随着信号处理技术的不断发展，非线性盲信号处理将成为未来的研究热点。传统的盲信号处理技术主要基于线性混合模型，但在实际应用中，信号混合过程往往存在非线性特性。因此，研究非线性盲信号处理技术对于提高信号处理精度和适用范围具有重要意义。

2. 深度学习在盲信号处理中的应用

深度学习技术的兴起为盲信号处理提供了新的思路和方法。深度学习具有强大的特征学习和非线性映射能力，可以自动从数据中提取有用的特征信息。将深度学习应用于盲信号处理中,可以实现对复杂信号的有效分离和识别。例如,利用卷积神经网络（CNN）进行图像去噪和特征提取；利用循环神经网络（RNN）进行语音信号的序列建模和分离等。

3.多模态盲信号处理

随着传感器技术的不断发展,多模态数据处理已成为一种趋势。多模态盲信号处理旨在同时处理来自不同传感器或不同模态的数据（如音频、视频、文本等）,以实现更全面的信息获取和更准确的决策制定。多模态盲信号处理需要解决不同模态数据之间的同步、对齐和融合等问题,同时也需要开发适用于多模态数据的盲分离和识别算法。

4.实时盲信号处理

实时性是许多应用场景对盲信号处理技术的重要要求之一。例如,在语音通信和实时监控系统中,需要实时处理并分离出有用的信号成分。因此,研究高效、稳定的实时盲信号处理技术具有重要意义。这需要优化算法结构,提高计算效率和稳定性等方面的努力。

第五节　计算机视觉

一、计算机视觉简介

从生物学的角度来看,计算机视觉是研究如何得到人类视觉系统的计算模型的科学；从工程学的角度来看,计算机视觉是研究如何建立可以媲美人类视觉（在某些视觉任务上超越人类视觉）的系统。通常来说,完成视觉任务需要通过图像或视频来理解场景。这两个角度是互相促进、彼此关联的。人类视觉系统的特点对于设计计算机视觉系统和算法有着很大的启发,而计算机视觉的算法也可以帮助人们来理解人类的视觉系统。

从工程学的角度来看,计算机视觉主要研究的是通过图像或视频来重建和理解场景,完成人类视觉可以完成的任务。人类视觉是通过眼睛看到某一场景的图像,再通过大脑对图像进行分析,最终得到对场景的理解结果；而计算机视觉则是通过摄像机等成像设备获得场景的图像,通过计算机和相应的视觉算法对图像进行分析,得到和人类类似的场景理解结果。摄像机等成像设备相当于人的眼睛,而计算机和视觉算法则相当于人类的大脑。

近年来,随着计算机视觉以及其他相关学科（如认知学,心理学等学科）的发展,其目标已经从识别出场景中所包含的物体以及场景中正在发生的事件发展到推测视频中人的目的和意图，帮助人们理解视频中一些状态变化的原因以及对人的下一步行为进行预测。

计算机视觉是一门交叉学科，涉及图像处理、模式识别、机器学习、人工智能、认知学以及机器人学等诸多学科。其中，图像处理是计算机视觉的基础。图像处理研究的是图像到图像的变换，其输入和输出的都是图像。常用的图像处理操作包括图像压缩、图像增强、图像恢复等。计算机视觉的输入是图像，而输出则是对图像的理解，在此过程中要用到很多图像处理的方法。

模式识别的研究的是使用不同的数学模型（包括统计模型、神经网络、支持向量机等）来对不同模式进行分类。模式识别的输入可以是图像、语音以及文本等数据，而计算机视觉中的很多问题都可以视为分类问题。人的大脑皮层活动的70%是在处理视觉相关的信息。视觉相当于人脑的大门，其他如听觉、触觉、味觉等都是带宽较窄的通道。如果不能处理视觉信息，整个人工智能系统就只能做符号推理。如下棋和定理证明等，既无法进入现实世界，也无法研究真实世界中的人工智能。

计算机视觉的目标是填充图像像素与高层语义之间的鸿沟。计算机所见的像素中，每个像素具有一定的数值（表示该像素的灰度或颜色），而其处理的最终目标是将这些数值综合起来，赋予图像一定的高层语义，计算机视觉技术可以从图像或视频中获得两类信息：第一类信息是语义信息，能够根据图像或视频得到对应场景的语义描述；第二类信息是三维的度量信息。计算机视觉可以通过两幅或多幅二维图像，恢复场景的三维信息，得到场景中的物体距离、摄像机的远近信息（深度信息）。

计算机视觉分为三个层次，即底层视觉、中层视觉和高层视觉。底层视觉主要研究图像底层特征的提取与表示，包括边缘检测、角点检测、纹理分析以及特征点的匹配和光流的计算等内容；中层视觉主要研究场景的几何和运动，包括立体视觉与运动视觉、图像分割以及目标跟踪等内容；高层视觉则主要研究物体的检测识别以及场景理解等具有高层语义的内容。

二、计算机视觉的发展历史

麻省理工学院（MIT）人工智能实验室的马文·明斯基（Marvin Minsky）要求他的学生利用一个暑假的时间完成将一个相机连接到计算机上，使计算机能够描述它所看到的场景的项目。这被视为计算机视觉研究的开端。计算机视觉早期对于场景理解的研究主要是针对积木世界（blocks world）进行的，检测边缘和对边缘的拓扑进行分析可以得到物体三维结构。由马尔整理和编写出版的《视觉：从计算的视角研究人的视觉信息表达与处理》，是计算机视觉研究的一个重要的里程碑。

视觉的三个层次，即表达、算法及实现。首先，在表达层次中，表达是指这个问题是什么，以及如何把它写成一个数学问题。任务是什么，任务的约束是什么，以及任务的输出是什么。表达是独立于解决问题的方法。算法是指对这个数学问题进行求解时，应如何表示输入，如何表示输出，如何表示中间的信息，以及采用什么算法得到最终的结果。实现则是指这些算法如何实现，可以并行实现或者串行实现，可以通过硬件实现或者软件实现。

三、计算机视觉的应用

计算机视觉在生产和生活中具有广泛的应用。

1. 智能机器人

智能机器人是计算机视觉的一个典型应用领域。计算机视觉作为智能机器人的"眼睛"，可以帮助机器人感知周围的环境，为机器人自动完成任务提供基础数据。典型的应用包括基于视觉的机器人定位、自动避障、视觉伺服以及自动装配等。

好奇号火星探测器（Curiosity Mars Rover）是美国国家航空航天局（NASA）发射的第四个火星探测器，其上面装备了 17 个相机，包括两对导航相机和四对避障相机，用于为火星车提供自主导航和避障功能。

视觉伺服是指通过光学的装置和非接触的传感器自动地接收和处理一个真实物体的图像。图像反馈的信息可以使机器的控制系统对机器做进一步控制或相应的自适应调整。

2. 医学图像分析

医学图像分析也是计算机视觉的重要应用领域之一。医学图像中的成像方式包括 X 射线成像，计算机断层扫描成像，核磁共振成像以及超声波检测成像等。计算机视觉在医学图像方面的应用主要包括对医学图像进行增强以及自动标记等处理来帮助医生进行诊断，协助医生对感兴趣区域进行测量和比较，对图像进行自动分割和解释，对各种病症图像进行分类和检索，基于所拍摄的图像进行三维器官重建以及基于视觉的机器人手术等。

3. 智能交通

智能交通领域是计算机视觉技术的典型应用之一。计算机视觉技术可以自动检测和跟踪路面上的车辆，识别车辆的车牌信息、车辆的车型信息以及驾驶员的人脸信息等。另外，计算机视觉技术还可以自动识别驾驶员的行为，例如，是否在开车时打电话等危险行为。这些信息可以应用于交通违章检测、不停车收费、拥堵费征收、套牌车辆检测、代替消除违章检测以及开车打电话违章行为检测等领域，可以极大程度地方便人们的出行并提高交通的安全程度。

此外，自动驾驶和辅助驾驶也是计算机视觉在智能交通中的重要应用。谷歌的无人车使用相机、雷达感应器和激光测距机来"看"路面的交通状况，从而实现自动驾驶，而辅助驾驶则是通过在车身四周安装摄像机等传感器来获取周围的环境信息，对驾驶员进行提醒和辅助。

4. 智能监控

目前，监控摄像头已经遍布世界的各个角落，每天都可以获得海量的监控数据，若依靠人工来分析这些数据，则会耗费大量的人力、物力，而且效率极低，因此通过计算机视觉技术来自动分析监控数据（包括疑犯搜索、重点区域监控、异常行为检测等领域）具有广泛的应用前景。

5. 日常应用

计算机视觉技术已经应用到了人们生活的各个方面。例如，现在的相机基本都带有人脸检测功能，可以自动检测人脸并自动调整焦距，从而可以获得清晰的人脸图像。此外，很多相机还带有微笑抓拍的功能，即自动检测人是否在笑，若检测到笑容则进行自动抓拍。苹果电脑的 Mac OS 操作系统中的 Iphoto 软件提供了根据人脸来整理照片的功能，即自动检测每张照片中的人脸，并可以自动地将某个人的照片进行收集和整理。此外，目前的电脑和手机大多也提供了通过人脸识别登录的功能，而且很多体感游戏可以让用户通过手势来与系统进行交互，以获得更好的游戏体验。

四、计算机视觉面临的挑战

计算机视觉面临着非常大的挑战。计算机视觉是通过图像 / 视频来推断影响图像 / 视频的因素的。例如，摄像机的模型、场景中的光照、场景中物体的形状以及运动等，即计算机视觉是成像过程的逆过程，其中充满了不确定性。

对于计算机视觉中的三维重建，即基于场景的二维图像恢复场景的三维信息，其本身是一个病态问题。一幅场景的二维图像是由场景的三维信息、摄像机的模型和参数以及场景光照等条件共同确定的。三维场景投影为二维图像后，深度信息和不可见部分的信息将丢失，因此给定一幅场景图像，从理论上可以有无穷多的三维场景与之相对应。不同形状的物体投影到图像平面上可以获得相同的图像，因此从给定的图像来推断物体的形状是非常困难的。

计算机视觉中的物体识别也是非常困难的问题。同一个物体在不同的光照、视角、姿态下的外观差别可能会很大（类内差异大），而不同物体间的外观差异则可能较小（类间差异小），这使物体识别问题变得非常困难。

第三章　信息传输技术

信息传输技术属于通信技术，其范围比较广，大致分为两大类，一类是电信通信网络的信息传输，例如移动通信、固话通信等；另一类是数据通信的信息传输技术，主要用于计算机网络。

第一节　信息传输技术基础

一、信息传输技术的定义理解

传输技术是高效、有序地传输信息的便捷方式。随着科学技术的飞速发展和信息时代的到来，信息传播方式正在迅速更新。中国古代有鸽子和篝火，随着时代的变迁和科技的飞速发展，传输技术从简单到复杂，从浅到深，速度越来越快，其技术也发展到现代化、科技，影响着人们的生活。然而，一切都各有利弊。在认识到传输技术优点的同时，还必须面对信号不稳定、保密性差、安全性提高等缺点和不足。传输技术使信息传输更加方便快捷，但为了实现传输技术的快速发展，还需要在实际应用中进行改进和不断完善。

二、信息传输的相关概念

1. 信息与信号

信息是客观事物存在和运动状态的反映，是人类认识世界和改造世界的知识总和。信号则是信息的载体，通过物理量的变化来表示信息。在通信系统中，信息通过信号进行传输，信号可以是模拟信号或数字信号。

2. 模拟通信与数字通信

模拟通信是指信源发出的、信道传输的以及信宿接收的都是模拟信号的通信方式。模拟信号在时间和幅度上都是连续变化的，其抗干扰能力相对较弱，但传输过程较为直观。数字通信则是指信源发出的信号经过编码转换为数字信号，通过信道传输后，再由信宿解码恢复为原始信号的通信方式。数字信号在时间和幅度上都是离散的，抗干扰能力强，便于进行信号加工与处理，且易于加密，保密性强。

第二节　信号的编码与解码

一、信源编码

（一）信源编码的定义

在通信中，信息源来自语言、图形、文本、数据、动画和图像，而语言和图像等信源信号都是模拟的，它们在时间和幅度上都是连续取值的变量，是完全等同于原物理量的电信号，而现代通信系统的一个重要标志是信源信号、传输系统、交换系统和信号处理等诸环节实现了数字化，那么要实现数字化通信，首先就要将模拟信号转换为数字信号，这就是信源编码（source coding）。对语音信号实现数字化称为语音编码，对图像信号实现数字化称为图像编码。广义的信源编码就是对输入信息进行编码，优化信息和压缩信息并且打成符合标准的数据包，是一种为了减少或消除信源剩余度，以提高通信有效性为目的而对信源符号进行的变换。信源编码包括模数转换和数据压缩两个方面。

（二）信源编码的作用

信源编码的作用有：

1. 设法减少码元数目和降低码元速率，即通常所说的数据压缩（对这些数字量进行编码来降低数码率）。

2. 将信源的模拟信号转化成数字信号，（把模拟量变换成二进制的数字量）以实现模拟信号的数字化传输。

（三）压缩编码的基本方法

信源编码的目标就是使信源减少冗余，更加有效、经济地传输，最常见的应用形式就是压缩。其压缩编码的方法大体上有以下 4 类。

1. 概率匹配编码

这种方法是根据编码对象的出现概率（概率分布），分别给予不同长短的代码，出现概率越大，所给代码长度越短。这里所说的匹配就是指代码长度与概率分布相匹配。莫尔斯电码是一种匹配编码，匹配编码还常采用去相关性的方法进一步压缩数据。

2. 变换编码

这种方法是先对信号进行变换，从一种信号空间变换成另一种信号空间，然后对变换后的信号进行编码。变换编码在话音和图像编码中有广泛的应用，目前常用的变换编码有预测编码和函数编码两类。预测编码是根据信号的一些已知情况来预测信号即将发生的变化，它不传送信号的采样值，而传送信号的采样值与预测值之差。预测编码用在数字电话和数字电视中；函数变换最常用的是快速傅里叶变换（FFT）、余弦变换、沃尔什变换、哈尔变换、阿达马变换等。通过变换可得到信号的频谱特性，因此可根据频谱特点来压缩数码。

3. 矢量编码

这种方法是将可能传输的消息分类按地址存储在接收端的电子计算机数据库中，发送端只发送数据库的地址，即可查出消息的内容，从而大大压缩发送的数据。

4. 识别编码

这种方法主要用于有标准形状的文字、符号和数据的编码。但话音也可以进行识别编码。识别编码的作用不仅限于压缩数据，它在模式识别中也有广泛的应用，常用的识别方法有关联识别、逻辑识别等。识别编码可大大压缩数据，例如用话音识别的方法传输话音，平均数码率小于 100bit/s。而用调制话音的方法传输话音，数码率达 38400bit/s，两者相差约 400 倍。但识别编码在恢复时是根据一个代码恢复一个标准声音，只能用于不必知道发话人是谁的特殊电话和问答装置。识别编码用于文字传输时，恢复出来的都是印刷体符号，只能用于普通电报。

（四）信源编码方式的种类

最原始的信源编码就是莫尔斯电码，另外还有 ASC II 码和电报码都是信源编码。但现代通信应用中常见的信源编码方式有：Huffman 编码、算术编码和 L-Z 编码，这三种都是无损编码，另外还有一些有损的编码方式。在数字电视领域，信源编码包括通用的 MPEG-2 编码和 H.264（MPEG Part10.AVC）编码等。

二、信道编码

（一）信道编码的定义

信道编码（channel coding）是为了与信道的统计特性相匹配，并区分通路和提高通信的可靠性，在发送端的信息码的序列中，以某种确定的编码规则加入监督码元，在接收端利用该规则进行解码，以便发现错误、纠正出现的错误。简单地说，信道编码就是通过信道编码器和译码器来实现纠错，用于提高信道可靠性的理论和方法。信道编码是信息论的内容之一。

（二）信道编码的作用

数字信号在传输中往往由于各种原因，使得在传送的数据流中产生误码，从而使接收端产生图像跳跃、不连续，出现马赛克等现象。所以通过信道编码这个环节，对数码流进行相应的处理。信道编码为了对抗信道中的噪声和衰减，通过增加冗余等方法（如校验码等）来使系统具有一定的纠错能力和抗干扰能力，从而可极以大地避免码流传送中误码的发生。误码的处理技术有纠错、交织、线性内插等。通过信道编码可以提高数据传输效率，降低误码率，从而增加通信的可靠性。

（三）信道编码的基本原理

信道编码的主要任务是区分通路和增加通信的可靠性，以区分通路为主要目的的编码常采用正交码；以增加通信可靠性为主要目的的编码常采用纠错码。正交码也具有很强的抗干扰能力。

1. 正交码

码字与码字之间互相关系数为 0 的码称为正交码，在信道编码时主要利用它的正交性去区分通路，但它本身也可以携带信息。最常用的正交码有伪随机码（如 m 序列、L 序列、巴克序列、M 序列等）和沃尔什函数序列。若一个正交信号集的补集也被利用，则可用码组数将增加 1 倍，这样的正交码称为双正交码。里德米勒码（Reed-Muller 码）就是一种双正交码。正交码广泛用于通信、雷达、导航、遥控、遥测、保密通信等领域。

2. 检错码和纠错码

信道编码通过在传输数据中引入冗余来避免数字数据在传输过程中出现差错。用于检测差错的信道编码称为检错码，常用的检错码有奇偶校验码和等重码。采用检错码的通信系统要有反馈通道，当发现收到的信号有错误时，通过反馈通道发出自动请求重发（ARQ）的信号。既可检错又可纠错的信道编码称为纠错码。

纠错和检错技术的基本目的是通过在无线链路的数据传输中引入冗余来改进信道的质量。冗余比特的引入增加了原始信号的传输速率。因此在源数据速率固定的情况下，这增加了带宽要求，结果降低了高信噪比情况下的带宽效率，却大大降低了低信噪比情况下的误码率（BER）。根据香农定理可知，只要信噪比足够大，就可以用很宽的带宽来实现无差错通信。这就是 3G 应用宽带 CDMA 的部分原因。差错控制编码的宽度是随编码长度的增加而增加的。因此纠错码在带宽受限的环境中是有一定优势的，并且在功率受限的环境中提供一定的链路保护。

信道编码器把源信息变成编码序列，使其可用于信道传输，这就是它处理数字信息源的方法。检错码和纠错码有三种基本类型：分组码、卷积码和级联码（Turbo 码）。分组码是一种前向纠错（FEC）编码，它是一种不需要重复发送就可以检出并纠正有限个错误的编码。在分组码中，校验位被加到信息位之后，以形成新的码字（或码组）。在一个分组编码器中，k 个信息位被编为 n 个比特，而 $n-k$ 个校验位的作用就是检错和纠错。分组码以（n，k）表示，其编码速率定义为 $Rc=k/n$，这也是原始信息速率与信道信息速率的比值。

卷积码与分组码有根本的区别，它不是把信息序列分组后再进行单独编码，而是由连续输入的信息序列得到连续输出的已编码序列。已经证明，在同样的复杂度下，卷积码可以比分组码获得更大的编码增益，卷积码是在信息序列通过有限状态移位寄存器的过程中产生的。通常，移位寄存器包含 N 级（每级 k 比特），并对应有基于生成多项式的 m 个线性代数方程。输入数据每次以 k 位移入移位寄存器，同时有 n 位数据作为已编码序列输出，编码速率为 $Rc=k/n$。参数 N 称为约束长度，它指明了当前的输出数据与多少的输入数据有关。N 决定了编码的复杂度和能力大小。

三、信号的解码

在信息传输技术中，信号的解码是至关重要的一环，它直接关系到信息能否被准确、完整地还原为原始形式。解码是编码的逆过程，但远比编码复杂，因为它需要在接收端处理各种信道干扰和噪声，以恢复出原始信号。

（一）信号的解码技术原理

1. 解码的基本概念

解码，顾名思义，是指将编码后的信号转换回原始信号的过程。在信息传输系统中，原始信号（如语音、图像、数据等）首先被编码成适合传输的形式，然后通过信道传输到接收端。在接收端，解码器负责将接收到的编码信号解码，以恢复出原始信号。解码的成功与否直接影响到信息传输的质量和效率。

2. 解码的基本步骤

解码过程通常包括以下几个基本步骤：

（1）信号接收

接收端首先接收到编码后的信号，这些信号可能已经受到信道干扰和噪声的影响。

（2）信号预处理

对接收到的信号进行预处理，如滤波、放大、同步等，以提高信号的质量和可解码性。

（3）解调

将调制后的信号转换回基带信号；解调是调制的逆过程，它根据调制方式（如调频、调相、调幅等）将高频载波上的低频信号提取出来。

（4）解码

利用解码算法将编码后的信号转换回原始信号；解码算法的选择取决于编码方式，不同的编码方式需要不同的解码算法。

（5）错误检测和纠正

利用信道编码添加的冗余信息来检测和纠正传输过程中可能发生的错误；错误检测和纠正技术可以显著提高信息传输的可靠性。

（6）信号后处理

对解码后的信号进行进一步处理，如去噪、增强等，以改善信号的质量。

3. 常见的解码技术

（1）线性解码

线性解码是一种简单的解码方法，它假设信道是线性的，即输入信号与输出信号之间存在线性关系。线性解码适用于信道干扰较小的情况，但在复杂信道环境下性能较差。

（2）最大似然解码

最大似然解码是一种基于统计原理的解码方法，它根据接收到的信号和信道特性，计算所有可能发送信号的概率，并选择概率最大的信号作为解码结果。最大似然解码在复杂信道环境下具有较好的性能，但计算复杂度较高。

（3）迭代解码

迭代解码是一种利用迭代算法进行解码的方法。它通过多次迭代计算，逐步逼近最优解码结果。迭代解码适用于具有复杂结构和大量冗余信息的编码方式，如 Turbo 码、LDPC 码等。

（4）软解码

软解码是一种考虑信号可靠性的解码方法。它不仅关注信号的比特值是否正确，还关注信号的可靠性程度（即比特值的置信度）。软解码在信道干扰较大或编码方式具有软判决特性时具有较好的性能。

（二）信号解码的应用领域

信号的解码技术在多个领域都有广泛应用，以下是一些主要的应用领域：

1. 无线通信

在无线通信系统中，信号的解码是确保信息传输可靠性和效率的关键。无线通信信道存在多径效应、多普勒效应、阴影效应等多种干扰因素，这些干扰因素会严重影响信号的质量。因此，无线通信系统通常采用复杂的编码和解码技术来应对这些挑战。例如，LTE、5G 等现代无线通信标准都采用了先进的信道编码和解码技术，如 Turbo 码、LDPC 码等，以提高信息传输的可靠性和效率。

2. 有线通信

有线通信系统中也存在信号衰减、噪声干扰等问题，因此也需要采用编码和解码技术来提高信息传输的质量。光纤通信是一种典型的有线通信方式，它利用光纤作为传输介质，具有传输带宽大、传输距离远、抗干扰能力强等优点。在光纤通信系统中，信号的解码技术对于确保信息传输的准确性和可靠性至关重要。

3. 数字广播与电视

数字广播与电视系统通过卫星、地面或有线方式传输音频、视频和数据信号。由于传输距离远、信道环境复杂，数字广播与电视系统需要采用高效的编码和解码技术来确保信号的质量。例如，DVB-T、DVB-S 等数字电视标准都采用了先进的编码和解码技术，如 MPEG-2、H.264 等视频编码标准和 AC-3、AAC 等音频编码标准，以及相应的解码技术来确保音、视频信号的传输质量。

4. 数据存储与传输

在数据存储与传输领域，信号的解码技术也发挥着重要作用。例如，在计算机硬盘驱动器（HDD）和固态硬盘（SSD）中，数据被编码成适合存储的形式并存储在介质上。当需要读取数据时，解码器将编码后的数据解码回原始形式。

第三节　信号的调制与解调

一、调制与解调

（一）调制与解调的定义

调制解调，即人们常说的 modem，其实是调制器（modulator）与解调器（demodulator）的简称，中文称为调制解调器。也有人根据 modem 的谐音，亲昵地称之为"猫"。

所谓调制，就是将各种数字基带信号转换成适于信道传输的数字调制信号（已调信号或频带信号）；所谓解调，就是在接收端将收到的数字频带信号还原成数字基带信号。

如果按照时域定义调制解调，那么调制就是用基带信号去控制载波信号的某个或几个参量的变化，将信息荷载在其上形成已调信号传输；而解调是调制的反过程，通过具体的方法从已调信号的参量变化中将恢复原始的基带信号。如果按照频域定义调制解调，那么调制就是将基带信号的频谱搬移到信道通带中或者其中的某个频段上的过程，而解调是将信道中来的频带信号恢复为基带信号的反过程。

（二）调制与调解的基本原理

电子信号分两种，一种是模拟信号，另一种是数字信号。由于电话线路传输的是模拟信号，而计算机之间传输的是数字信号，即计算机内的信息是由"0"和"1"组成的数字信号。于是，当计算机之间要通过电话线进行数据传输时，或者当通过电话线把电脑连入 Internet 时，就需要一个设备负责数模的转换，这个数模转换器就是 modem，使用调制解调器来翻译两种不同的信号。

计算机在发送数据时，由于电话线传输的是模拟信号，那么先由 modem 把数字信号转换为相应的模拟信号，这个过程称为调制。经过调制的信号通过电话载波传送到另一台计算机之前，也要经由接收方的 modem 负责把模拟信号还原为计算机能识别的数字信号，这个过程称为解调。正是通过这样一个调制与解调的数模转换过程，从而实现了计算机之间的远程通信。

（三）modem 的种类

一般来说，根据 modem 的形态和安装方式，可以大致可以分为以下 4 类。

1. 外置式

外置式 modem，放置于机箱外，通过串行通信口与主机连接。这种 modem 方便、灵巧、易于安装，闪烁的指示灯便于监视 modem 的工作状况。但外置式 modem 需要使用额外电源与电缆。

2. 内置式

内置式 modem，在安装时需要拆开机箱，并且要对中断和 COM 口进行设置，安装较为烦琐。这种 modem 要占用主板上的扩展槽，但无须外的电源与电缆，且价格比外置式 modem 便宜。

3. 插卡式

插卡式 modem，主要用于笔记本电脑，体积纤巧，配合移动电话可方便地实现移动办公。

4. 机架式

机架式 modem，相当于把一组 modem 集中于一个箱体或外壳里，并由统一的电源进行供电。机架式 modem 主要用于 Internet/Intranet、电信局、校园网、金融机构等网络的中心机房。

除以上 4 种常见的 modem 外，现在还有 ISDN 调制解调器和一种称为 cable modem 的调制解调器，另外还有一种 ADSL 调制解调器。cable modem 利用有线电视的电缆进行信号传送，不但具有调制解调功能，而且集路由器、集线器、桥接器于一身，理论传输速度更可达 10MB/s 以上。通过 cablemodem 上网，每个用户都有独立的 IP 地址，相当于拥有了一条个人专线。

随着 USB 技术的出现，给电脑的外围设备提供更快的速度、更简单的连接方法，SHARK 公司率先推出了 USB 接口的 56K 的调制解调器。

（四）modem 的发展历史

modem 起初是为 20 世纪 50 年代的半自动地面防空警备系统（SAGE）研制，用来连接不同基地的终端、雷达站和指令控制中心到美国和加拿大的 SAGE 指挥中心。SAGE 运行在专用线路上，但是当时两端使用的设备跟今天的 modem 根本不是一回事。IBM 是 SAGE 系统中计算机和 modem 的供货商。

几年后美国航空（American Airlines）的首席执行官（CEO）与 IBM 一位区域经理的一次会晤促成了 mini-SAGE 这种航空自动订票系统。在这系统中，一个位于票务中心的终端连接在中心电脑上，用来管理机票有效性和时间。这个系统，称为 SABRE，是今天 SABRE 系统的早期原型。

20 世纪 60 年代早期，随着商业计算机的应用逐渐普及，加上上述技术成果，1962 年 AT&T 发布了第一个商业化 modem——Bell103，使用两个音调表示 1 和 0 的移频键控技术，Bell103 已经能够实现 300bit/s 的传输速度。不久后继版本 Bell212 就研制出来，转移到更稳定的移项键控技术把数据速率提高到 1200bit/s。类似 Bell201 的系统用双向信号集在 4 对专用线路上实现了 2400bit/s。

贺氏智能 modem 是一个重大的进步，1981 年由贺氏通信研制成功。智能 modem 是一个简单的 300 bps Modem，使用的是 Bell103 信令标准，内置了一个小型控制器，可以让计算机发送命令来控制电话线，例如摘机、拨号、重拨、挂机等功能。

到 20 世纪 80 年代，modem 的速率一直没有多大变化。美国一般使用一种与 Bell212 类似的 2400bit/s 的系统，而欧洲的系统稍有差别。到 20 世纪 80 年代晚期，大多数 modem 都能支持当时所有的标准，2400bit/s 逐渐普及。大量特定用途的标准也被加了进来，通常都是使用高速信道接受低速信道发送，典型的例子就是法国的迷你型通信电源系统（Minitel 系统），用户终端大部分时间都在接受信息。Minitel 终端的 modem 用 1200bit/s 接收数据，以 75bit/s 发送命令反馈给服务器。

（五）modem 传输速率

modem 的传输速率，指的是 modem 每秒钟传送的数据量大小。通常所说的 14.4K、28.8K、33.6K 等，指的就是 modem 的传输速率。传输速率以 bit/s（比特／秒）为单位。因此，一台 33.6K 的 modem 每秒钟可以传输 33600bit 的数据。modem 在传输时都对数据进行了压缩，因此 33.6K 的 modem 的数据吞吐量理论上可以达到 115200bit/s，甚至 230400bit/s。

（六）modem 的传输协议

modem 的传输协议包括调制协议（Modulation Protocols）、差错控制协议（Error Control Protocols）、数据压缩协议（Data Compression Protocols）和文件传输协议。

（七）modem 的传输功能

modem 最初只是用于数据传输。然而，随着用户需求的不断增长以及厂商之间的激烈竞争，目前市场上越来越多地出现了一些"二合一""三合一"的 modem。这些 modem 除了可以进行数据传输以外，还具有传真和语音传输功能。

（八）无线 modem

无线 modem 是为数据通信的数字信号在具有有限带宽的模拟信道上进行无线传输而设计的，它一般由基带处理、调制解调、信号放大和滤波、均衡等几部分组成。无线 modem 又名无线调制解调器。调制是将电信号转换成模拟信号的过程，解调是将模拟信号又还原成电信号的过程，它的特殊之处就在于用于无线传输的。

二、模拟调制

（一）模拟调制的定义

多数待传输的信号具有较低的频率成分，这称为基带信号，如果将基带信号直接传输，称为基带传输。但是很多信道不适宜进行基带信号的传输，或者说，如果基带信号在其中传输，会产生很大的衰减和失真。因此需要将基带信号进行调制，变换为适合信道传输的形式。调制是让基带信号 $m(t)$ 去控制载波的某个（或某些）参数，使该参数按照信号 $m(t)$ 的规律变化的过程。如果 $m(t)$ 是连续信号，并且使某个参数连续地与 $m(t)$ 相对应，称为模拟调制。

（二）模拟的调制分类

1. 幅度调制

幅度调制是用调制信号去控制高频载波的振幅，使正弦载波的幅度随调制信号线性变化的过程。幅度调制通常分为标准调幅（AM）、抑制载波双边带调制（DSB）、单边带调制（SSB）、残留边带调制（VSB）等。

（1）标准调幅

标准调幅是载波幅度在平均值处随基带信号线性变化，即标准调幅（AM）信号的包络随 $m(t)$ 的规律变化而变化。标准调幅调制的优点是接收设备简单，其缺点是功率利用率低，抗干扰能力差，在传输中如果载波遇到信道的选择性衰落，则在包络检波时会出现过调失真，信号频带较宽，频带利用率不高，因此标准调幅调制用于通信质量要求不高的场合。目前主要用在中波和短波的调幅广播中。

（2）抑制载波双边带调制

抑制载波双边带调制（DSB）就是在标准调幅（AM）信号中，去掉直流。抑制载波双边带调制的优点是功率利用率高，但带宽与标准调幅相同，接收要求同步解调，设备较复杂，只用于点对点的专用通信，运用不太广泛。

（3）单边带调制

单边带调制（SSB）是双边带信号只取一边带（上边带或下边带）的信号。单边带调制的优点是功率利用率和频带利用率都较高，抗干扰能力和选择性衰落能力均强于标准调幅，而带宽只有标准调幅的一半；其缺点是发送和接收设备都很复杂。鉴于这些特点，单边带调制普遍用在频带比较拥挤的场合，如短波无线电广播和频分多路复用系统中。

（4）残留边带调制

残留边带调制（VSB）是指传送一个边带的全部和另一个边带的部分（残余部分）的调制方案，是介于抑制载波双边带调制（DSB）和单边带调制（SSB）的一种折中方案。残留边带调制的诀窍在于部分抑制了发送边带，同时又利用了平缓滚降滤波器补偿了被抑制的部分。残留边带调制的性能与单边带调制相当。残留边带调制的解调原则上也需要同步解调，但在某些残留边带调制系统中，附加了一个足够大的载波，就可以用包络检波法解调合成信号（VSB+C），这种方式综合了标准调幅、单边带调制和抑制载波双边带调制三者的优点，所有这些特点，使残留边带调制对商用电视广播系统特别具有吸引力。

2. 角度调制

幅度调制属于线性调制，它改变载波的幅度，以实现调制信号频谱的搬移。一个正弦载波有幅度、频率和相位 3 个参量，因此不仅可以把调制信号的信息寄托在载波的幅度变化中，还可以寄托在载波的频率和相位变化中。这种使高频载波的频率或相位按照调制信号规律的变化而振幅恒定的调制方式，称为频率调制（FM）和相位调制（PM），分别简称为调频和调相。因为频率或相位的变化都可以看成是载波角度的变化，故调频和调相又统称为角度调制。

角度调制与线性调制不同，已调信号的频谱不再是原调制信号频谱的线性搬移，而是频谱的非线性变换，会产生与频谱搬移不同的新的频率成分，故又称为非线性调制。由于频率和相位之间存在微分与积分的关系，故调频和调相之间存在着密切的关系，即调频必调相，调相必调频。

调频（FM）波的幅度恒定不变，这使它对非线性的器件不甚敏感，给调频带来了抗快衰落能力。利用自动增益控制和带通限幅还可以消除快速衰落造成的幅度变化效应。这些特点使窄带调频对微波中继通信系统颇具吸引力。宽带调频的抗干扰能力强，可以实现带宽与信噪比的互换，因此宽带调频广泛应用于长距离高质量的通信系统中，如卫星通信系统、调频立体声广播、短波和超短波广播。宽带调频的缺点是频带利用率低，存在门限效应，因此在接收信号弱、干扰大的情况下适宜采用窄带调频，这就是小型通信机常采用窄带调频的原因。另外，窄带采用相干解调时不存在门限效应。

三、数字调制

（一）数字调制的定义

数字调制（digital modulation）是指用数字基带信号对载波的某些参数进行控制，使载波的这些参量随基带信号的变化而变化，即数字调制是用数字信号对载波的一个或多个参数所做的调制，用载波信号的某些离散状态来表征所传送的信息。

（二）数字调制方法

根据控制的载波参量的不同，数字调制有调幅、调相和调频三种基本形式，常见的有以下几种：

1. 幅移键控调制

幅移键控调制（ASK）的载波幅度随着调制信号而变化，即把二进制符号 0 和 1 分别用不同的幅度来表示。最简单的形式是，载波在二进制调制信号控制下通断，这种方式还可称为通断键控或开关键控（OOK）。调制方法：是用相乘器实现调制器。调制类型分为 2ASK 和 MASK。

MASK 又称为多进制数字调制法。在二进制数字调制中每个符号只能表示 0 和 1（+1 或 -1）。但在许多实际的数字传输系统中却往往采用多进制的数字调制方式。多进制数字调制系统具有如下两个特点：

（1）在相同的信道码源调制中，每个符号可以携带 log2M 比特信息，因此当信道频带受限时可以使信息传输率增加，提高频带利用率。

（2）在相同的信息速率下，由于多进制方式的信道传输速率可以比二进制的低，因此多进制信号码源的持续时间要比二进制的宽。加宽码元宽度，就会增加信号码元的能量，也能减小由于信道特性引起的码间干扰的影响等。

2. 频移键控调制

频移键控调制（FSK）就是用数字信号去调制载波的频率，即用不同的频率来表示不同的符号，如 2kHz 表示 0，3kHz 表示 1。频移键控调制是信息传输中使用得较早的一种调制方式，它的主要优点是：实现起来较容易，抗噪声与抗衰减的性能较好，因此在中低速数据传输中得到了广泛的应用。

3. 相移键控调制

相移键控调制（PSK）是根据数字基带信号的两个电平使载波相位在两个不同的数值之间切换的一种相位调制方法。通过二进制符号 0 和 1 来判断信号前后相位。如 1 时用 π 相位，0 时用 0 相位。产生相移键控调制信号的方法有两种：有调相法和选择法。调相法是将基带数字信号（双极性）与载波信号直接相乘的方法，选择法是用数字基带信号去对相位相差 180° 的两个载波进行选择。两个载波相位通常相差 180°，此时称为反向键控。相移键控调制分为：二进制相移键控（2PSK）和多进制相移键控（MPSK）。

4. 高斯频移键控调制

高斯频移键控调制（GFSK）是在调制之前通过一个高斯低通滤波器来限制信号的频谱宽度，即高斯频移键控调制是把输入数据经高斯低通滤波器预调制滤波后，再进行频移键控调制的数字调制方式。它在保持恒定幅度的同时，能够通过改变高斯低通滤波器的 3dB 带宽对已调信号的频谱进行控制，具有恒幅包络、功率谱集中、频谱较窄等无线通信系统所希望的特性。因此，高斯频移键控调制解调技术广泛地应用于移动通信、航空与航海通信等诸多领域中。高斯频移键控调制可以分为直接调制和正交调制两种方式。

5. 高斯滤波最小频移键控调制

高斯滤波最小频移键控调制（GMSK）是在最小频移键控（MSK）调制器之前插入高斯低通预调制滤波器这样一种调制方式。高斯滤波最小频移键控调制提高了数字移动通信的频谱利用率和通信质量。高斯滤波最小频移键控调制是 GSM 系统所采用调制技术，使用高斯滤波器的连续相位移频键控，具有比等效的未经滤波的连续相位移频键控信号更窄的频谱。在 GSM 系统中，为了满足移动通信对邻信道干扰的严格要求，采用高斯滤波最小移频键调制方式。它使调制后的频谱主瓣窄、旁瓣衰落快，从而满足 GSM 系统要求，节省频率资源。

6. 正交幅度调制

在二进制幅移键控调制（ASK）系统中，其频带利用率是 1bit/s·Hz。若利用正交载波调制技术传输幅移键控调制信号，可使频带利用率提高 1 倍。如果再把多进制与其他技术结合起来，还可进一步提高频带利用率。能够完成这种任务的技术称为正交幅度调制（QAM），它是利用正交载波对两路信号分别进行双边带抑制载波调幅形成的。

7. 差分相移键控调制

差分相移键控调制（DPSK）常称为二相相对调相，记作 2DPSK。它不是利用载波相位的绝对数值传送数字信息，而是用前后码元的相对载波相位值传送数字信息。所谓相对载波相位是指本码元初相与前一码元初相之差。

8. 最小频移键控调制

所谓最小频移键控调制（MSK）方式，就是频移键控调制（FSK）信号的相位始终保持连续变化的一种特殊方式。可以看成是调制指数为 0.5 的一种连续相位频移键控（CPFSK）信号。当信道中存在非线性的问题和带宽限制时，幅度变化的数字信号通过信道会使已滤除的带外频率分量恢复，发生频谱扩展现象，同时还要满足频率资源限制的要求。因此现代数字调制技术的发展方向是最小功率谱占有率的恒包络数字调制技术。现代数字调制技术的关键在于相位变化的连续性，从而减少频率占用。

9. 正交频分复用调制

正交频分复用调制（OFDM）即正交频分复用技术。实际上正交频分复用调制（OFDM）是多载波调制（multi carrier modulation，MCM）的一种。其主要思想是：将信道分成若干正交子信道，将高速数据信号转换成并行的低速子数据流，调制到在每个子信道上进行传输。正交信号可以通过在接收端采用相关技术来分开，这样可以减少子信道之间的相互干扰。每个子信道上的信号带宽小于信道的相关带宽，因此每个子信道上的可以看成平坦性衰落，从而可以消除信号间干扰。而且由于每个子信道的带宽仅仅是原信道带宽的一小部分，信道均衡变得相对容易。在向 3G/4G 演进的过程中，正交频分复用调制是关键的技术之一，可以结合分集、时空编码、干扰和信道间干扰抑制以及智能天线技术，最大限度地提高了系统性能。

现代通信系统中，数字调制技术越来越广泛，现有的通信系统都在由模拟方式向数字方式过渡。数字通信技术采用数字技术进行加密和差错控制，便于集成，因此数字通信具有模拟通信不可比拟的优势。基带信号不适合在各种信道上进行长距离传输。为了进行长途传输，必须对数字信号进行载波调制，将信号频谱搬移到高频处才能在信道中传输。因此大部分现代通信系统都使用数字调制技术。另外，由于数字通信具有建网灵活、容易采用数字差错控制技术和数字加密、便于集成化、能够进入综合业务数字网（ISDN）的优势，所以通信系统都有由模拟方式向数字方式过渡的趋势。

第四节　信号的传输通道

一、有线传输

有线传输是指传输介质为导线、电缆、光缆、波导、纳米材料等形式的通信。其特点是传输通道的介质看得见，摸得着。有线传输是最老的电信传输方式，但它一直都有效。有线传输介质是指在两个通信设备之间实现的物理连接部分，它能将信号从一方传输到另一方。有线传输介质主要有双绞线（五类、六类）、同轴电缆（粗、细）和光纤（单模、多模）。

（一）双绞线

1.结构及基本原理

双绞线（twisted pair）是由两条相互绝缘的导线依距离周期性互相缠绕（一般以逆时针缠绕）在一起而制成的一种通用配线。采用这种方式，不仅可以抵御一部分来自外界的电磁波干扰，而且可以降低自身信号的对外干扰。一根导线在传输中辐射的电波会被另一根线上发出的电波抵消，双绞线的名字也是由此而来。双绞线属于信息通信网络传输介质，过去主要是用来传输模拟信号的，但现在同样适用于数字信号的传输。

双绞线一般由两根 22 ~ 26 号绝缘铜导线相互缠绕而成，可降低信号干扰的程度。如果把 1 对或多对双绞线放在一个绝缘套管中便成了双绞线电缆。双绞线在传输距离、信道宽度、数据传输速率等方面均受到一定限制，但价格较为低廉。

2.分类

按照屏蔽层的有无分类，双绞线分为屏蔽双绞线（shielded twisted pair，STP）与非屏蔽双绞线（unshielded twisted pair，UTP）。

（1）屏蔽双绞线

屏蔽双绞线在双绞线与外层绝缘封套之间有一个金属屏蔽层。屏蔽双绞线电缆的外层由铝箔包裹。屏蔽双绞线价格较高，安装时要比非屏蔽双绞线电缆困难。屏蔽双绞线分为 STP 和 FTP，STP 的每条线都有各自的屏蔽层，而 FTP 只在整个电缆均有屏蔽装置，并且两端都正确接地时才起作用。所以要求整个系统是屏蔽器件，包括电缆、信息点、水晶头和配线架等，同时建筑物需要有良好的接地系统。屏蔽层可减少辐射，但并不能完全消除辐射，既可防止信息被窃听，也可阻止外部电磁干扰的进入，使屏蔽双绞线比同类的非屏蔽双绞线具有更高的传输速率。

（2）非屏蔽双绞线

非屏蔽双绞线是一种数据传输线，广泛用于以太网路和电话线中。非屏蔽双绞线电缆具有无屏蔽外套、直径小、节省所占用的空间、成本低、重量轻、易弯曲、易安装，将串扰减至最小或加以消除的优点。此外，还具有阻燃性、独立性和灵活性的特点，适用于结构化综合布线，可以传输模拟数据，也可以传输数字数据。

3. 性能指标

对于双绞线，用户最关心的是表征其性能的几个指标包括衰减、近端串扰、阻抗特性、分布电容、直流电阻等。衰减（attenuation）是沿链路的信号损失度量。衰减与线缆的长度有关系，随着长度的增加，信号衰减也随之增加。衰减用 db 做单位，表示源传送端信号到接收端信号强度的比率。由于衰减随频率而变化，因此应测量在应用范围内的全部频率上的衰减。

串扰分近端串扰（NEXT）和远端串扰（FEXT），测试仪主要测量近端串扰。

（二）同轴电缆

1. 定义

同轴电缆是指有两个同心导体，而导体和屏蔽层又共用同一轴心的电缆。中心铜线和网状导电层形成电流传导的回路，中心铜线和网状导电层为同轴，这是同轴电缆得名的原因。

2. 结构及工作原理

同轴电缆由里到外分为 4 层：中心铜线、塑料绝缘体（绝缘层）、网状导电层（网状屏蔽层）和电线外皮（塑料封套）。同轴电缆传导交流电而非直流电，也就是说每秒钟会有好几次的电流方向发生逆转。如果使用一般电线传输高频率电流，这种电线就会相当于一根向外发射无线电的天线，这种效应会损耗信号的功率，使得接收到的信号强度减弱。

同轴电缆的设计正是为了解决这个问题：中心铜线发射出来的无线电被网状屏蔽层所隔离，网状屏蔽层可以通过接地的方式来控制发射出来的无线电，同轴电缆的这种结构，使它具有高带宽和极好的噪声抑制特性。同轴电缆的带宽取决于电缆长度，1km 的电缆可以达到 1～2GB/s 的数据传输速率。目前，同轴电缆大量被光纤取代，但仍广泛应用于有线电视、无线电视和某些局域网。

3. 分类

同轴电缆从用途上可分为基带同轴电缆和宽带同轴电缆（即网络同轴电缆和视频同轴电缆）。同轴电缆以硬铜线为芯，外包一层绝缘材料，这层绝缘材料用密织的网状导体环绕，网外又覆盖一层保护性材料。

使用有线电视（CATV）电缆进行模拟信号传输的同轴电缆系统被称为宽带同轴电缆。"宽带"这个词来源于电话业，指比 4kHz 宽的频带，然而在计算机网络中，宽带电缆却指任何使用模拟信号进行传输的电缆网。宽带电缆是有线电视系统中使用的标准，它既可使用频分多路复用的模拟信号发送，也可传输数字信号。

由于宽带网使用标准的有线电视技术，可使用的频带高达 300MHz（常常到 450MHz）。由于使用模拟信号，需在接口处安放一个电子设备，把进入网络的比特流转换为模拟信号，并把网络输出的信号再转换成比特流。宽带系统又分为多个信道，电视广播通常占用 6MHz 信道，每个信道可用于模拟电视、CD 质量声音（1.4MB/s）或 3MB/s 的数字比特流。电视和数据可在同一条电缆上混合传输。

宽带系统不同于基带系统，主要体现在宽带系统由于覆盖的区域广，因此需要模拟放大器周期性地加强信号。这些放大器仅能单向传输信号，因此如果计算机间有放大器，则报文分组就不能在计算机间逆向传输。为了解决这个问题，人们已经开发了两种类型的宽带系统：双缆系统和单缆系统。

4. 同轴电缆的优缺点

同轴电缆的优点是可以在相对长的无中继器的线路上支持高带宽通信。而其缺点也是显而易见的：体积大，细缆的直径就有 9.5mm（0.375in）粗，要占用电缆管道的大量空间；不能承受缠结、压力和严重的弯曲，这些都会损坏电缆结构，阻止信号的传输；成本高。而所有这些缺点正是双绞线能克服的，因此在现在的局域网环境中，基本已被基于双绞线的以太网物理层规范所取代。

（三）光纤

1. 光纤的定义

光纤是光导纤维（optical fiber，OF）的简称，在光通信系统中常常将 optical fiber 简化为 fiber。光纤实际是指由透明材料做成的纤芯（光纤核心）和在它周围采用比纤芯的折射率稍低的材料做成的包层所被覆，并将射入纤芯的光信号，经包层界面反射，使光信号在纤芯中传播前进的媒体。

2. 光纤结构和基本原理

光纤裸纤一般分为 3 层，中心高折射率玻璃芯（芯径一般为 $50\mu m$ 或 $62.5\mu m$），即中心的纤芯；中间为低折射率硅玻璃包层（直径一般为 $125\mu m$），最外是加强用的树脂涂层，中间和最外层也统称为包层。纤芯的折射率比包层稍高，损耗比包层更低，光能量主要在纤芯内传输。包层为光的传输提供反射面和光隔离，并起一定的机械保护作用。

光是一种电磁波，可见光部分波长范围是 390 ～ 760nm；波长大于 760nm 的光是红外光，波长小于 390nm 的光是紫外光；光纤中应用的是 850nm、1310nm 和 1550nm 三种。因光在不同物质中的传播速度是不同的，所以光从一种物质射向另一种物质时，在两种物质的交界面处会产生折射和反射。不同的物质对相同波长光的折射角度是不同的，相同的物质对不同波长光的折射角度也是不同的。光纤通信就是基于以上原理而形成。

3. 光纤的分类

光纤的种类很多，根据用途不同，所需要的功能和性能也有所差异。

（1）按制造光纤所用的材料分

按所用材料分类，光纤可分为石英系光纤、多组分玻璃光纤、塑料包层石英芯光纤、全塑料光纤和氟化物光纤。

塑料光纤是用高度透明的聚苯乙烯或聚甲基丙烯酸甲酯（有机玻璃）制成。它的特点是制造成本低廉，相对来说芯径较大，与光源的耦合效率高，耦合进光纤的光功率大，使用方便。但由于损耗较大，带宽较小，这种光纤只适用于短距离低速率通信，如短距离计算机网链路、船舶内通信等。目前，通信中普遍使用的是石英系光纤。

（2）按光在光纤中的传输模式分

按光在光纤中传输的模式分类，光纤可分为单模光纤和多模光纤。

1）多模光纤

多模光纤（multi mode fiber）的中心玻璃芯较粗（芯径一般为 $50\mu m$ 或 $62.5\mu m$），可传多种模式的光。但其模间色散较大，这就限制了传输数字信号的频率，而且随距离的增加会更加严重。因此，多模光纤传输的距离就较短，一般只有几千米。

2）单模光纤

单模光纤（single mode fiber）的中心玻璃芯很细（芯径一般为 $9\mu m$ 或 $10\mu m$），只能传一种模式的光。因此其模间色散很小，适用于远程通信，但还存在着材料色散和波导色散，这样单模光纤对光源的谱宽和稳定性有较高的要求，即谱宽要窄，稳定性要好。后来又发现在 $1.31\mu m$ 波长处，单模光纤的总色散为零。从光纤的损耗特性来看，$1.31\mu m$ 处正好是光纤的一个低损耗窗口。这样，$1.31\mu m$ 波长区就成了光纤通信的一个很理想的工作窗口，也是现在实用光纤通信系统的主要工作波段。$1.31\mu m$ 常规单模光纤的主要参数是由国际电信联盟 ITU-T 在 G.652 建议中确定的，因此这种光纤又称为 G.652 光纤。

（3）按最佳传输频率窗口分

按最佳传输频率窗口分类，光纤可分为常规型单模光纤和色散位移型单模光纤。

1）常规型单模光纤

光纤生产厂家将光纤传输频率最佳化在单一波长的光上，如 $1300\mu m$。

2）色散位移型单模光纤

光纤生产厂家将光纤传输频率最佳化在两个波长的光上，如 $1300\mu m$ 和 $1550\mu m$。为了使光纤较好地工作在 $1.55\mu m$ 处，人们设计出一种新的光纤，称为色散位移光纤（DSF）。这种光纤可以对色散进行补偿，使光纤的零色散点从 $1.31\mu m$ 处移到 $1.55\mu m$ 附近。这种光纤又称为 $1.55\mu m$ 零色散单模光纤，型号为 G.653。

（4）按折射率分布情况分

按折射率分布情况分类，光纤可分为阶跃型光纤和渐变型光纤。

1）阶跃型光纤

光纤的纤芯折射率高于包层折射率，使得输入的光能在纤芯与包层交界面上不断产生全反射而前进。这种光纤纤芯的折射率是均匀的，包层的折射率稍低一些。光芯到玻璃包层的折射率是突变的，只有一个台阶，所以称为阶跃型折射率多模光纤，简称阶跃型光纤，也称为突变光纤。这种光纤的传输模式很多，各种模式的传输路径不一样，经传输后到达终点的时间也不相同，因此产生时延差，使光脉冲受到展宽。所以这种光纤的模间色散高，传输频带不宽，传输速率不能太高，用于通信不够理想，只适用于短途低速通信。

2）渐变型光纤

为了消除阶跃型光纤存在的弊端，人们又研制、开发了渐变折射率多模光纤，简称渐变型光纤。光芯到玻璃包层的折射率逐渐变小，可使高次模的光按正弦形式传播，这能减少模间色散，提高光纤带宽，增加传输距离，但成本较高。现在的多模光纤多为渐变型光纤。渐变型光纤的包层折射率分布与阶跃型光纤一样，为均匀的。

（5）按光纤的工作波长分

按光纤的工作波长分类，光纤可分为短波长光纤、长波长光纤和超长波长光纤。短波长光纤是指 $0.8 \sim 0.9\mu m$ 的光纤；长波长光纤是指 $1.0 \sim 1.7\mu m$ 的光纤；超长波长光纤则是指 $2\mu m$ 以上的光纤。

二、无线传输

（一）无线传输的定义

无线传输在自由空间利用电磁波发送和接收信号进行通信，它的传输介质是看不见、摸不着的（如电磁波）。地球上的大气层为大部分无线传输提供了物理通道，就是常说的无线传输介质。无线传输所使用的频段很广，人们现在已经利用多个波段进行通信。紫外线和更高的波段目前还不能用于通信。

（二）无线传输技术的应用

1.无线电波

无线电波又称为射频波，是指在自由空间（包括空气和真空）传播的电磁波，其频率为 300GHz 以下（下限频率较不统一，在各种射频规范书，常见的有 3 种：3kHz ～ 300GHz、9kHz ～ 300GHz、10kHz ～ 300GHz）。无线电技术是通过无线电波传播信号的技术。在天文学上，无线电波被称为射电波，简称射电。

无线电技术的原理在于，导体中电流强弱的改变会产生无线电波。利用这种现象，通过调制可将信息加载于无线电波之上。当电波通过空间传播到达收信端，电波引起的电磁场变化又会在导体中产生电流，通过解调将信息从电流变化中提取出来，就达到了信息传递的目的。

当前最普遍应用的无线通信方式有下面几种：

（1）蜂窝电话

蜂窝电话又称为移动电话，覆盖区通常分为多个小区，每个小区由 1 个基站发射机覆盖。理论上，小区的形状为蜂窝状六边形，这也是蜂窝电话名称的来源。当前广泛使用的移动电话系统标准包括 GSM、CDMA 和 TDMA。3G 移动通信服务的主导标准为UMTS 和 CDMA2000。

（2）卫星电话

卫星电话存在两种形式 INMARSAT（国际海事通信卫星）和铱星系统，两种系统都提供全球覆盖服务。INMARSAT 使用地球同步卫星，需要定向的高增益天线。铱星则是低轨道卫星系统，直接使用手机天线。

（3）电视

通常的模拟电视信号采用将图像调幅，伴音调频并合成在同一信号中传播。数字电视采用 MPEG-2 图像压缩技术，由此大约仅需模拟电视信号一半的带宽。

（4）紧急服务

无线电紧急定位信标（emergency position indicating radio beacon，EPIRB），紧急定位发射机或个人定位信标是用来在紧急情况下对人员或测量通过卫星进行定位的小型无线电发射机。它的作用是提供给救援人员目标的精确位置，以便提供及时的救援。

2. 微波

微波是指频率为 300MHz ～ 300GHz 的电磁波，是无线电波中一个有限频带的简称，即波长在 1m（不含 1m）到 1mm 的电磁波，是分米波、厘米波、毫米波的统称。微波频段宽度是长波、中波、短波及特高频几个频段总和的 1000 倍。微波频率比一般的无线电波频率高，通常也称为超高频电磁波。微波频率不受天电干扰和工业干扰及太阳黑子变化的影响，通信的可靠性较高，还因微波频率高，所以其天线尺寸较小，往往做成面式天线，其天线增益较高、方向性很强。

微波通信（microwave communication），是使用波长为 0.1 ～ 1000mm 的电磁波——微波进行的通信。微波通信不需要固体介质，当两点间直线距离内无障碍时就可以使用微波传送。微波通信具有容量大、质量好的优点，且可传至很远的距离，因此是国家通信网的一种重要通信手段，也普遍应用于各种专用通信网。在微波的频段使用方面，各国的微波设备往往首先使用 4GHz 频段。目前各国的通信设备已使用到 2GHz、4GHz、5GHz、6GHz、7GHz、8GHz、11GHz、15GHz、20GHz 等各频段。

微波站的设备包括天线、收发信机、调制器、多路复用设备电源设备、自动控制设备等。为了把电波聚集起来成为波束送至远方，一般都采用抛物面天线，其聚焦作用可大大增加传送距离。多个收发信机可以共同使用一个天线而互不干扰，多路复用设备有模拟和数字之分。模拟微波系统每个收发信机可以工作于 60 路、960 路、1800 路或 2700 路通信，可用于不同容量等级的微波电路。数字微波系统应用数字复用设备以 30 路电话按时分复用原理组成一次群，进而可组成二次群 120 路、三次群 480 路、四次群 1920 路，并经过数字调制器调制于发射机上，在接收端经数字解调器还原成多路电话。最新的微波通信设备在 1 条电路上，8 个束波可以同时传送 30000 多路数字电话电路（2.4GB/s）。

微波通信由于其频带宽、容量大、可以用于各种电信业务的传送，如电话、电报、数据、传真、彩色电视等均可通过微波电路传输。

3. 红外线

红外线是太阳光线中众多不可见光线中的一种，由德国科学家于 1800 年发现，又称为红外热辐射。红外线波长范围为 0.70 ~ 1000μm，其中 300 ~ 1000μm 区域的波也称为亚毫米波。大气对红外线辐射传输的影响主要是吸收和散射。利用红外线来传输信号的通信方式，称为红外线通信。红外通信是利用 950nm 近红外波段的红外线作为传递信息的媒体，即通信信道。发送端将基带二进制信号调制为一系列的脉冲串信号，通过红外发射管发射红外信号；接收端将接收到的光脉转换成电信号，再经过放大、滤波等处理后送给解调电路进行解调，还原为二进制数字信号后输出。常用的有通过脉冲宽度来实现信号调制的脉宽调制（PWM）和通过脉冲串之间的时间间隔来实现信号调制的脉时调制（PPM）两种方法。

简而言之，红外通信的实质就是对二进制数字信号进行调制与解调，以便利用红外信道进行传输；红外通信接口就是针对红外信道的调制解调器。

红外通信技术是在世界范围内被广泛使用的一种无线连接技术，被众多的硬件和软件平台所支持，其特点主要有下面几个方面。

（1）通过数据电脉冲和红外光脉冲之间的相互转换实现无线的数据收发。

（2）主要是用来取代点对点的线缆连接。

（3）新的通信标准兼容早期的通信标准。

（4）小角度（30° 锥角以内）、短距离、点对点直线数据传输，保密性强。

（5）传输速率较高，4M 速率的有限冲激响应（FIR）技术已被广泛使用，16M 速率的 VFIR 技术已经发布。

（6）不透光材料具有阻隔性、可分隔性、限定物理使用性，方便集群使用。红外线技术是限定使用空间的。在红外线传输的过程中，遇到不透光的材料（如墙面）就会反射，这个特点确定了每套设备之间可以在不同的物理空间里使用。

（7）无频道资源占用性，安全特性高。红外线利用光传输数据的这个特点确定了它不存在无线频道资源的占用性，且安全性特别高。因为在限定的空间内使用，要窃取数据并不容易。

（8）具有优秀的互换性和通用性。因为采用了光传输，且限定物理使用空间，红外线发射和接收设备在同一频率的条件下，可以相互使用。

（9）无有害辐射，具有绿色产品特性。科学实验证明，红外线是一种对人体有益的光谱，所以红外线产品是一种真正的绿色产品。

红外通信技术适合于低成本、跨平台、点对点高速数据连接，尤其是嵌入式系统，其主要应用于设备互联和信息网关。设备互联后可完成不同设备内文件与信息的交换。信息网关负责连接信息终端和互联网。红外线通信可用于沿海岛屿间的辅助通信、室内通信、近距离遥控、飞机内广播和航天飞机内宇航员间的通信，红外技术在手机和笔记本电脑等设备上也得到了广泛的应用。

（三）无线传输与有线传输相比的优势

1. 成本廉价

有线通信方式的建立必须架设电缆，或挖掘电缆沟，因此需要大量的人力和物力；而无线数据传输方式则无须架设电缆或挖掘电缆沟，只需要在每个终端连接无线数传电台和架设适当高度的天线就可以了，比如无线针孔摄像头。相比之下，无线数据传输方式节省了人力和物力，节省了投资。

2. 适应性好

有线通信的局限性太大，在遇到一些特殊的应用环境，比如遇到山地、湖泊、林区等特殊的地理环境或是移动物体等布线比较困难的应用环境的时候，将对有线网络的布线工程产生极强的制约力；而无线数据传输方式将不受这些限制。所以说无线数据传输方式比有线通信有更好的、更广泛的适应性，几乎不受地理环境限制。

3. 扩展性好

在用户组建好一个通信网络之后，常常因为系统的需要增加新的设备。如果采用有线的方式，需要重新布线，施工比较麻烦，而且还有可能破坏原来的通信线路；如果采用无线数据传输方式，只需将新增设备与无线数传电台相连接就可以实现系统的扩充了，相比之下有更好的扩展性。

4. 设备维护更容易实现

有线通信链路的维护需沿线路检查，出现故障时，一般很难及时找出故障点；而采用无线数据传输方式只需维护数传模块，出现故障时则能快速找出原因，恢复线路正常运行。

第四章 数字通信技术

通信产业是国民经济结构的重要组成部分，不管是人们的日常生活还是工作和生产都已经离不开通信技术，需要强大的通信网络来支撑，所以通信技术的发展显得至关重要，随着社会的进步，对通信技术也不断提出更高的要求，只有满足这些需求，通信产业才能更好地生存和发展。基于此，本章对数字通信技术进行探究，以期对未来的发展具有重要的现实意义。

第一节 数字通信技术概述

数字通信是指用数字信号作为载体来传输信息，或者用数字信号对载波进行数字调制后再传输的通信方式。它的主要技术设备包括发射器、接收器以及传输介质。数字通信系统的通信模式主要包括数字频带传输通信系统、数字基带传输通信系统以及模拟信号数字化传输通信系统三种。

数字信号与传统的模拟信号不同。它是一种无论在时间上还是幅度上都属于离散的负载数据信息的信号。与传统的模拟通信相比，具有以下优势：

1. 数字信号有极强的抗干扰能力。由于在信号传输的过程中不可避免地会受到系统外部以及系统内部的噪声干扰，而且噪声会跟随信号的传输而放大，这无疑会干扰到通信质量。但是数字通信系统传输的是离散性的数字信号，虽然在整个过程中也会受到噪声干扰，但只要噪声绝对值在一定的范围内就可以消除噪声干扰。

2. 在进行远距离的信号传输时，通信质量依然能够得到有效保证。因为在数字通信系统当中利用再生中继方式，能够消除长距离传输噪声对数字信号的影响，而且再生的数字信号和原来的数字信号一样，可以继续进行传输，这样一来数字通信的质量就不会因为距离的增加而产生很大的影响，所以它也比传统的模拟信号更适合进行高质量的远距离通信。

3. 数字信号要比模拟信号具有更强的保密性，而且与现代技术相结合的形式非常简便。目前的终端接口都采用数字信号，同时数字通信系统还能够适应各种类型的业务要求，例如电话、电报、图像以及数据传输等，它的普及应用也方便实现统一的综合业务数字网，便于采用大规模集成电路，便于实现信息传输的保密处理，便于实现计算机通信网的管理等。

要进行数字通信就必须进行模数变换，也就是把信号发射器发出的模拟信号转换为数字信号。基本的方法包括：首先把连续形的模拟信号用相等的时间间隔抽取出模拟信号的样值。然后将这些抽取出来的模拟信号样值转变成最接近的数字值。这些抽取出的样值虽然在时间上进行了离散化处理，但是在幅度上仍然保持着连续性，而量化过程就是将这些样值在幅度上也进行离散化处理。最后把量化过后的模拟信号样值转化为一组二进制数字代码，并最终实现模拟信号数字化转换，将数字信号送入通信网进行传输。在接收端则是一个还原过程，也就是把收到的数字信号变为模拟信号，通过数模变换恢复出原信号。如果信号发射器发出的信号本来就是数字信号，则不用再进行数模转换，可以直接进入数字网进行传输。

一、数字通信发展

（一）数字通信的主要优点与发展基础

数字通信已广泛应用于各个频段和各种通信方式中，成为当今通信发展的一种必然趋势。所谓数字通信即用数字信号传送信息进行通信，也可以说通信的数字化。数字通信的主要优点在于用数字信号传送信息易于再生；可减小传输中的失真，易于用脉冲数字电路来实现；设备可做到体积小、重量轻，可以引入计算技术，应用微处理器及单片微机，发挥各种数字信号处理及智能化控制功能；数字信号易于加密，便于采用纠错编码和扩频技术；提高抗干扰能力。数字通信之所以取得迅速的发展不是偶然的现象，有其理论上、技术上和客观需求上的基础，从理论分析开始，人们早就认识到数字通信在理论上比模拟通信具有一系列优点。

除了上述优点外，在频带和功率的有效利用方面也更为有利。计算技术和微电子学的进展为通信的数字化提供了坚实的技术基础。人们在社会生活中对多种功能综合服务的需要是数字通信发展的强大动力。

（二）数字通信的发展概况

1.数字短波通信

近年来除了对衰落多径信道的研究外，短波通信数据传输的研究成为焦点。为了克服严重的码间干扰，采用了一系列自适应技术，包括自适应实时选频、自适应信道均衡、自适应干扰对消，以及由它们组合而成的自适应通信系统。此外尚有功率自适应、速率自适应、天线调谐自适应和自组织自适应通信网等。目前多音并行体制的调制解调器已广为应用，正大力进行单音串行体制调制解调器的研制。

2. 数字微波通信

随着数字技术的发展，数字微波已成为发展的主流。微波在地面传播也存在多径效应和衰落现象。数字微波也需要采用一整套自适应技术来抗多径衰落引起的码间干扰。目前各国都致力于第三代设备的研制，其技术特点为采用256QAM 或 1024QAM调制、自适应均衡、有效的分集接收合成技术等先进的自适应抗多径衰落技术措施。

3. 数字卫星通信

早期的时分多址卫星系统就是数字式的。从体制上看，目前已有单路单载波（SCPC）的 SPADE 系统、时分多路频分多址系统、时分多址数字卫星通信系统。近年来甚小口径终端（VSAT）数据卫星通信系统取得了很大的进展和广泛的应用。大量的个人计算机通过卫星通信连接卫星数据网，其造价低廉、安装容易、使用灵活，受到广大用户的欢迎。近来，根据用户要求，各大公司又推出了以传话音为主的系统，我国已引进VSAT 技术，并在一些部门建立了 VSAT 通信网。我国卫星通信的发展也将以数字卫星通信为主。

4. 数字光纤通信

光纤通信具有频带极宽、通信容量极大、传输损耗小、保密性好不易被窃听，以及能抗电磁干扰且体积小、重量轻等一系列优点，已在国内外得到极大发展和应用。光纤通信的宽频带特性，为实现宽带创造了十分有利的条件。当前的主要任务是应大力研制和开发数字通信终端及交换设备，以便与光纤传输系统相连接，否则将阻碍光纤通信的应用和发展。此外，人们还正在开发路和路的高速系统。

二、数字通信系统

（一）通信系统简介

1. 通信系统的基本模型

通信系统指的是利用电、光等信号形式来传递信息的系统。通信系统一般由信源、变换器、信道、反变换器、信宿构成，各部分表示了一个通信系统所必须具备的基本功能。

通信系统的根本任务是将信息从信源传送到信宿。信源指的是产生各种信息（如语音、文字、图像和数据等）的信息源，是信息的发送端；信宿则是信息的接收端。信源和信宿可以是人，也可以是机器（如计算机等），通过采用不同的信源和信宿可以构成不同形式的通信系统。

信道是信号的传输媒质。一般情况下，信源产生的信息不适于直接在信道上传输。为了使信息在信道中有效地传输，通常需要在发送端对信息进行必要的加工或处理，将它们统称为变换。在接收端为了还原信息，需要进行相应的反变换，反变换器的作用就是将从信道上接收到的信息变换成接收端可以接收的信息。信息的变换和反变换包括多种终端处理设备，相应完成能量变换、编码／译码、调制／解调等功能。变换器和反变换器的作用正好相反。

通信系统中不能忽略噪声的影响，通信系统的噪声可能来自各个部分，包括发送或接收信息的周围环境、各种设备的电子器件、信道外部的电磁场干扰等。为便于分析，通常将系统内所存在的干扰用噪声源来表示，并将其集中到干扰最为严重的信道中。

2. 通信系统的分类

通信系统有多种分类方法，通常按照通信业务、传输媒质、调制方式、工作波段、信道中传输的信号等方式对通信系统进行分类。

（1）按照通信业务分类

通信系统根据通信业务的不同，可以分为以下几种类型：

①单媒体通信系统，如电话传真等。

②多媒体通信系统，如电视、可视电话、会议电话、远程教学等。

③实时通信系统，如电话、电视等。

④非实时通信系统，如电报、传真、数据通信等。

⑤单向传输系统，如广播、电视等。

⑥交互传输系统，如电话、视频点播（VOD）等。

⑦窄带通信系统，如电话、电报、低速数据等。

⑧宽带通信系统，如视频点播、会议电视、远程教学和远程医疗、高速数据等。

（2）按照传输媒质分类

通信系统根据使用的传输媒质，可以分为有线通信系统和无线通信系统。有线通信系统是用导线（包括电缆、光缆、波导等）作为传输媒质的通信系统，如市话系统、闭路电视系统、普通的计算机局域网等。无线通信系统是利用无线电波、红外线超声波、激光作为传输媒质的通信系统，如广播系统、移动电话系统、传呼通信系统、电视系统等。

（3）按照调制方式分类

通信系统根据是否采用调制，可以分为基带传输系统和调制传输系统两大类。基带传输是将未经任何调制处理的信号直接在信道中进行传输，即传输的是基带信号。而调制传输则是先对信号进行调制，然后再进行传输，即传输的是已调信号。

（4）按照工作频段分类

通信系统根据使用的波长，可分为长波通信系统、中波通信系统、短波通信系统、微波通信系统和光通信系统等。

（5）按照信道中传输的信号分类

根据通信技术的现状，结合信源和信宿所处理的信号种类，可以将通信系统分为三类：模拟通信系统、数字通信系统和数据通信系统。

①模拟通信一般指的是信源发出的、信宿接收的和信道传输的都是模拟信号的通信

过程或方式，因此，模拟通信系统可以说是以模拟信道传输模拟信号的系统。

②数字通信是指信源发出和信宿接收的是模拟信号，而信道传输的是数字信号的通信过程或方式，因此，数字通信系统可以说是以数字信号的形式传输模拟信号的系统。

③数据通信是随计算机和计算机网络的发展而出现的一种新的通信方式，它是指信源、信宿处理的都是数字信号，而传输信道既可以是数字信道也可以是模拟信道的通信过程或方式。通常，数据通信主要指计算机（或数字终端）之间的通信。

（二）数字通信系统的组成

数字通信系统通常由用户设备、编码和解码、调制和解调、加密和解密、传输和交换设备等组成。发信端来自信源的模拟信号必须先经过信源编码转变成数字信号，并对这些信号进行加密处理，以提高其保密性。为提高抗干扰能力需再经过信道编码，对数字信号进行调制，变成适合于信道传输的已调载波数字信号并送入信道。在收信端，对接收到的已调载波数字信号经解调得到基带数字信号，然后经信道解码、解密处理和信源解码等恢复为原来的模拟信号，送到信宿。

三、数字通信主要技术概述

数字通信的关键性技术包括编码、调制、解调、解码及过滤等，其中数字信号的调制以及解调是整个系统的核心也是最基本、最重要的技术。现代通信的数字化技术主要表现在以下几个方面：

1. 信源的数字量化

单路脉冲编码数字化（PCM）速率是 64kbit/s；单路连续增量调制数字化（AM）速率是 32kbit/s；目前流行的自适应差分脉冲编码调制数字化（ADPCM），其单路速率则可以是 64kbit/s、32kbit/s 或 16kbit/s，语音编码技术的发展已可使一个话路从标准的 64kbit/s 压缩到 16kbit/s，仍不失良好的话音自然度。

2. 信道的数字编码

通常，差错控制方式有前向纠错方式（FECM），反馈重发方式（ARQM），混合纠错方式（HECM）和信息反馈方式（IRQM），一般采用前两种，最好采用第三种。编码规则又有分组码和卷积码之分，译码也有多种多样，有捕错译码、代数译码、大数逻辑译码、维特比译码。

目前，最流行的是卷积码，因为它是一类很有前途的差错控制码。译码较为规范的是维特比译码。现在的信道编译码的应用已经不仅仅局限在信息传输过程中差错控制方面，而扩展到提高信道传输效率上，在限定带宽的信道上争取传输更多数据。典型的技术有数字线路倍增技术和数据分组交换技术。

3. 载波的数字调制

信息数字化后，要通过载波向空间传播，由此载波的数字调制技术也在不断发展。传统的数字调制技术有移频键控（FSK）和移相键控（PSK）。信息传输速率的不断提高，使移相键控（PSK）逐步代替移频键控（FSK），而居于数字调制技术的主导地位。移相键控也从二相移相键控发展到四相移相键控、八相移相键控幅相调制技术；数字调制技术发展的侧重点是在有限的信道带宽内传输尽可能多的信息量。采取的技术措施是压缩信息传输速率，使信息传输速率的 1B 能够包含更多比特的信息元。例如，二相移相键控的信息传输速率 1B 对应于 1bit 信息元，则四相移相键控的信息传输速率 1 B 对应于 3 bit 信息元，而幅相信号对应的信息元则更多。

第二节　脉冲编码调制（PCM）

通过对模拟信号采样，使其成为一系列的离散抽样值，其信号为脉冲幅度调制（PAM）信号，PAM 信号虽然在时间上是离散的，但信号的幅度取值是连续的。因此，PAM 信号仍然为模拟信号。如果直接将这种脉冲幅度调制信号送到信道中传输，其抗干扰性仍然很差，对 PAM 信号再进一步量化和编码处理，数字信号将大大提高抗干扰性能。

脉冲编码调制（PCM）是用一组二进制代码来代替连续信号的抽样值，它是对模拟信号的瞬时抽样值量化、编码，以将模拟信号转化为数字信号。若模/数变换的方法采用 PCM，由此构成的数字通信系统称为 PCM 通信系统。它由三个部分构成，即抽样、量化和编码。

一、抽样定理

所谓抽样，就是对时间连续的信号隔一定的时间间隔抽取一个瞬时幅度值（样值）。抽样由抽样门来完成，在抽样脉冲 Sr（t）的控制下，抽样门闭合或断开。每当有抽样脉冲时，抽样门开关闭合，输出一个模拟信号的样值；当抽样脉冲幅度为零时，抽样门开关断开，其输出为零。抽样后所得出的一串在时间上离散的样值称为样值序列或样值信号，亦称为脉冲幅度调制（PAM）信号，由于幅度取值仍然是连续的，它仍然是模拟信号。

自然抽样，其抽样脉冲有一定的宽度，样值也就有一定的宽度，且样值的顶部随模拟信号的幅度变化，实际系统中采用的是自然抽样。为了了解在什么条件下，接收端能从解码后的样值序列中恢复出原始模拟信号，有必要分析样值序列的频谱。为了分析方便，要借助理想抽样分析。采用理想的单位冲激脉冲序列作为抽样脉冲（即用冲激脉冲近似表示有一定宽度的抽样脉冲）时，称为理想抽样。

二、量化

抽样后的脉幅调制信号的幅度仍随原信号改变，因此还是模拟信号。由于模拟信号的幅度是连续变化的，在一定范围内可取任意值，而用有限位数字的数字信号不可能精确地描述它。实际上并没有必要十分精确地描述它，因为信号在传送过程中必然会引入噪声，这将会掩盖信号的细微变化，而且接收信息的最终器官，如耳朵（对声音而言）和眼睛（对图像而言）区分信号细微差别的能力是有限的。

由于数字量不可能、也没有必要精确反映原信号的一切可能的幅度值，因此将PAM 信号转换成 PCM 信号之前，可对信号样值幅度分层，将一定范围内变化的无限个值，用不连续变化的有限个值来代替，这个过程称为量化。量化的意思是将幅度连续的样值序列变换为幅度离散的样值序列信号，即量化值。

三、编码和译码

把量化后的信号电平值变换成二进制码组的过程称为编码，其逆过程称为解码或译码。模拟信息源输出的模拟信号 $m(t)$ 经抽样和量化后得到的输出脉冲序列是一个 M进制（一般常用 128 或 256）的多电平数字信号，如果直接传输的话，抗噪声性能很差，因此还要经过编码器转换成二进制数字信号（PCM 信号）后，再经数字信道传输。在接收端，二进制码组经过译码器还原为 M 进制的量化信号，再经低通滤波器恢复原模拟基带信号 $m(t)$，完成这一系列过程的系统就是脉冲编码调制（PCM）系统。其中，量化与编码的组合称为模 / 数变换器（A/D 变换器）；译码与低通滤波的组合称为数 / 模变换器（D/A 变换器）。下面主要介绍二进制码及编、译码器的工作原理。

1. 码字和码型

二进制码具有抗干扰能力强，易于产生等优点，因此 PCM 中一般采用二进制码。对于 M 个量化电平，可以用 N 位二进制码来表示，其中的每一个码组称为一个码字。为保证通信质量，目前国际上多采用 8 位编码的 PCM 系统。

码型指的是代码的编码规律，其含义是把量化后的所有量化级，按其量化电平的大小次序排列起来，并列出各对应的码字，这种对应关系的整体就称为码型。在 PCM 中常用的二进制码型有三种，自然二进码、折叠二进码和格雷二进码（反射二进码）。

（1）自然二进码就是一般的十进制正整数的二进制表示，编码简单、易记，而且译码可以逐比特独立进行。若把自然二进码从低位到高位依次给以 2 倍的加权，就可变换为十进制数。

（2）折叠二进码是一种符号幅度码。左边第一位表示信号的极性，信号为正用1表示，信号为负用0表示，第二位至最后一位表示信号的幅度。由于正、负绝对值相同时，折叠码的上半部分与下半部分相对零电平对称折叠，故名折叠码。其幅度码从小到大按自然二进码规则编码。与自然二进码相比，折叠二进码的一个优点是，对于语音这样的双极性信号，只要绝对值相同，则可以采用单极性编码的方法，使编码过程大大简化；另一个优点是，在传输过程中出现误码，对小信号影响较小。例如，由大信号的1111误为0111，自然二进码15误为7，误差为8个量化级，而对于折叠二进码，误差为15个量化级。

显见，大信号时误码对折叠二进码影响很大。如果误码发生在由小信号的1000误为000，这时情况就大不相同了，对于自然二进码误差还是8个量化级，而对于折叠二进码误差却只有1个量化级。这一特性是十分可贵的，因为语音信号小幅度出现的概率比大幅度的大，所以着眼点放在小信号的传输效果。

（3）格雷二进码的特点是任何相邻电平的码组，只有一位码位发生变化，即相邻码字的距离恒为1。译码时，若传输或判决有误，量化电平的误差小。另外，这种码除了极性码外，当正、负极性信号的绝对值相等时，其幅度码相同，故又称反射二进码，但这种码不是"可加的"，不能逐比特独立进行，需先转换为自然二进码后再译码。因此，这种码在采用编码管进行编码时才使用，在采用电路进行编码时，一般均用折叠二进码和自然二进码。

通过以上三种码型的比较，在PCM通信编码中，折叠二进码比自然二进码和格雷二进码优越，它是A律13折线PCM30/32路基群设备中所采用的码型。

2. 码位数的选择与安排

至于码位数的选择，它不仅关系到通信质量的好坏，而且还涉及设备的复杂程度。码位数的多少，决定了量化分层的多少，反之，若信号量化分层数一定，则编码位数也被确定。在信号变化范围一定时，用的码位数越多，量化分层越细，量化误差就越小，通信质量当然就更好。但码位数越多，设备越复杂，同时还会使总的传码率增加，传输带宽加大。一般从话音信号的可懂度来说，采用3～4位非线性编码即可，若增至7～8位时，通信质量就比较理想了。

在13折线编码中，普遍采用8位二进制码，对应有$M=2^8=256$个量化级，即正、负输入幅度范围内各有128个量化级。这需要将13折线中的每个折线段再均匀划分16个量化级，由于每个段落长度不均匀，因此正或负各8个段落被划分成$8\times16=128$个不均匀的量化级。

3. 编码原理

实现编码的具体方法和电路很多，方法有低速编码和高速编码、线性编码和非线性编码；电路有逐次比较型、级联型和混合型编码等。这里只讨论目前常用的逐次比较型编码器原理。编码器的任务是根据输入的样值脉冲编出相应的 8 位二进制代码。除第一位极性码外，其他 7 位二进制代码是通过类似天平称重物的过程来逐次比较确定的。这种编码器就是 PCM 通信中常用的逐次比较型编码器。逐次比较型编码的原理与天平称重物的方法相类似，样值脉冲信号相当于被测物，标准电平相当于天平的砝码。

4. 译码原理

译码的作用是把收到的 PCM 信号还原成相应的 PAM 样值信号，即进行 D/A 变换。A 律 13 折线译码器与逐次比较型编码器中的本地译码器基本相同，所不同的是增加了极性控制部分和带有寄存读出的 7/12 位码变换电路，下面简单介绍各部分电路的作用。

记忆电路的作用是将加进的串行 PCM 码变为并行码，并记忆下来，与编码器中译码电路的记忆作用基本相同。极性控制部分的作用是根据收到的极性码 C 是 1 还是 0 来控制译码后 PAM 信号的极性，恢复原信号极性。

寄存读出电路是将输入的串行码在存储器中寄存起来，待全部接收后再一起读出，送入解码网络。实质上是进行串/并变换。12 位线性解码电路主要是由恒流源和电阻网络组成，与编码器中解码网络类同。它在寄存读出电路的控制下，输出相应的 PAM 信号。

四、自适应差值脉冲编码调制

1. 压缩编码技术的概念

数字通信系统和传统的模拟通信系统相比较，具有抗干扰性强、保密性好、可靠性高和经济性能好等显著优点，尤其是它便于实现综合业务数字网（ISDN）。因此 PCM 系统已在大容量数字微波、数字卫星和光纤通信系统中广泛应用。

但现有的 PCM 编码需对每个样值编 8 位码，一路的数码率为 64kbit/s，才能符合长途电话传输的指标要求，这样每路电话占用频带要比模拟单边带系统带宽（4 kHz）宽很多倍（16 倍）。因此在拥有相同频带宽度的传输系统中，PCM 系统能传送的电话路数要比模拟单边带方式传送的电话路数少得多。这样对于费用昂贵的长途大容量传输系统，尤其是卫星通信系统，采用 PCM 数字通信方式的经济性能很难和模拟通信相比拟。至于在超短波波段的移动通信网中，由于频带有限（每路电话必须小于 25 kHz），64 kHz 频带的数字电话更难应用。

因此，几十年来人们一直致力于研究压缩数字化话音频带的工作，也就是在相同的质量指标的条件下，降低数字化话音的数码率，以提高数字通信系统的频带利用率。通常人们把低于 64 kbit/s 数码率的话音编码方法称为话音压缩编码技术。常见的话音压缩编码方法有差值脉冲编码调制（DPCM）、自适应差值脉冲编码调制（ADPCM）、增量调制（DM 或 OM）、自适应增量调制（ADM）、子带编码（SBC）、参数编码等。

在此顺便介绍一下波形编码和参数编码的概念。如果对语音编码进行分类，可以粗略地分成两类，波形编码和参数编码。所谓波形编码是指对话音样值或样值的差值进行编码。PCM、DPCM、ADPCM、DM、ADM 等编码方式均属于波形编码，其速率通常在 16 ~ 64kbit/s 范围。参数编码是对话音信号的声源、声道的参数进行编码。LPC 等声码器编码方式属于参数编码，其速率通常在 4.8kbit/s 以下。另外，像子带编码（SBC）等编码方式既不是纯波形编码，也不是纯参数编码，它是二者的结合，速率一般在 4.8 ~ 16kbit/s。ADPCM 是在差值脉冲编码调制（DPCM）基础上发展起来的，因此在学习 ADPCM 工作原理之前应首先学习 DPCM。

2. 差值脉冲编码调制的原理

从抽样理论中得知，话音信号相邻的抽样值之间存在着很强的相关性，即信号的一个抽样值到相邻的一个抽样值不会发生迅速变化。这说明信源本身含有大量的冗余成分，也就是含有大量的无效或次要的成分。如果设法减少或去除这些冗余成分，则可大大提高通信的有效性。

在话音抽样值相关性很强的基础上，根据线性均方差估值理论，且假定是在平稳信号统计的条件下，可以最大限度地消除这些冗余成分，以获得最佳的效果。从概念上讲，它是把话音样值分成两个成分，一个成分与过去的样值有关，因此是可以预测的；另一个成分是不可预测的。可预测的成分（也就是相关的部分）是由过去的一些适当数目的样值加权后再相加得到的；不可预测的成分（也就是非相关的部分）可看成是预测误差（简称差值）。这样，就不必直接传送原始抽样信息序列，而只传送差值序列就可以了。因为这样，差值序列的信息可以代替原始序列中的有效信息。

差值脉冲编码调制（DPCM）就是对相邻样值的差值量化、编码。由于样值差值的动态范围要比样值本身的动态范围小得多，这样就有可能在保证话音质量的同时，降低误码率。信号的自相关性越强（信号的幅度变化缓慢），压缩率就越大。接收端只要把收到的差值信号序列叠加到预测序列上，就可以恢复出原始的信号序列。

3. 自适应差值脉冲编码调制的原理

为了改善编码信号的量化噪声特性，曾讨论了从均匀量化过渡到非均匀量化的问题。但为了尽量减小量化误差，同时提高预测值的精确性，在 DPCM 的基础上又增加了自适应量化和自适应预测，由此发展成了自适应差值脉冲编码调制（ADPCM）。

ADPCM 的主要特点是用自适应量化取代固定量化，量化阶随输入信号变化而变化，使量化误差减小；用自适应预测取代固定预测，提高了预测信号的精度，使预测信号跟踪输入信号的能力增强。通过这两点改进，扩大 DPCM 系统的编码动态范围，提高信噪比，从而提高了系统性能。

第三节 数字基带传输系统

在数字通信系统模型中，信源信号或信源编码信号经调制后送入信道传输，称之为频带传输。经过调制后的信号称为已调信号，未经调制的信号称为基带信号。来自数据终端的原始数据信号或信源编码信号包含丰富的低频分量，而许多信道具有带通频率特性，调制的目的是使经过调制后的发送信号与信道频率特性相匹配。但在有些数字传输系统中，特别是在传输距离不太远的情况下，数字基带信号可以在某些具有低通频率特性的有线信道中直接传输，称之为数字基带传输。

目前，数字基带传输不如频带传输那样应用广泛，但对于基带传输系统的研究仍是十分有意义的。原因有三：一是随着数字通信技术的发展，基带传输方式被越来越多地应用；二是数字基带传输中包含频带传输的许多基本问题，也就是说，基带传输系统的许多问题也是频带传输系统必须考虑的问题；三是任何一个采用线性调制的频带传输系统可等效为基带传输系统进行研究。

一、数字基带信号波形与频谱特性

1. 数字基带信号波形

信源信号或信源编码信号通常为数据序列，这些数据序列表现为电脉冲信号，基带信号波形是指这些电脉冲信号波形。基带信号的种类很多，其中最为典型的是由矩形脉冲组成的矩形脉冲序列。

2. 数字基带信号的频谱特性

前面介绍了典型数字基带信号的时域波形，从信号传输的角度看，还需要进一步了解数字基带信号的频域特性，以便在信道中有效地传输。在实际通信中，被传送的信息是收信者事先未知的，因此数字基带信号是随机的脉冲序列。由于随机信号不能用确定的时间函数表示，也就没有确定的频谱函数，因此只能从统计学的角度，用功率谱来描述它的频谱特性。

二、基带传输系统模型

信道信号形成器是将输入数字信号序列变换为适合于在信道中传输的信号波形，这种变换主要是通过码型变换或波形变换来实现的，变换后的信号频率特性与信道频率特性相匹配，从而减小码间串扰，并有利于接收端从接收信号中提取同步信号。

信道是允许基带信号通过的媒质，信道特性可能是随机变化的，并且信道还会进入噪声。在通信系统的分析中，常常把噪声集中在信道中引入。信道输出信号，显然由于信道频率特性不理想，波形发生失真并叠加了噪声。

接收滤波器的主要作用是限制带外噪声进入接收系统，以提高判决点的信噪比，并且还对接收信号波形进行变换，以形成有利于判决的信号波形，修正由于信道特性不理想对信号造成的失真，接收滤波器的设计与发射信号和信道特性有关。

抽样判决器是对接收滤波器输出的波形进行抽样判决，以恢复数字信号序列。抽样信号是由从接收信号中提取的同步信号形成的，抽样信号位定时的准确与否将直接影响判决效果。

显然，接收端能否正确恢复信息，在于能否有效地抑制噪声和减小码间串扰，这两点也正是数字基带传输要讨论的重点。

三、数字基带信号的码型

1. 码型的定义

数字基带信号码型是指数字基带信号的电脉冲存在形式。通常把数字信号表示为各种电脉冲形式的过程称为码型编码，由码型还原为原来数字信号称为码型译码，在有线信道中传输的数字基带信号又称为线路传输码型。通常由数据终端或信源编码输出的数字信号多为经自然编码的电脉冲序列（高电平表示 1，低电平表示 0，或相反），但并不适合在信道中传输。因为用这样的数字信号进行基带传输会出现下面一些问题：

（1）由于这种数字基带信号包含直流分量或低频分量。那么对于一些电路设备或者传输频带低端受限的信道（广义信道），信号可能传不过去。

（2）经自然编码后，有可能出现连 0 或连 1 数据，这时的数字信号会出现长时间的低电平或高电平，以致接收端在确定各个码元的位置（位定时信息）时遇到困难。也就是说，收信端无法从接收到的数字信号中获取定时（定位）信息。

（3）对接收端而言，从接收到的这种基带信号中无法判断是否包含错码。因此经过自然编码的数字信号不适合直接在信道中传输，应寻求能够解决上述问题的基带信号码型。由于不同的码型具有不同的特性，因此在设计或选择适合于给定信道传输特性的码型时，通常要遵循以下原则：

①对于传输频带低端受限的信道，线路传输码型的频谱中应不含有直流分量。

②信号的抗噪声能力要强，产生误码时，在译码中产生误码扩散的影响越小越好。

③便于从信号中提取位定时信息。

④尽量减少基带信号频谱中的高频分量，以节省传输频带并减少串扰。

⑤对于采用分组传输的基带通信系统，接收端除了要提取位定时信息外，还要回复

出分组同步信息，以便正确划分码组。

⑥码型应与信源的统计特性无关，信源的统计特性是指信源产生各种数字信息时的概率分布。

⑦编译码的设备应尽量简单，易于实现数字基带信号的码型种类很多，但没有一种码型能满足上述所有要求。在实际应用中，往往是根据需要全盘考虑，有取有舍，合理选择。

2. 二元码

只有两个取值的脉冲序列就是二元码。最简单的二元码信号波形为矩形波，幅度取值只有两种电平，分别对应于二进制码的 1 和 0。

（1）单极性不归零码

用高电平和低电平（常为零电平）两种取值分别表示二进制码 1 和 0，在整个码元期间电平保持不变，此种码通常记为 NRZ（不归零）码。这是一种最简单、最常用的码型。很多终端设备输出的都是这种码，因为一般终端设备都有一端是固定的 0 电位，因此输出单极性码最为方便。

（2）双极性不归零码

用正电平和负电平分别表示 1 和 0，在整个码元期间电平保持不变。双极性码在 1 和 0 等概率出现时无直流成分，可以在电缆等无接地的传输线上传输，因此得到了较多应用。

（3）单极性归零码

常记为 RZ（归零）码，与单极性不归零码不同。RZ 码发送 1 时，高电平在整个码元期间内只持续一段时间，其余时间则返回到零电平；发送 0 时，用零电平表示。单极性归零码可以直接提取到定时信号，它是其他码型提取位定时信号时需要采用的一种过渡码型。

（4）双极性归零码

用正极性的归零码和负极性的归零码分别表示 1 和 0。这种码兼有双极性和归零的特点。虽然它的幅度取值存在三种电平，但是它用脉冲的正、负极性表示两种信息，因此通常仍归入二元码。

以上四种码型是最简单的二元码，它们有丰富的低频乃至直流分量，不能用于存在交流耦合的传输信道。另外，当信息中出现长 1 串或长 0 串时，不归零码呈现连续的固定电平，没有电平跃变，也就没有定时信息。单极性归零码在出现连续 0 时，也存在同样的问题。这些码型还存在的另一个问题是，信息 1 与 0 分别对应两个传输电平，相邻信号之间取值独立，相互之间没有制约，所以不具有检测错误的能力。由于以上这些原因，这些码型通常只用于设备内部和近距离的传输。

（5）数字双相码

数字双相（digital biphase）码，又称曼彻斯特（Manchester）码。它用一个周期的方波表示 1，用方波的反相波形表示 0，并且都是双极性非归零脉冲。这样就等效于用 2 位二进制码表示信息中的 1 位码。例如，有一种规定，用 10 表示 0，用 01 表示 1。因为双相码在每个码元间隔的中心都存在电平跳变，所以有丰富的位定时信息。在这种码中，正、负电平各占一半，因此不存在直流分量，这些优点是用频带加倍来换取的。双相码适用于数据终端设备短距离的传输，在本地数据网中采用该码型作为传输码型，最高信息速率可达 10 Mbit/s，这种码常被用于以太网中。若把数字双相码中用绝对电平表示的波形改成用电平的相对变化来表示的话，比如相邻周期的方波，如果同相则表示 0，反相则代表 1，就形成了差分码，通常称为条件双相码，记为 CDP 码，一般也叫差分曼彻斯特码，这种码常被用于令牌环网中。

（6）密勒码

密勒码又称延迟调制，它是数字双相码的一种变形。在这种码中，1 用码元间隔中心出现跃变表示，即用 10 或 01 表示。0 有两种情况，单 0 时在码元间隔内不出现电平跃变，而且在与相邻码元的边界处也无跃变。如果 1 用 10 表示，两个 1 之间的 0 用 00 表示；如果 1 用 01 表示，两个 1 之间的 0 用 11 表示；出现连续 0 时，在两个 1 边界处出现电平跃变，即 00 与 11 交替。这样，当两个 1 之间有一个 0 时，则在第一个码元中心与第二个 1 的码元中心之间无电平跳变，此时密勒码中出现最大脉冲宽度，即两个码元周期。由此可知，该码不会出现多于四个连续码的情况，这个性质可用于检错。密勒码最初用于气象卫星和磁记录，现也用于低速基带数传机。

（7）传号反转码

传号反转码记为 CMI 码。在 CMI 码中，1 交替地用 00 和 11 两位码表示，而 0 则固定用 01 表示；CMI 码没有直流分量，有频繁的波形跳变，这个特点便于恢复定时信号；并且 10 为禁用码组，不会出现三个以上的连续码，这个规律可用来进行宏观检测。由于 CMI 码易于实现，且具有上述特点，因此在高次群脉冲编码终端设备中被广泛用作接口码型，在光纤传输系统中也有时用作线路传输码型。

在数字双相码、密勒码和 CMI 码中，原始二元码的每一位信息码在编码后都用一组两位的二元码表示，因此这类码又称为 1B2B 码型。

3. 三元码

三元码指的是用信号幅度的三种取值表示二进制码，三种幅度的取值为：A、0、－A 或记为 1，0，－1，这种方法并不表示由二进制转换到三进制，信息的参量取值仍然为两个，所以三元码又称为准三元码或伪三元码。三元码种类很多，被广泛用作脉冲编码调制的线路传输码型。

（1）传号交替反转码

传号交替反转码常记为 AMI 码。在 AMI 码中，二进制码 0 用 0 电平表示，二进制码 1 交替地用 1 和 −1 的半占空归零码表示；AMI 码中正、负电平脉冲个数大致相等，故无直流分量，低频分量较小；只要将基带信号经全波整流变为单极性归零码，便可提取为定时信号；利用传号交替反转规则，在接收端可以检错纠错，比如发现有不符合这个规则的脉冲时，就说明传输中出现错误。AMI 码是目前最常用的传输码型之一。

当信息中出现连续 0 码时，AMI 码将长时间不出现电平跳变，这给提取定时信号带来困难。因此，在实际使用 AMI 码时，工程上还有相关的规定以弥补 AMI 码在定时提取方面的不足。AMI 码的主要缺点是：其性能与信源统计特性有关，即它的功率谱形状随信息中的出现概率而变化。

（2）三阶高密度双极性码

三阶高密度双极性码简称 HDB3 码。HDB3 码除了具备 AMI 码的所有优点，还可将连续 0 码限制在三个以内，克服了 AMI 码如果连续 0 码过多对提取定时时钟不利的缺点。

4. 多元码

当数字信息有 M 种符号时，称为 M 码，相应地要用 M 种电平表示它们。因为 M>2，所以 M 元码也称多元码。在多元码中，每个符号可以用一个二进制码组来表示，也就是说，对于 1 位二进制码组来说，可以用 M=2 元码来传输。与二元码传输相比，多元码的主要特点就是比特率（信息传输速率）大于波特率（码元传输速率）。因此，在波特率相同（传输带宽相同）的情况下，多元码的比特率是二元码速率的 log2M 倍。

多元码在频带受限的高速数字传输系统中得到了广泛的应用。例如，在综合业务数字网（ISDN）中，数字用户环的基本传输速率为 144 kbit/s，若以电话线为传输媒介，CCITT（国际电报电话咨询委员会）建议的线路码型为四元码 2BIQ。在 2BIQ 中，两个二进制码元用一个四元码表示。

多元码通常用格雷码表示，相邻幅度电平所对应的码组之间只相差 1 比特，这样就可以减小在接收时因错误判定电平而引起的误比特率。多元码不仅用于基带传输，而且广泛应用于多进制数字调制传输中，以提高频带利用率。比如，我们所熟悉的用于电话线上网的调制解调器（Modem）就是采用多进制调制技术。

四、无码间串扰的传输波形

在实际通信中，由于信道的带宽是受限的，一个时间有限的信号，比如脉冲宽度为 $-t/2$ 到 $\tau/2$ 的门信号 g（0），它的频谱就是向正负频率方向无限延伸的；反之，一个频带受限的频谱信号，比如门信号 G（w），它的时域信号是在时间轴上无限延伸的。

因此，信号经频带受限的系统传输后，输出为频带受限信号，则其时域波形必定是无限延伸的。这样，前面的码元对后面的若干码元就会造成不良影响，这种影响被称为码间串扰（或符号间干扰）。另外，信号在传输的过程中不可避免地还要叠加信道噪声，所以当噪声幅度过大时，将会引起接收端的判断错误。

码间串扰和信道噪声是影响基带信号进行可靠传输的主要因素，而它们都与基带传输系统的传输特性有密切的关系。基带传输系统设计的目标就是把码间串扰和噪声的影响减到尽可能小的程度。由于码间串扰和信道噪声产生的机理不同，必须分别进行讨论。

为了了解基带信号的传输，首先介绍基带信号传输系统的典型模型。数字基带信号的产生过程可分为码型编码和波形形成两个步骤。码型编码的输出信号为脉冲序列，波形形成网络的作用是将每个脉冲转换为所需形状的接收波形 $s(t)$。形成网络由发送滤波器、信道和接收滤波器组成。由于形成网络的冲激响应正好与 $s(t)$ 成正比，因此接收波形 $s(t)$ 的谱函数 $S(w)$ 即为波形形成网络的传递函数。$S(w)$ 可表示为：

$$S(w) = T(w)C(w)R(w)$$

$S(w)$ 可视为基带传输系统的总传输特性。在后面的讨论中，将更多地使用传递函数和冲激响应，用以描述无串扰信号的频域和时域特性。

基带信号在频域内的延伸范围主要取决于单个脉冲波形的频谱函数 $G(f)$，只要讨论单个脉冲波形传输的情况就可了解基带信号传输的过程。在数字信号的基带传输中，码元波形信息携带在幅度上，接收端经过再生判决，如果能准确地恢复出幅度信息，则原始信号码就能无误地得到传送。所以，即使信号经传输后整个波形发生了变化，但只要再生判决点的抽样值能反映其携带的幅度信息，那么用再次抽样的方法仍然可以准确无误地恢复原始信号码。也就是说，只需研究特定时刻的波形幅值怎样可以无失真传输即可，而不必要求整个波形保持不变。

通过研究发现，在三种条件下，基带信号可以无失真传输，通常称之为奈奎斯特第一准则、第二准则和第三准则，或称为第一、第二、第三无失真条件。

1. 奈奎斯特第一准则：抽样值无失真的条件

第一无失真条件也叫抽样值无失真条件，其内容是：接收波形满足抽样值无串扰的充要条件是仅在本码元的抽样时刻上有最大值，而对其他码元的抽样时刻信号值无影响，即在抽样点上，不存在码间干扰。

2. 奈奎斯特第二准则：过零点无抖动的条件

奈奎斯特第一准则指出了在给定信道带宽，抽样时刻无码间干扰条件下，能够达到的码元最大传输速率的传输波形是具有与信道带宽相同的理想低通频率特性的波形。但其缺点是第一个零点后的尾巴振幅大、收敛慢，从而对定时要求十分严格。若定时稍有偏差，极易引起严重的码间串扰，并且由于传输波形的过零点位置与传输的码元序列有关，具有随机抖动性，不利于从中提取定时信号。奈奎斯特第二准则规定了过零点无抖动的条件。

3. 奈奎斯特第三准则：脉冲波形面积保持不变

奈奎斯特指出，如果在一个码元间隔内波形的面积正比于发送脉冲的幅度值，而其他码元发送波形在此码元间隔内的面积为零，则接收端通过对接收波形在一个码元周期内的积分，也能够在抽样时刻无失真地恢复原始信号码。这称为奈奎斯特第三准则。

第四节　数字信号的频带传输

在通信系统中，实际的信道大多具有带通传输特性，例如各个频段的无线信道、限定频率范围的同轴电缆等。而数字基带信号往往具有丰富的低频成分，为了使数字信号能在带通信道中传输，必须采用数字调制方式。用数字基带信号对载波幅度、频率或相位等参量进行调制，使基带信号的功率谱搬移到带通信道的频带内，才能够实现传输。这种信号处理方式称为数字调制，相应的传输方式称为数字信号的频带传输。数字频带传输的应用使得传输信号灵活地与各类信道相匹配，使其能够在多种信道中进行传输。

以下将介绍二进制数字调制的一般概念和相应的最佳接收机的性能分析，详细讨论数字调制的三种基本方式，幅度键控（ASK）、频移键控（FSK）和相移键控（PSK），并对所对应的多进制调制方式进行介绍。

1. 二进制数字调制信号的最佳检测

二进制数字通信系统中，接收机的基本任务是从含有噪声干扰的接收信号 $V(t)$ 中，恢复出发送的二进制序列 $\{b\}$，这个过程称为检测。由于信道特性 $H(f)$ 不理想和噪声 $n(t)$ 的干扰，接收机从 $V(t)$ 中恢复的数字序列 $\{b\}$ 中，总会有一些比特发生错误。接收机的性能通常以误比特率 P 作为主要指标。这里所讲的最佳检测，就是在白噪声干扰条件下，接收机检测的误比特率最小，能使误比特率最小的接收机，通常称为最佳接收机。这里首先讨论误比特率的表达式，从而证明在高斯白噪声条件下，最佳接收机具有匹配滤波器形式。还将进一步证明，这种匹配滤波器能够用积分和清洗电路构成的相关接收机来实现。

2. 二进制数字调制与解调原理

（1）二进制幅度键控

在二进制幅度键控（2ASK）中，载波幅度随着调制信号 1 和 0 的取值，而在两个状态之间变化。通常二进制幅度键控中最简单的形式称为通断键控（OOK），即载波在数字信号 1 或 0 的控制下来实现通或断。

二进制幅度键控的调制器可以用一个乘法器来实现，对于 OOK 信号来说，相乘器可用一个开关电路来代替。

同模拟调幅信号的解调一样，2ASK 信号也有包络检波和相干解调两种方式。相干解调需要在接收端产生一个本地的相干载波。由于设备复杂，因此在 2ASK 系统中很少使用。

（2）二进制频移键控

二进制频移键控（2FSK）是利用载波的频率变化来传递数字信息的。在二进制情况下，1 对应于载波频率 f1，0 对应于载波频率 f2。

在 FSK 信号中，当载波频率发生变化时，一般来说载波的相位变化是不连续的。这种信号称为相位不连续的 FSK 信号。相位不连续的 FSK 信号通常用频率选择法产生，两个独立的振荡器作为两个频率的载波发生器，它们受控于输入的二进制信号。二进制信号通过两个门电路控制其中一个载波信号通过。2FSK 信号的解调也有非相干和相干两种。FSK 信号可以看成是用两个频率源交替输出得到的，所以 FSK 接收机由两个并联的 ASK 接收机组成。

（3）二进制绝对相移键控

二进制绝对相移键控（2PSK）是用二进制数字信号控制载波的两个相位，这两个相位通常相隔 π 弧度，例如用相位 0 和 π 分别表示 1 和 0。所以这种调制又称二相相移键控。

由于本地载波恢复电路存在相位模糊，即恢复的载波与接收信号的载波可能存在 π 的相位差，造成了解调后的数字信号可能极性完全相反，形成 1 和 0 的倒置，引起信息接收错误。为了消除相位模糊对于解调的影响，通常要采用差分相移键控的调制方法。

（4）二进制差分相移键控

在 2PSK 信号中，调制信号的 1 和 0 对应的是载波相位（比如 0 和 π），由于它是利用载波相位的绝对数值传送数字信息的，因此又称为绝对调相。而利用前后码元载波相位相对数值的变化也同样可以传送数字信息，这种方法称为相对调相。

相对调相信号的产生过程是，首先对数字基带信号进行差分编码，即由绝对码变为相对码（差分码），然后再进行绝对调相。基于这种形成过程的二相相对调相信号称为二进制差分相移键控信号，记为 2DPSK。

DPSK 信号的相干解调之所以能克服载波相位模糊的问题，是因为数字信息是用载波相位的相对变化来表示的。DPSK 信号的另一种解调方法是差分相干解调（又称延迟解调）。用这种方法解调时不需要恢复本地载波，可由收到的信号单独完成。将 DPSK 信号延时一个码元间隔，然后与 DPSK 信号本身相乘（相乘器在通信系统中起相位比较的作用），相乘结果经低通滤波后再抽样判决，即可恢复出原始数字信息。只有 DPSK 信号才能采用这种解调方法。

3. 多进制数字调制

在多进制的数字信号调制中，在每个符号间隔 $0 \leqslant t \leqslant TS$ 内，可能发送的符号有

M 种，即 $S1(t)$，$S2(t)$，…，$SM(t)$ 基带信号调制载波，就可以得到多进制数字调制信号。通常，取多进制数 M 为 2 的幂。当携带信息的参数分别为载波的幅度、频率或相位时，数字调制信号为 M 进制幅度键控（MASK）、M 进制频移键控（MFSK）或 M 进制相移键控（MPSK）。由于 M 进制数字信号调制中，每个符号可以携带 log2M 比特信息，因此当信道频带受限时，采用 M 进制数字信号调制可以增大信息传输速率，提高频带利用率。其代价是需增加信号功率以保证信号传输性能。

第五节　数字调制技术

随着大容量和远距离数据通信技术的发展，现代通信要求传输信号频谱利用率高、抗多径干扰能力强、带外衰减快。为了提高频谱利用率，可采用多进制调制，但为了保证信号传输性能，需要较高的发射功率。

根据奈奎斯特第一准则，基带信号最高频谱利用率为 2Bd/s·Hz，信号经过线性调制后，已调信号带宽与基带信号带宽成正比。因此，减小基带信号频谱的主瓣宽度和提高旁瓣衰减是提高频带利用率的一个方向。在卫星通信中，需进行大功率发射，发射机信号存在非线性失真，为了减小非线性失真，采用恒包络调制技术。

所谓恒包络调制技术是指已调波的包络保持为恒定。恒包络调制技术所产生的已调波，通过非线性部件时，只产生很小的频谱扩展。此外，在移动信道和短波、超短波信道中，存在着严重的多径效应，限制了数据传输速率，因此要求预调信号具备较强的抗多径干扰的能力。下面就近些年发展起来的一些现代数字调制技术进行介绍。

1. 正交振幅调制

正交振幅调制（QAM）是利用两路独立的基带数字信号分别对两个相互正交的载波进行抑制载波的双边带调制，即利用已调信号在相同的带宽内频谱正交来实现两路并行的数字信息传输。由于在同一带宽内传输两个相互正交的双边带信号，所以频带利用率高，因此 QAM 主要用于高速数据传输系统中。

QAM 信号采取正交相干解调的方法解调。解调器首先对收到的 QAM 信号进行正交相干解调。低通滤波器 LPF 滤除乘法器产生的高频分量。低通滤波器输出的信号经抽样判决后可恢复出 M 电平信号 $x(t)$ 和 $y(t)$。

2. 交错正交相移键控

前面讨论过 QPSK 信号，它的频带利用率较高，理论值达 1 Bd/s·Hz。但当码组 0011 或 0110 时，产生 180° 的载波相位跳变。这种相位跳变引起包络起伏，当通过非线性部件后，使已经滤除的带外分量又被恢复出来，导致频谱扩展，增加对邻波道的干扰。为了消除 180° 的相位跳变，在 QPSK 基础上提出了交错正交相移键控（OQPSK）调制方式。

OQPSK 是在 QPSK 的基础上发展起来的一种恒包络数字调制技术，是 QPSK 的改进型，也称为偏移四相相移键控（Offset QPSK）。它与 QPSK 有同样的相位关系，也是把输入码流分成两路，然后进行正交调制。不同点在于它将同相和正交两支路的码流在时间上错开了半个码元周期。由于两支路码元半周期的偏移，每次只有一路可能发生极性翻转，不会发生两支路码元极性同时翻转的现象。因此，OQPSK 信号相位只能跳变 0°、±90°，不会出现 180° 的相位跳变。

3. 最小频移键控

利用两个独立的振荡源产生的 FSK 信号，一般情况下，在频率转换点上相位不连续，使得功率谱产生很大的旁瓣分量，经带限后会引起包络起伏。为了克服上述缺点，必须控制 FSK 信号的相位使其保持连续性，这种形式的数字频率调制称为相位连续的频移键控（CPFSK）。

4. 用高斯滤波的最小频移键控

MSK 信号虽然具有频谱特性和误码性能较好的优点，但是就移动通信的应用而言，它所占的带宽仍较宽。此外，更主要的是其频谱的带外衰减仍不够快，以致在 25kHz 信道间隔内传输 16kbit/s 的数字信号时，不可避免地会产生邻道干扰。人们设法对 MSK 的调制方式进行改进，使其在保持 MSK 基本特性的基础上，尽可能加速信号带外频谱的衰减。

具体方法，一是改变 MSK 调制器两个支路的加权波形，寻找最优的加权函数，以达到最佳性能；二是从 MSK 信号的相位路径着手，使之在码元转换时刻，不但相位连续，而且平滑，借以改善频谱特性。前者尚未见实用的效果，后者可用的方式有多种。

其中，用高斯型滤波器先对原始数据进行过滤（这个滤波器通常称为预调滤波器），再进行 MSK 调制的方法，即所谓高斯滤波的最小频移键控（GMSK）的方法，受到了人们的普遍关注。用这种方法可以做到，在 25kHz 的信道间隔中传输 16kbit/s 的数字信号时，邻道辐射功率低于 -60 ~ 70dB，并保持较好的抗误码性能。

（1）GMSK 原理

预调制滤波器应具有以下特性：

①脉冲响应的过冲量较小，防止调制器产生不必要的瞬时频偏。

②输出脉冲响应曲线的面积对应于 π/2 的相移量，使调制指数为 1/2，要满足这些特性，选择高斯型滤波器是合适的。

（2）GMSK 信号的产生及频谱特性

GMSK 信号可以用与 MSK 调制器相同的正交调制方式来产生，只要在调制前先对原始数据信号用高斯型滤波器进行过滤即可。另外，在原始数据经高斯滤波器之后，直接对压控振荡器（VCO）进行调频也能生成 GMSK 信号，这是一种最简便的方法。但是这种方法要求 VCO 的频率稳定度很高，频偏的准确性很好，这是难以做到的。

为了解决这些难题，GMSK 信号它由 $\pi/2$ 相移的二相相移键控（2PSK）调制器和锁相环路（PLL）组成。$\pi/2$ 相移的 2PSK 保证每个码元期间的相位变化为 $\pm\pi/2$，而锁相环路对 2PSK 在码元转换时刻的相位突跳进行平滑处理，最终 VCO 输出信号的相位既保持连续又平滑。由于 VCO 的频率被锁定在 2PSK 调制器参考振荡源的频率上，输出信号的频率稳定度是可以保证的。这里最重要的是要精心设计 PLL 的参数，使它的传输函数满足高斯滤波的要求，才能获得良好的信号频谱特性。

（3）GMSK 信号的解调

GMSK 信号的解调可以用与 MSK 一样的正交相干解调电路。在相干解调中最为重要的是相干载波的提取，但实现难度大，因此通常采用差分相干解调。

5. $\pi/4$ 四相相移键控

四相相移键控（QPSK）是一种性能优良，应用十分广泛的数字调制方式。它的频率利用率高，是二相相移键控（2PSK）的两倍，采用相干检测时其误码率也与 2PSK 相同。但是，在移动通信工程中应用时，它还存在信号衰减和多普勒效应影响大，难以提取相干载波的问题；在码元转换时刻的最大相位突跳量达 π。因而在通过带限非线性信道时会产生频谱扩散等问题，不能直接应用。

为了减小信号在码元转换时刻的相位跳变量，以改善频谱特性，人们提出了一种交错相移键控（OQPSK）的调制方式，它可以把信号的相位突跳量限制在 $\pi/2$，从而可以显著减小信号通过带限，以及非线性信道所产生的频谱扩散。不过这种调制方式不能用鉴相器检测，也不能用差分检测，因而在应用中受到限制。

恒包络窄带数字调制如 MSK、GMSK、TFM、GTFM、4L-FM（四相电平调频）等，可以通过非线性信道而没有频谱扩散，且可以用差分检测或鉴频器检测。用这些调制方式可以在 25kHz 的信道间隔内传输 16kbit/s 的数字信号，因而可以满足移动通信工程中传输数字电话的要求。不过，它们的频谱利用率都不算高，不及 QPSK。如果通信工程系统对频率利用率提出更高的要求，比如说，要在 25 kHz 的信道间隔中传输 30 kbit/s 的数字信号，则它们都不适用。

6. 扩频调制

（1）概述

扩频调制技术与传统的调制技术有明显的区别，它是指用比信号带宽宽得多的频带来传输信息的技术。一般可用射频带宽 f，与信号带宽 f 的比值来确定系统是否是扩频通信系统。扩频通信系统在传统通信系统的基础上，发射机增加了一个扩频模块，在接收机中增加了一个解扩模块，通过这一组互耦的变换处理，扩频通信系统具有了常规通信系统望尘莫及的优势。

①抗干扰能力强，特别是抗窄带干扰能力强（电子战中的优势）。

②可检测性低，不容易被侦破（抗侦听）。

③具有多址功能，易于实现码分多址（CDMA）。

④抗多径干扰能力强（常规通信无法比拟）。

⑤具有测距，测速能力（雷达中的应用）。

（2）系统基本原理

数据源产生的信息序列不直接进行常规数字调制，而是与伪随机序列发生器产生的伪随机码进行扩频调制，由于伪随机码的速率一般比数据源的信息速率高得多，从而扩频调制后，射频带宽得到了展宽（带宽等于伪随机码的带宽），形成了宽带的低功率谱密度信号（可以在负的信噪比下工作）。

扩频信号在接收机中不直接进行解调，而是先进行解扩，其处理的方法与发射机中扩频的方法相反，但要求接收机中产生的伪随机码与发射的伪随机码完全同步。经过这样的处理后，展宽的频带被重新压缩回信息带宽。但在信道中引入的干扰由于与接收机的伪随机码相互独立，从而其频带被展宽。信息被压缩，干扰被展宽，从而在接收机后续的带通滤波器的有效带宽内的功率发生了变化，即信息的功率几乎毫无损失，而干扰的功率被大大削弱，因此信噪比得到了提高。

（3）典型扩频通信系统分类

扩频通信系统可以分为以下几种类型。

①直接序列扩频系统（DS-SS）

它是由于待传信息信号与高速率的伪随机码波形相乘后，去直接控制射频信号的某个参量，扩展了传输带宽而得名的。

②跳频通信系统（FH-SS）

数字信息与二进制伪码序列模二相加后，去离散地控制射频载波振荡器的输出频率，使发射信号的频率随伪码变化而跳变。

③跳时通信系统（TH-SS）

跳时是用伪码序列来启闭信号的发射时刻和持续时间，发射信号的"有"或"无"同伪码序列一样是随机的。

④混合扩频通信系统

以上三种基本扩频方式中的两种或多种结合起来，便构成了一些混合扩频体制，如FH/DS、DS/TH、FH/TH等。

（4）扩频通信系统的性能指标

1）处理增益

扩频系统解扩器输出与输入信噪比之比称为接收机的处理增益。处理增益的物理意义体现在解扩器对有用信息提取的同时，对干扰进行抑制的能力。处理增益的物理意义表明，采用扩展频谱技术后，该系统接收信号的信噪比在相关处理后与相关处理前的数值差异。某个给定的处理器，其输入信噪比为−10dB，相关处理后的输出信噪比为16dB，则处理增益为26dB。

国外在工程上能实现的处理增益，DS-SS 可以达到 70 dB。如果系统的基带滤波器输出信噪比为 10 dB，那么，这个系统输入端的信噪比为−60 dB。也就是说，信号功率可以在低于干扰功率 60dB 的恶劣条件下正常地工作。所以扩展频谱系统在高空超远距离的通信工程中占有显著的地位。

2）干扰容限

从以上讨论中看出，并不是说当干扰信号的功率电平与有用信号的功率电平之比等于系统的处理增益时，相关处理后还能实现通信功能。例如，设系统处理增益为50dB，而输入到接收机的干扰功率电平为信号电平的 10 倍，即信噪比为−50 dB 时，显然此时系统就不能正常工作了。因此必须引入另外一个概念——干扰容限，用来反映系统的抗干扰能力。干扰容限的定义为系统正常工作的条件下，接收机能够承受的干扰信号比有用信号高出的分贝数。

干扰容限考虑了一个可用系统对输出信噪比的要求，而且顾及了系统内部信噪比的损耗（包括射频滤波器的损耗、相关处理器的混频损耗、放大器的信噪比损耗等），因此干扰容限可以真正地反映一个扩频系统的抗干扰能力。

第五章　光电信息技术

　　激光的发明开辟了光学工程的新时代，也开启了光电信息技术的新的篇章，光学技术与电子信息技术相结合，产生了无数民用的、国防用的全新电子信息设备。激光，本质上是一种电磁波，它与自然光的区别是频谱纯，这是激光能应用于获取信息（激光雷达）、传送信息（光纤通信）等应用的原因，这与其他频率的电磁波应用于通信是相同的。光电信息技术仍处在迅速发展中，未来量子通信、量子计算机等技术将实现信息科学技术的又一次飞跃。

第一节　激光的概述

　　光电信息技术是由光学、光电子、微电子等技术结合而成的多学科综合技术，涉及光信息的传输、探测、转换、处理等多方面的内容。其中激光技术是光电技术的重要基础技术之一。

　　激光技术与光电技术相关的产业已构成了一个巨大的产业集群，成为全球产业界公认的近年发展最快的、应用日趋广泛的、最重要的高新技术。与激光技术有关的产业将成为21世纪的支柱产业。光电产业已经超越传统的电子产业，成为电子信息产业的主体。光电技术将是继微电子技术之后再一次推动人类科学技术进步的主要科学技术动力。

一、激光的发明

　　激光的发明可以追溯到20世纪60年代初，由美国物理学家梅曼在1960年首次实现。他利用改进的干涉谐振腔和红宝石作为工作物质，通过高强闪光灯光管激发，成功获得波长为694.3nm的激光。这是一种完全新型的光，是自然界中并不存在的光，从此世界进入了光电信息技术的新时代。

　　1.激光原理

　　激光的英文全称是Light Amplification by Stimulated Emission of Radiation，意思是"受激辐射光放大"，简称为LASER，因而中文用的译名叫"镭射"，也有称之为"莱塞"

的。按照我国著名科学家钱学森的建议将"镭射"改称"激光"，该名称准确地反映了受激辐射光放大的含义。

什么叫做"受激辐射"？它是基于伟大的科学家爱因斯坦在 1916 年提出的一套全新的理论。爱因斯坦从辐射场与工作物质原子相互作用的量子论观点出发，提出：该相互作用应包括原子的自发辐射跃迁、受激辐射跃迁和受激吸收跃迁三种过程，其中的受激辐射过程是激光器产生的物理基础（以两能级结构的物质为例）。

在组成物质的原子中，有不同数量的粒子（电子）分布在不同的能级上，处于高能级 $E2$ 的粒子在频率为 v 的外界辐射场激发作用下，从高能级跳到（跃迁）到低能级 $E1$ 上，并同时辐射出一个能量为 HV 的光子（即受激辐射光），且原辐射场的状态保持不变，该辐射光子与激发它的辐射场具有完全相同的性质，则一个光子变成了两个相同的光子，实现了光子数的增加，而且在某种状态下能出现一个弱光激发出一束强光的现象，这一过程称为受激辐射跃迁辐射过程，也叫作"受激辐射的光放大"。

受激辐射最重要的特点是相干性，自发辐射是原子在不受外界辐射场控制情况下的自发过程，大量原子的自发辐射场的相位是无规则分布的，因此是不相干的。自然界的光、电灯照明的光是自发辐射产生的，而受激辐射光子与入射（激励）光子属于同一光子态，即受激辐射场与入射辐射场具有相同的频率、相位、传播方向和偏振态（这种现象称为相干），所以受激辐射产生的光具有很强的相干性。因此，激光有着与自然光不同的特性。

2.激光发明的背景

科学的理论从提出到实现往往要经过一段艰难的历程，爱因斯坦 1916 年提出的理论也是如此。它很长一段时间被搁置在抽屉里没有得到应有的重视。一直到 1951 年，美国哥伦比亚大学的一位教授查尔斯·汤斯（Townes）才想到要应用这一理论来激发微波，经过三年的努力，他成功地制造出了世界上第一个微波激射器，即受激辐射的微波放大（Microwave Amplification by Stimulated Emission of Radiation，MASER）。汤斯在这项研究中花费了大量的资金，他的这项成果被人们起了个绰号叫作"钱泵"，即指他的这项研究花了很多的钱，但用处似乎不大。

后来汤斯教授和他的学生阿瑟·肖洛（Schawlow，诺贝尔物理学奖的获得者）通过进一步的研究认为，既然可以激发微波（微波放大），就有可能把微波放大的技术应用于光波。汤斯和肖洛在《物理评论》杂志上发表了他们的理论——关于受激辐射的光放大的论文，抛弃了尺度必须和波长可比拟的封闭式谐振腔的老思路，提出了利用尺度远远大于波长的开放式谐振腔实现激光器的新思想。但是他们没有在此基础上继续进行研究和实验，而他们的理论却被另一名年轻物理学家西奥多·梅曼（Maiman）用实验得到了证实。

梅曼是美国加利福尼亚州休斯航空公司实验室的研究员，他花了两年时间研究光的受激辐射，终于制成了世界上第一个可实用的激光器——红宝石激光器，发出了与古往今来人类所见到的和所利用的光都不相同的特殊的光——激光。激光的发现具有划时代的重大意义，它极大地推动了光通信研究工作的飞速发展，开辟了光电信息技术的崭新时代。

3. 发明激光的意义

激光是 20 世纪以来继原子能、计算机、半导体之后人类的又一个重大发明，被称为最快的刀、最准的尺、最亮的光和奇异的激光。自激光发明后各国科学家立即投入研究。

激光的发明在科学技术界形成了一个新的学科——光学工程，在一些大学设立了相关专业、院、系，招收本科生和研究生，并成立国家重点实验室，设立光通信、激光与光电工程、集成光学与光电子器件、光纤与光纤传感技术、光信息处理等研究方向，培养高层次光电技术人才。

在激光器诞生后的几十年中，激光器的种类越来越多，功率越来越大（已达几兆瓦）。各种新型激光器光源层出不穷，如双异质结半导体激光器、垂直腔表面发射激光器、分布布拉格反馈激光器等，同时各种性能优良的大功率激光器在激光焊接、激光切割等方面得到了广泛的应用。激光器已成为现代信息社会重要的器件之一。

光电技术还将在 21 世纪引发一场照明技术革命。半导体照明节能、环保将逐步替代白炽灯和荧光灯，进入普通照明领域；传统照明是将电转化成热再转化成光，而半导体照明是将电直接转化成光。半导体照明即指发光二极管（Light Emitting Diode，LED）用于照明，发光二极管是一种给它较低电压便会发出光亮的半导体。LED 作为一种新光源，在同样亮度下，耗电仅为普通白炽灯的 1/10，寿命却可以延长 100 倍。

二、激光的特性

激光与普通光源相比具有高方向性、单色性、高亮度与高相干性的特点。

1. 高方向性

普通光源（如白炽灯）是向四面八方发光，即发射的光束是发散光，如要让其所发射的光线朝着一个方向传播，则需要给光源装上聚光装置，如汽车前灯和探照灯等都装有具有聚光作用的反光镜，使得发射光能汇聚起来向一个方向射出，这种特性使得普通光源无法在实际工业生产中得到大规模的应用，更多的是在人们的日常生活中使用。而激光器所发出的激光光束发散度极小，只有 0.001rad，接近于平行光。

由于激光的这一特性，当激光传输很远的距离时，仍能将光斑控制在很小的范围内。激光的高方向性，使其在传播过程中始终像一条笔直的线，不易发散。一束激光射出20km 远，光斑只有杯口那么大，就是发射到 38 万千米外的月球上，光斑的直径也不过2km。利用激光的这一特性，科学家在 1962 年测出了地球与月球的精确距离。激光的高方向性使其能在有效地传递较长的距离的同时，还能保证聚焦得到极高的功率密度，这是激光加工的重要条件，既可以将激光器用于精细的加工、雕刻等工艺中，同时还能制造高能激光武器。

2. 单色性

光的颜色由光的波长或频率所决定，一定的波长对应一定的颜色，发射单种颜色光的光源称为单色光源，如氦灯、氖灯、氢灯等都是单色光源，但此种光源所发出的光波波长仍有一定的范围。如单色性很好的氪灯波长范围仍有 10^{-5}nm 波长宽度，发出的红光仍包含几十种红色。在现代光通信系统要求光源的单色性应尽量好，光辐射的波长范围尽量窄，只有激光才能满足这一要求。

激光波长分布范围非常窄，颜色极纯，例如，氦氖 He-Ne 激光器的波长分布范围仅为 2×10^{-9}nm，是氪灯发射光波波长范围的 2/10000，由此可见，激光的单色性远远超过任何一种普通单色光源。激光可以看作是近似单波长的性能极佳的单色光源，所以激光是现代大容量光通信系统的理想光源。

3. 高亮度

具有高亮度的激光束经透镜聚焦后，能在焦点附近产生数千度乃至上万摄氏度的高温，因而用激光可以加工几乎所有的材料，任何材料都会被烧熔、汽化。实验表明，总光能还不足一只 15W 灯泡点亮一秒钟所发出的光能的激光束，就能将 1.5m 远处的一块厚约 2cm 的钢板打出一个孔。红宝石激光器所发出的激光亮度超过普通高亮度氙灯的几百亿倍，所以大功率激光可用于制造反卫星武器。

4. 高相干性

相干性是指光波流中各个距离段能保持固定的相位关系。相干性很好的激光，才能用透镜把它聚焦成极细的光束，也才能提取光波流中的相位信息，才有激光信息处理的强大功能。

三、无所不在的激光应用

1. 激光通信

激光用于通信，改变了世界通信骨干网的状况。光纤通信以其无可比拟的超大容量，从 20 世纪 80 年代开始逐渐替代电线、电缆与微波，接力成为现代电信网的骨干。全世界 80% 以上的信息传送业务都由光纤通信来完成。一对只有头发丝粗细的玻璃丝（直径 $0.85\mu m$），竟然能同时开通数万路电话。在信息量爆炸性增长的信息社会里，人们无法想象，没有光纤，电线、电缆将如何承受。

2. 激光存储

利用激光存储信息的巨大能力，已开发出了多种电子产品，如激光唱机、影碟机、电子图书和电子图书馆等。

（1）激光唱片机

激光唱机（CD 机）包括激光唱片和唱机两部分。激光唱片是一张以玻璃或树脂为材料、表面镀有一层极薄金属膜的圆盘，通过激光束的烧蚀作用以一连串凹痕的形式将声音信号刻写在圆盘上，形成与胶木唱片相似的信号轨迹；激光唱机利用激光束读取激光唱片上的光信号并转换为电信号，输出给音响播放装置再转换为声音信号。它是由电子线路、电子机械和激光头构成的综合电子系统。

（2）激光影碟机

激光影碟机与激光唱机原理相同，只是它所录制、读取和播放的信号包括音频、视频画面及文字等多种信号，这种综合信号激光盘用于教学、娱乐等。在激光影碟机的发展中出现了 LD、CD-G、CD-V、VCD、DVD 等。

（3）LVD（激光影碟）

世界上第一张激光影碟（Laser Video DISK）于 1978 年问世。其出色的视听效果令人惊叹，开创了视频、音频录放数字化的新天地。激光影碟具有极高的记录密度，它以一个个间断的凹坑记录信息，凹坑深 $0.1\mu m$，宽 $0.4\mu m$，对于 30cm 的影碟，每面上的凹坑总数达 145 亿个。影碟之所以看起来表面上色彩闪烁，是由于入射光在这大量的凹坑上产生绕射光栅，使白色分解成五光十色光栅的缘故。

（4）VCD（CD 视盘）

VCD 采用 MPEG-1 图像压缩编码技术，用 12.7cm（5in）直径的碟盘，但可播放 74min 的全屏幕、全动态、立体声影片。由于 VCD 唱片的制作成本低，价格远远低于激光影碟 LVD，产品体积小，在视听系列产品中有很强的竞争力。VCD 的视频通过压缩可以把一部电影的动态图像和声音压缩存放到 1.2GB 信息容量左右的光盘中，并通过数字解码技术把压缩的电子信号重新播放出来。

（5）DVD

中文全称为数字视频光盘机（Digital Video Disc），它是 1994 年才诞生的新机种。从原理上来说，DVD 与 VCD 没有本质的不同，仅仅是 DVD 采用 MPEG-2 的压缩编码方案，与采用 MPEG-1 压缩编码的 VCD 相比，图像、声音质量更高，DVD 盘片的数据存储容量更大，可以达到 4G，播放效果有了质的飞跃。

3. 激光照排技术

激光的出现引发了印刷工业的一场革命。激光照排是将文字通过计算机分解为点阵，然后控制激光在感光底片上扫描，用曝光点的点阵组成文字和图像。

4. 在医学上的应用

激光大显身手的另一领域是医学。在外科手术中它不仅可以作为激光刀使用，而且在眼科、牙科、皮肤科与整容各方面都有独到的应用。激光刀的妙处在于它切割的同时也进行了灼烧，这恰好封闭血管防止其出血，也减少了感染的危险。用激光对牙齿进行无痛钻孔和去牙蛀，使人们对以前望而生畏的牙科手术大感轻松。激光在眼科上的应用是最令人赞叹的。激光可以焊接脱开的视网膜，封闭破漏的血管，彻底摧毁漂浮在眼中冻胶状液体中的微小的沙粒使其汽化。激光手术的优点是不需要切开眼睛就能完成手术，而且手术的疼痛感大为缓解。名叫弗林克的医生利用激光成功地做了视网膜手术，整个手术时间只用几分钟，病人甚至不需要麻醉，也不会感到痛苦。

对于目前的不治之症——癌症，激光也提供了有效的手段。一方面，激光可以用作激光刀来切除肿瘤；另一方面，在癌症的早期诊断方面也卓有成效。癌症的早期诊断对于其治疗有着决定性意义。借助于激光能准确地确定肿瘤细胞和正常细胞，同时也提供了一个新的治疗途径。此外激光在医疗美容等方面有着广泛的应用，人们已经研制出各种性能优良的激光治疗仪。

5. 激光武器

激光武器按其发射位置可分为天基、陆基、舰载、车载和机载等类型，按其用途还可分为战术型和战略型两类。

（1）战术激光武器

战术激光武器是以激光为能量，击毁入侵坦克、飞机等，打击距离一般可达20km。这种武器的主要代表有激光枪和激光炮，它们能够发出很强的激光束来打击敌人。

世界上的第一支激光枪在美国诞生。激光枪的样式与普通步枪没有太大区别，主要由四大部分组成：激光器、激励器、击发器和枪托。它能在距人几米之外烧毁衣服、烧穿皮肉，且无声响，并可在一定的距离内，使火药爆炸，使夜视仪、红外或激光测距仪等光电设备失效。

（2）战略激光武器

战略激光武器可攻击数千公里之外的洲际导弹，可攻击太空中的侦察卫星和通信卫星。

目前，反战略导弹激光武器的研制种类有化学激光器、准分子激光器、自由电子激光器和调射线激光器。例如，自由电子激光器具有输出功率大、光束质量好、转换效率高、可调范围宽等优点，但是自由电子激光器体积庞大，只适宜安装在地面上，供陆基激光武器使用。作战时，强激光束首先射到处于空间高轨道上的中继反射镜，中继反射镜将激光束反射到处于低轨道的作战反射镜，作战反射镜再使激光束瞄准目标，实施攻击。通过这样的两次反射，设置在地面的自由电子激光武器，就可攻击从世界上任何地方发射的战略导弹。

激光武器具有无须进行弹道分析、无后坐力、操作简便、机动灵活、使用范围广、无放射性污染等方面的优点，在现代国防上得到广泛的应用。

6. 激光机械加工

目前激光已广泛应用到焊接、切割、打孔、淬火、冲击强化、热处理、打标、玻璃内雕、微调、光刻、制膜、薄膜加工、封装、修复电路、布线技术、清洗等各加工领域。

激光冲击强化是利用强激光束产生的等离子冲击波，提高金属材料的抗疲劳、耐磨损和抗腐蚀能力的一种高新技术。它与现有的冷挤压、喷丸等金属材料表面强化手段相比，具有非接触、无热影响区、可控性强以及强化效果显著等突出优点，它可以大大提高飞机等航空发动机的寿命。我国的激光冲击强化应用技术已取得重大突破，这对解决我国飞机发动机疲劳断裂问题、提高其可靠性将具有重大的意义。

激光快速成形技术集成了激光技术、CAD/CAM 技术和材料技术的最新成果，根据零件的 CAD 模型，用激光束将光敏聚合材料逐层固化，精确堆积成样件，不需要模具和刀具即可快速、精确地制造形状复杂的零件。该技术已在航空航天、电子、汽车等工业领域得到广泛应用。

激光切割技术广泛应用于金属和非金属材料的加工中，可大大减少加工时间，降低加工成本，提高工件质量。现代的激光成了人们所幻想追求的、削铁如泥的宝剑。

激光焊接技术具有熔池净化效应，能纯净焊缝金属，适用于相同和不同金属材料间的焊接。激光焊接能量密度高，对高熔点、高反射率、高导热率和物理特性相差很大的金属焊接特别有利。

激光打孔技术具有精度高、通用性强、效率高、成本低、综合技术经济效益显著等优点，已成为现代制造领域的关键技术之一。在激光出现之前，只能用硬度较大的制造工具在硬度较小的物质上打孔。要在硬度最大的金刚石上打孔，就成了极其困难的事。而激光出现后，这一类的操作既方便又快捷。

激光打标技术是激光加工最大的应用领域之一，利用高能量密度的激光对工件进行局部照射，使表层材料汽化或发生颜色变化的化学反应，从而留下永久性标记的一种打标方法。激光打标可以打出各种文字、符号和图案等，字符大小可以从毫米到微米量级，这对产品的防伪有特殊的意义。准分子激光打标已广泛用于微电子工业和生物工程。

激光蚀刻技术比传统的化学蚀刻技术工艺简单，可大幅度降低生产成本，可加工 $0.125 \sim 1\mu m$ 宽的线，非常适合于超大规模集成电路的制造。

激光微调技术可对指定电阻进行自动精密微调，精度可达 0.01%，甚至可达 0.02%，比传统加工方法的精度和效率高，成本低。激光微调包括薄膜电阻（$0.01 \sim 0.6\mu m$ 厚）与厚膜电阻（$20 \sim 50\mu m$ 厚）的微调、电容的微调和混合集成电路的微调，使电子元器件的数值达到前所未有的精度。

激光热、表处理技术包括：激光相变硬化技术、激光包覆技术、激光表面合金化技术、激光退火技术，激光冲击硬化技术、激光强化电镀技术、激光上釉技术，这些技术对改变材料的机械性能、耐热性和耐腐蚀性等有重要作用。

激光在电子工业中也得到广泛应用，可以用它来进行微型仪器的精密加工，可以对脆弱易碎的半导体材料进行精细的划片，也可以用来调整微型电阻的阻值。随着激光器性能的改善和新型激光器的出现，激光在超大规模集成电路方面的应用已经成为许多其他工艺无法取代的关键性技艺，为超大规模集成电路的发展展现出令人鼓舞的前景。

第二节　光纤通信技术

一、光纤通信的概念和特点

光纤通信是以光波为载频，以光导纤维为传输媒质的一种通信方式。光纤通信与电通信方式的差异主要有两点：一是用光频作为载频传输信号，二是用光导纤维构成的光缆作为传输线路，因此，在光纤通信中起主导作用的是产生光波的光源（主要是激光器）和传输光波的光导纤维。

光纤通信的光源主要采用半导体激光器。它产生的激光发光面积很小，输出稳定而且方向性极好，激光可以运载巨大的信息量。光纤是一种介质波导，具有把光封闭在其中并沿轴向进行传播的导波结构，典型的光纤由直径约为 0.1mm 的细玻璃丝构成。

光纤通信的基础理论源自英籍华人高锟发表的《光频率介质纤维表面波导》，他提出用石英玻璃纤维（光纤）传送光信号可实现长距离大容量通信。

近年来随着掺铒光纤放大器（EDFA）和波分复用（WDM）技术的突破，光纤通信系统的容量和传输距离得到了极大的提高。在现代通信系统中，光纤通信得到了飞速的发展，其应用范围之广是通信史上罕见的，可以说光纤通信技术是世界新技术革命的重要标志，是未来信息社会中各种信息网的主要传输工具。

光纤通信具有以下几个独特的优点：

1. 传输的频带宽，信息容量大

由于光波的频率很高，具有很宽的传输带宽，比微波频率高 $10^3 \sim 10^4$ 倍。在实际应用中由于受到光电器件特性的限制，传输带宽比理论上要窄得多。

与电缆相同，可将几对甚至上百对光纤组成一根光缆，传输容量会进一步增大。光纤通信适合高速、宽带信息的传输，特别是在高速通信干线和宽带综合业务通信网中发挥了重要作用。

2. 光纤的传输损耗低，传输距离远

目前使用的光纤均为石英（SiO_2）系光纤，要减少光纤损耗，主要是靠提高玻璃纤维的纯度。目前可以制造出纯度极高的玻璃纤维，因此光纤的损耗可以做得极低，可低至 0.2dB/km，已接近理论极限值。由于光纤的损耗低，因此中继距离长，在通信线路中可以减少中继站的数量，既降低了成本，又提高了通信质量。例如，对于速率为 400Mbit/s 的信号，光纤通信系统可达到 100km 以上的无中继传输距离，而同样速率的同轴电缆通信系统的无中继传输距离仅为 1.6km 左右。

3. 抗电磁干扰性能好，通信质量高

光纤由电绝缘的石英材料制成，光纤通信线路不受各种电磁场的干扰和闪电雷击的损坏，特别适合于有强电磁场干扰的高压电力线路周围和油田、煤矿等易燃易爆环境中。

4. 线径细，重量轻，便于铺设

由于光纤的直径很小，只有 0.1mm 左右，因此制成光缆后直径要比电缆细，因此重量轻，有利于长途和市话干线铺设，而且便于制造多芯光缆。

5. 保密性好

光在光纤中传播时几乎不向外辐射，因此在同一光缆中，数根光纤之间不会相互干扰，既不会产生串话，也难以窃听。因此，光纤通信与其他通信方式相比，具有更好的保密性。

6. 资源丰富，节约金属材料，有利于资源合理利用

制造同轴电缆和波道管的铜、铝、铅等金属材料在地球上的存储量是有限的，而制造光纤的主要原料石英则是地球上最丰富的物质之一。随着光纤通信技术的推广应用，将会节约大量的有色金属材料，对合理使用地球资源有一定的战略意义。

7. 光纤不会锈蚀，寿命长

用石英玻璃制成的光纤不会像金属导线那样有被锈蚀的危险，因此光纤的使用寿命长。一般认为光缆具有更强的适应环境变化和抗腐蚀的能力，寿命为 20～30 年。

光纤通信除了具有上述优点外，本身也有一些缺点：

（1）强度差

与同轴电缆相比，光缆的抗拉强度低，可以通过使用标准的光纤包层PVC得到改善。

（2）不能传送电力

有时需要为远处的接口或再生的设备提供电能，光缆显然不能胜任，在光缆系统中还必须额外使用金属电缆。

（3）需要专用的工具、设备，以及人员培训

需要使用专用工具完成光纤的焊接和维修；需要专用测试设备进行常规测量；光缆的维修既复杂又昂贵，从事光缆工作的技术人员需要通过相应的技术培训，才能掌握一定的专业技能。

上述问题会随着技术的不断发展都可以克服。

二、光放大（放大器）技术

光纤通信在进行长距离传输时，由于光纤中存在损耗和色散，使得光信号能量降低、光脉冲发生展宽，因此每隔一定距离就需设置一个中继器，以便对信号进行放大和再生，然后送入光纤继续传输。对光信号进行放大和再生的传统方法是采用光 - 电 - 光转换的光中继器，其基本原理是先将接收到的微弱光信号用光检测器转换成电信号后进行放大、整形和再生，恢复出原来的数字信号，然后再对光源进行调制，变换为光脉冲信号后送入光纤继续传输，以延长中继距离。这种光 - 电 - 光的中继变换处理方式的成本高，已不能满足现代通信传输的要求。

为此，人们一直努力探索用光放大的方法代替传统的中继方式，并延长中继距离。光放大器能直接放大光信号，无须将光信号转换成电信号，对信号的格式和速率具有高度的透明性，从而使整个光纤通信传输系统更加简单和灵活。目前，已成功研制的光放大器有半导体光放大器和光纤放大器两大类。

（一）半导体光放大器

半导体光放大器（semiconductor optical amplifier）简称 SOA。

导体光放大器的原理与掺稀土光纤放大器相似，但也有不同，其放大特性主要取决于有源层的介质特性和激光腔的特性。它虽也是粒子数反转放大发光，但发光的媒介是非平衡载流子即电子 - 空穴对，而非稀有元素。半导体的发光可根据激发方式的不同，分为光致发光、电致发光和阴极发光等。

SOA 是一个具有或不具有端面反射的半导体激光器，其结构和工作原理与半导体激光器非常相似。当给器件加偏置电流时，电流可以使半导体增益物质产生粒子数反转，使电子从价带跃迁到导带，从而产生自发辐射。当外光场入射时，会发生受激辐射，受激辐射产生信号增益。当然，自发辐射本身也将被放大并产生随机起伏的放大器噪声，称为被放大的自发辐射噪声（ASE 噪声）。

1. SOA 的特点

尺寸小；增益高，一般在 15 ~ 30dB；频带宽，一般为 50 ~ 70nm。

2. SOA 存在的主要问题

与光纤的耦合损耗大，为 5 ~ 8dB；由于增益与偏振态、温度等因素有关，因此稳定性差；在高速光信号的放大上仍存在问题；输出功率小，噪声系数大。

3. SOA 结构

半导体光放大器是一种把发光器件——半导体激光器结构作为放大装置使用的器件。因为具有能带结构，所以其增益带宽比采用光纤放大器的宽。另外通过改变所使用的半导体材料的组成，可以使波长使用范围超过 100nm，这是半导体光放大器的一个突出特点。半导体光放大器由有源区和无源区构成，有源区为增益区，使用 Inp 这样的半导体材料制作，与半导体激光器的主要不同之处是 SOA 带抗反射涂层，以防止放大器端面的反射，排除共振器功效。抗反射涂层就是在端面设置单层或多层介质层。以平面波入射单层介质层时，抗反射膜的条件相对于厚度为 1/4 波长。

去除端面反射影响一种方法，也可以采用使端面倾斜的方法和窗结构。把光放大器作为光通信中继放大器使用，入射光的偏振方向是无规则的，所以最好是偏振波依赖性小的放大器。为了消除这种偏振波依赖性，可以引入运用窄条结构，使激活波导光路近似正方形断面形状的方法和施加抗张应力，以增大 TM 波增益的应变量子阱结构。目前，实现偏振无关半导体光放大器的方法有很多种，如张应变量子阱结构、应变补偿结构、同时采用张应变量子阱和压应变量子阱的混合应变量子阱结构等。

4. SOA 原理

光致发光是指用半导体的光吸收作用来产生非平衡载流子，实际上是一种光向另一种光转换的过程。光致发光是指用电学方法将非平衡载流子直接注入半导体中而产生发光，这常借助于 PN 结来完成。在半导体中电子的能级限制在导带和价带两个带内，在导带中电子充当移动载流子，在价带中空穴充当载流子。

半导体在外界激发下，可将价带中的电子激发到导带中，同时在价带中留下空穴，所产生的电子和空穴分别跃迁到导带底和价带顶，这一过程只与晶格交换能量而不产生光发射，称为无辐射跃迁，与此同时，导带底的电子还要跃迁到价带顶与空穴复合，并同时发射光子，二者形成动态平衡，与热平衡状态下的情况不同，这时的电子和空穴为非平衡载流子，载流子的分布不再是费米统计分布。

半导体在外界激励下会产生非平衡载流子，半导体在泵浦光激励下怎样产生光放大，为了尽可能简单，假设半导体在 0K、费米能级在禁带的中间位置，因此在 E_p 以下的每个有效能级上被电子充满，则半导体将吸收电子。如果半导体未受光泵浦激励，则半导体将吸收光子，其实半导体的两个能带所扮演的角色类似于 EDFA 中的能带 $E1$ 和 $E2$ 所起的作用，只是它的能带比 EDFA 的能带更宽。一个带 3 隙 Ex 把处在下面的导带和上面的价带分开，这样从一个能带转移到另一个能带内所发生的能量改变至少是 Eg。因此，若 $hv > E$ 则半导体吸收光电子，当吸收了泵浦光子后就会在导带中产生电子，而在价带中留下空穴，然后电子和空穴都迅速向能带的最低点弛豫，并通过发射一个能量为禁带宽度能量的光子复合。

如果泵浦源的强度越来越大，电子将会趋向于累积在导带的底部，空穴趋向于累积在价带的顶部，直到电子 - 空穴对的产生和复合达到动态平衡为止。如果假设带内弛豫过程比带间复合速率快得多，那么可以利用准费米能级 Epn 和 Epp 来描述电子空穴的数目。通过适当的选择半导体材料，就可获得能使发射或吸收波长处于光通信所需要的范围（如 1300nm 或 1550nm）内的带隙。

（二）光纤放大器

光纤放大器包括两种：非线性光纤放大器和稀土掺杂光纤放大器。

1. 非线性光纤放大器

非线性光纤放大器就是利用传输光纤制作的光放大器，它利用强的光源对光纤进行激发，使光纤产生三阶非线性光学效应，从而出现拉曼散射，光在这种受激发的光纤中传输时得到放大。非线性光纤放大器的主要缺点是由于单位长度的增益系数较低，因此需要大功率的半导体激光器做泵浦光源（约 0.5 ~ 1W），目前很难达到实用。

2. 稀土掺杂光纤放大器

稀土掺杂光纤放大器是利用光纤中稀土掺杂物质引起的增益机制来实现光放大。掺杂的稀土元素有铒（Er）、镨（Pr）等，其中掺铒光纤放大器（EDFA）的工作波长为 $1.55\mu m$ 波段，是目前技术最为成熟的光纤放大器。

（1）EDFA 的结构

EDFA 的典型结构包括光路结构和辅助电路两部分。光路结构是 EDFA 的关键部件，由掺铒光纤（EDF）、泵浦光源、光耦合器、光隔离器和光滤波器组成；辅助电路主要包括电源、自动控制部分和保护电路，其作用是保证 EDFA 稳定、可靠地工作。

①掺铒光纤（EDF）是一段长度约为 10 ~ 100m 的石英光纤，将稀土元素铒离子（Er^{3+}）注入纤芯中，浓度约为 25mg/kg。

②泵浦光源为半导体激光器，输出光功率约为 10 ~ 100mW，工作波长约为 $0.98\mu m$。

③光耦合器是将输入的光信号和泵浦光源输出的光波混合起来的无源光器件，一般采用光波分复用器（WDM）。

④光隔离器的作用是抑制光路中的反射，降低噪声，使系统稳定、可靠地工作。对光隔离器的基本要求是插入损耗低，反向隔离度大。

⑤光滤波器的作用是滤除光纤放大器的噪声，降低噪声对系统的影响，提高系统的信噪比。

a. 同向泵浦结构

同向泵浦结构中输入光信号与泵浦光源输出的光波以同一方向注入 EDF。

b. 反向泵浦结构

反向泵浦结构中输入光信号与泵浦光源输出的光波从两个不同的方向注入 EDF，该结构也称为后向泵浦结构。

c. 双向泵浦结构

双向泵浦结构中有两个泵浦光源，其中一个泵浦光源输出的光波和输入光信号以同一方向注入 EDF，另一个泵浦光源输出的光波从相反方向注入 EDF。双向泵浦结构是同向泵浦与反向泵浦相结合的一种结构。

（2）EDFA 的工作原理

当供给激光媒体能量使其处于激励状态时，即会产生光的受激辐射现象，如果能满足使受激辐射持续进行的条件，并用输入光去感应，则能得到比其强的输出光，从而起到放大作用。EDFA 的放大作用是通过 1.55μm 波段的信号光在 EDF 中传输与 Er^{3+} 相互作用产生的。在光与物质相互作用时，光可以被看作由光子组成的粒子束，每个光子的能量为：

$$E=hv$$

式中：

E——光子的能量；

v——光的频率；

h——普朗克常数。

EDF 中的 Er^{3+} 所处的能量状态是不能连续取值的，它只能处在一系列分立的能量状态上，这些能量状态称为能级。与 Er^{3+} 产生光放大效应的能级有三个。

（3）EDFA 的主要特点

①工作波长为 1.55pm，与光纤的低损耗波段一致；

②EDFA 的主体是一段 EDF，与传输光纤的耦合损耗很小，可达 0.1dB；

③增益高，约为 20 ~ 40dB，且具有较高的饱和输出功率，一般为 10 ~ 20dBm；

④噪声指数低，一般为 4 ~ 8dB，用于多信道传输时，隔离度大，无串扰，适用于波分复用系统；

⑤信号增益谱很宽，达到 30nm 或更高，可用于多信道传输，有利于增加传输容量；

⑥所需泵浦光功率较低，约数十毫瓦，泵浦效率较高。

（4）EDFA 的应用形式

①光中继器

用 EDFA 取代光 - 电 - 光中继器，作为光中继器对线路中的光信号直接进行放大，使得全光通信技术得以实现，这是 EDFA 在光纤通信系统中的一个重要应用。

②光发射机的功率放大器

将 EDFA 放在光发射机的光源之后，对信号进行放大，可使光功率大幅增加，从而延长传输距离。

③接收机前置放大器

EDFA 的信噪比优于电子放大器的信噪比，可将其置于光电检测器之前，将来自光纤的光信号放大后再由光电检测器检测，可以大幅度提高接收机的灵敏度。

④无源器件的补偿放大器

一般来说，无源光器件的插入损耗和耦合损耗都较大，因而限制了无源光器件功能的发挥，影响了它们的使用。采用光放大器可以从根本上改变这种状况，最典型的例子是用 EDFA 来补偿光纤局域网的分配损耗，使网络节点数大大增加。

三、光复用技术

（一）波分复用技术

1. 波分复用技术的基本原理

波分复用（Wavelength Division Multiplexing，WDM）技术是在一根光纤中同时传输多波长光信号的一项技术，其基本原理是：在发送端将不同波长的信号组合起来（复用），送入到光缆线路上的同一根光纤中进行传输，在接收端又将组合波长的光信号分开（解复用），并做进一步处理，恢复原信号后送入不同的终端。因此，将此项技术称为波长分割复用，简称波分复用技术。

WDM 系统按照工作波长的波段不同可以分为两类：一类是在整个长波段内信道间隔较大的复用，称为粗波分复用（CWDM）系统；另一类是在 1550nm 波段的密集波分复用（DWDM）系统，它是在同一窗口中信道间隔较小的波分复用，可以同时采用 8，16 或更多个波长在一对光纤上（也可采用单纤）构成光纤通信系统，其中每个波长之间的间隔为 1.6nm，0.8nm 或更小，对应的带宽为 200GHz，100GHz 或更窄。目前，DWDM 采用的信道波长是等间隔的。EDFA 成功地应用于 DWDM 系统，极大地增加了光纤中可传输的信息容量和传输距离。

WDM 适用于多模和单模光纤系统，可以是双纤单向传输，也可以是单纤双向传输。

双纤单向传输指的是采用两根光纤实现两个方向信号传输，完成全双工通信。在发送端将载有各种信息的，具有不同波长的已调光信号通过光复用器组合在一起，并在一根光纤中单向传输，在接收端通过光解复用器将不同光波长的信号分开，分别送入不同的光接收机，完成多路光信号传输的任务；反方向通过另一根光纤传输，原理相同。

单纤双向传输指的是光通路在一根光纤中同时沿着两个不同的方向传输，此时双向传输的波长相互分开，以实现彼此双方全双工的通信。

2. 波分复用技术的特点

（1）可以充分利用光纤的巨大带宽资源（低损耗波段），使一根光纤的传输容量比单波长传输增加几倍至几十倍，在很大程度上解决了传输带宽问题。

（2)由于同一光纤中的不同波长是相互独立的,因而可以传输特性完全不同的信号,完成各种业务信号（包括模拟信号和数字信号，PDH 信号和 SDH 信号）的综合和分离，实现多媒体信号（如文字、图像，数据、音频、视频等）的混合传输。

（3）可以实现单根光纤的双向传输，还可以很容易地对已建成的光纤通信系统进行扩容升级，从而节省大量的线路投资。

（4）随着传输速率的不断提高，许多光电器件的响应速度已明显不足，使用 WDM 技术可以降低对某些器件的性能要求，同时又可实现大容量传输。

（5）具有长途干线传输网络、广播式分配网络、局域网等多种应用形式。

（6）WDM器件是双向可逆器件，同一器件既可以作为复用器，又可以作为解复用器，能够实现单纤双向通信。

（7）WDM的信道对数据格式是透明的，是网络扩充和发展的理想扩容手段，也是引入宽带新业务的方便手段。

（8）可以实现高度的组网灵活性、经济性和可靠性。

（9）存在插入损耗和串光问题，使系统的可用功率降低，影响接收灵敏度。

3. 波分复用器和解复用器

在整个WDM系统中，波分复用器和解复用器是WDM技术中的关键部件，其性能的优劣对系统的传输质量具有决定性作用。将不同光源波长的信号结合在一起，经一根传输光纤输出的器件称为复用器；反之，将同一传输光纤送来的多波长信号分解为个别波长分别输出的器件称为解复用器。

从原理上说，该器件是互易（双向可逆）的，即只要将解复用器的输出端和输入端反过来使用，就是复用器。波分复用器性能指标主要有接入损耗和串扰，要求损耗及频偏要小，接入损耗要小于 1.0 ~ 2.5dB，信道间的串扰小，隔离度大，不同波长信号间影响小。在目前实际应用的 WDM 系统中，主要有光栅型光波分复用器和介质膜滤波器型光波分复用器。

（1）光栅型光波分复用器

闪耀光栅是在一块能够透射或反射的平面上刻划平等且等距的槽痕，其刻槽具有小阶梯似的形状。当含有多波长的光信号通过光栅产生衍射时，不同波长成分的光信号将以不同的角度射出。当光纤中的光信号经透镜以平行光束射向闪耀光栅时，由于光栅的衍射作用，不同波长的光信号以方向略有差异的各种平行光返回透镜传输，再经透镜聚焦后，以一定规律分别注入输出光纤，从而将不同波长的光信号分别以不同的光纤传输，达到解复用的目的。根据互易原理，将光波分复用输入和输出互换即可达到复用的目的。

（2）介质膜滤波器型光波分复用器

目前 WDM 系统工作在 1550nm 波长区段内，用 8，16 或更多个波长，光纤上（也可用单光纤）构成光通信系统。每个波长之间为 1.6nm、0.8nm 的间隔，对应 200GHz、100GHz 或更窄的带宽。

4. 发展方向

WDM 技术问世时间不长，但由于具有许多显著的优点，迅速得到推广应用，并向全光网络的方向发展。全光技术的发展表现在以下几个方面：

（1）可变波长激光器

光纤通信用的光源即半导体激光器只能发出固定波长的光波。将来会出现激光器光源的发射波长，可按需要进行调谐发送，其光谱性能将更加优越，而且具有更高的输出功率、稳定性和可靠性。不仅如此，可变波长的激光器也有利于大批量生产，降低成本。

（2）全光中继器

中继器需要经过光 - 电 - 光的转换过程，即通过对电信号的处理来实现再生（整形、定时、数据再生）。电再生器体积大、耗电多、成本高。掺铒光纤放大器虽然可以用来做再生器使用，但它只是解决了系统损耗受限的难题，而无法解决色散的影响，这就对光源的光谱性能提出了极高的要求。未来的全光中继器不需要光 - 电 - 光的处理过程，可以对光信号直接进行再定时、再整形和再放大，而且与系统的工作波长、比特率、协议等无关。由于它具有光放大功能，所以解决了损耗受限的难题，又因为它可以对光脉冲波形直接进行再整形，所以也解决了色散受限方面的难题。

（3）光交叉连接设备（OXC）

未来的 OXC 可以利用软件对各路光信号灵活地交叉连接。OXC 对全光网络的调度、业务的集中与疏导、全光网络的保护与恢复等都将发挥作用。光分插复用器（OADM）在中间局站上、下固定波长的光信号，使用起来比较僵化。未来的 OADM 对上、下光信号将完全可控，通过网管系统就可以在中间局站有选择地上、下一个或几个波长的光信号，使用起来非常方便，组网（光网络）十分灵活。

（二）光时分复用技术

光时分复用（Optical Time Division Multiplexing，OTDM）技术是电时分复用技术在光学领域的延伸和扩展，OTDM 使用高速光电器件来代替电子器件，完全在光域上实现从低速率到高速率的复用，从而克服了电 TDM 所固有的电子瓶颈问题。

OTDM 是用多路电信号调制具有同一个光频的不同光通道（时隙），经复用后在同一根光纤中传输的技术，它在系统发送端对多个低速率数据流在光域进行复用，在接收端用光学方法进行解复用，而传统的电 TDM 是利用复用器的分路时钟，分别读取各个支路的信号进行合路。

在电 TDM 信号中，各个支路的位置由复用器时钟来控制，而在光 TDM 中，各支路脉冲的位置用光学方法来调整，并由光纤耦合器来合路，因而复用和解复用设备中的电子电路只工作在相对较低的速率。

OTDM 在发送端的同一载波波长上，把时间分割成周期性的帧，每一帧再分割成若干个时隙，然后根据一定的时隙分配原则，使每个信源在每帧内只能按指定的时隙向信道发送信号；接收端在同步的条件下，分别在各个时隙中取回各自的信号而不混扰。OTDM 可分为比特交错 OTDM 和分组交错 OTDM，这两种复用方式都需要利用帧脉冲信号来区分不同的复用数据或分组。

1. 光时分复用技术的基本原理

光时分复用（OTDM）技术是提高每个信道上传输信息容量的一个有效途径，其基本原理是：在光路上进行时间分割复用，当速率低的支路光信号在时域上分割复用成高速 OTDM 信号时，应有自己的帧结构，每个支路信号占帧结构中的一个时隙，即一个时隙信道。

OTDM 一般有两种复用方式：比特间插（Bit Interleaved）和信元间插（Cell Interleaved）。信源间插也称光分组（Optical Packet）复用，比特间插是目前广泛使用的复用方式。

超短光脉冲光源作为整个系统的光源，其脉冲宽度要求在数十或数百飞秒量级，且无激光啁啾或极低、抖动低、稳定。目前，比较成熟的高重复速率超短脉冲光源主要有两类：半导体超短光脉冲源和锁模光纤激光器。OTDM 系统光源经过光分路器分成 N 束，各支路信号被调制在光源产生的光脉冲上。经过调试的光脉冲通过延迟线阵列，使各支路光脉冲精确地按预定要求在时间上错开，再经过光耦合器将这些支路光脉冲串复用在一起，完成光域上的间插复用，最后送入光纤中进行传输。

在接收端首先要恢复光时钟信号，光时钟的恢复有多种方法，如利用锁模光纤激光器的光注入锁定的方法，将入射光信号注入半导体外腔激光器或光纤环激光器中，引入幅度或相位调制而产生锁模，可在接收端全光恢复位时钟或帧时钟。

接收端的光时分解复用器是一个光控高速开关，在时域上将支路信号分开，分别送入接收端的接收机。高速光开关在逻辑上可以是一个全光的与门或电 - 光脉冲控制的光器件。

目前，OTDM 系统利用光开关和 EDFA 可以实现 200km 无中继且速率高达 160Gbit/s 的单通道通信。

2. 光时分复用技术的特点

（1）可以工作在单波长状态，具有很高的速率带宽比，可以有效地利用光纤的带宽资源，与 WDM 相结合，可以实现超长距离、超大容量的光纤传输。

（2）可以克服 WDM 技术中的一些固有限制，如光放大器级联导致的增益谱不平坦、信道串扰问题，非线性效应的影响，以及对光源波长稳定性的要求等。

（3）能够提供从 MHz 到 THz 任意速率等级的业务接入，对数据速率和业务种类具有完全的透明性和可扩展性，无须集中式资源分配和路由管理，比 WDM 技术更能满足未来超高速全光网络的需求。

四、光交换技术

光交换技术是用光纤来进行网络数据、信号传输的网络交换传输技术。

密集波分复用技术的进步使得一根光纤上能够承载上百个波长信道，传输带宽最高纪录已经达到了 T 比特级。同时，现有的大部分情况是光纤在传输部分带宽几乎无限，200Tb/s，窗口 200nm。

相反，在交换部分，仅仅只有几个 GB/s，这是因为电子的本征特性制约了它在交换部分的处理能力和交换速度。所以，许多研究机构致力于研究和开发光交换 / 光路由技术，试图在光子层面上完成网络交换工作，消除电子瓶颈的影响。当全光交换系统成为现实，就足够以满足飞速增长的带宽和处理速度需求，同时能减少多达 75% 的网络成本，具有诱人的市场前景。

光信号处理可以是线路级的、分组级的或比特级的。WDM 光传输网属于线路级的光信号处理，类似于现存的电路交换网，是粗粒度的信道分割；光时分复用 OTDM 是比特级的光信号处理，由于对光器件的工作速度要求很高，尽管国内外的研究人员做了很大努力，但离实用还有相当的距离；光分组交换网属于分组级的光信号处理，与 OTDM 相比对光器件工作速度的要求大大降低，与 WDM 相比能更加灵活、有效地提高带宽利用率。随着交换和路由技术在处理速度和容量方面的巨大进步，OPS 技术已经在一些领域取得了重大进展。

光交换技术可以分成光路交换技术和分组交换技术。光路交换又可分成三种类型，即空分（SD）、时分（TD）和波分 / 频分（WD/FD）光交换，以及由这些交换组合而成的结合型。其中，空分交换按光矩阵开关所使用的技术又分成两类，一是基于波导技术的波导空分，另一个是使用自由空间光传播技术的自由空分光交换。

日本开发了两种空分光交换系统——多媒体交换系统和模块光互连器。两种系统均采用 8×8 二氧化硅（SiO_2）光开关。多媒体光交换系统支持 G4 传真、10Mpbs 局域网和 400Mpbs 的高清晰度电视。

光时分交换技术开发进展很快，交换速率几乎每年提高一倍。1996 年推出了世界上第一台采用光纤延迟线和 4×4 铌酸锂光开关的 32Mpbs 时分复用交换系统。光波分交换能充分利用光路的宽带特性，不需要高速率交换，技术上较易实现。

光交换是全光通信的关键技术，光交换技术可分为光路交换和分组交换。光路交换包括空分光交换、时分光交换和波分光交换三种类型。

1. 空分光交换

空分光交换的功能是使光信号的传输通路在空间上发生改变，其核心器件是光开关。光开关有多种类型，如电光型、声光型和磁光型等，其中电光型开关具有开关速度快、串扰小、结构紧凑等优点。

典型的光开关是用钛扩散在钽酸锂晶片上形成两条相距很近的光波导构成的，通过对电压的控制改变输出通路。由四个 1×2 光开关器件组成的 2×2 光交换单元，其中 1×2 光开关器件就是定向耦合器型光开关。2×2 光交换单元是最基本的光交换单元，有两个输入端和两个输出端，通过电压控制可以实现平行连接和交叉连接。

2. 时分光交换

时分光交换以时分复用为基础，利用时隙互换原理来实现交换功能。时分复用是把时间划分成帧，每帧划分成 N 个时隙，将Ⅳ个时隙分配给Ⅳ路信号，然后再把 N 路信号复接到一条光纤上，在接收端用分接器恢复各路原始信号。

时隙互换就是把时分复用帧中各个时隙的信号互换位置。时分复用信号首先经过分接器，在同一时间内分接器每条出线上依次传输某一个时隙的信号，然后使这些信号分别经过不同的光延迟器，使它们具有不同的延迟时间，最后再用复接器将这些经过延迟后的信号重新组合起来。

3. 波分光交换

波分光交换又称交叉连接，以波分复用为基础，采用波长选择或波长变换的方法实现交换功能。

若波分交换机的输入和输出都与Ⅳ条光纤连接，每条光纤承载 W 个波长的光信号，从每条光纤输入的光信号首先通过分波器（即解复用器）WDMX 分为 W 个波长不同的信号。所有 N 路输入的波长为 λi（i=1，2，…，W）的信号都送到 λi 空分交换器，但在何处进行同一波长 N 路（空分）信号的交叉连接以及如何进行交叉连接将由控制器决定。

光交换技术是指不经过任何光/电转换，在光域直接将输入光信号交换到不同的输出端。光交换技术可分成光路光交换类型和分组光交换类型，前者可利用 OADM、OXC 等设备来实现，而后者对光部件的性能要求更高。随着光器件技术的发展，光交换技术的最终发展趋势将是光控光交换。

光路交换系统所涉及的技术有空分交换技术、时分交换技术、波分/频分交换技术、码分交换技术和复合型交换技术，其中空分交换技术包括波导空分和自由空分光交换技术。光分组交换系统所涉及的技术主要包括：光分组交换技术、光突发交换技术、光标记分组交换技术、光子时隙路由技术等。

光路交换技术已经实用化。光分组交换技术和光突发交换技术是光交换中的最有开发价值的热点技术，也是全光网络的核心技术，它将有广泛的市场应用前景。

五、光传送网技术

（一）光传送网的结构

目前的 OTN 都是基于 WDM 技术，与 OTDM 相比，WDM 具有升级容易、投资小、组网灵活等优点。不同格式、速率的信号能够方便地接入 WDM 系统中进行混合传输，WDM 信号的复用和解复用也很容易由无源器件完成。利用波长交换器件，还可以在波长域对信号进行交换，实现波长选路功能。当一个区域内所有的光纤传输链路都升级为 WDM 时，在这些 WDM 链路的交叉处，设置以波长为标志对光信号进行交叉连接的光交叉连接设备（OXC）就可以构成一个全光网络。

在全光网络中，对信号的传送、复用、路由选择、监测和保护等处理都是在光域进行的，网络中相邻光纤线路的波长信号可以通过 OXC 连接起来，形成一个跨越多条光纤链路的透明光信道。OXC 可以下接 DXC 设备，完成本地上下路光信号的生成与终结，并对终结后的电信号进行处理。

WDM 光传送网以光波长为最基本的交换单元，它随着 WDM 技术的发展，在 SDH 网络的基础上发展起来的，通过引入光节点，在原有的分层结构中引入了光层。

WDM 光传送网在传统的 SDH 网络中引入了光层，光层负责传送电层适配到物理媒质层的信息，它可以细分为三个子层，从上到下依次为光信道层、光复用段层和光传输段层。相邻的层网络形成所谓的客户 / 服务者关系，每一层网络为相邻上一层网络提供传送服务，同时又使用相邻的下一层网络所提供的传送服务。

光传送网的各子层功能如下：

1. 光信道层

光信道层负责为来自电复用段层的不同格式的客户信息，选择路由和分配波长，为灵活的网络选择安排了光信道连接，处理光信道开销，提供光信道层的检测、管理功能，提供端到端的连接，并在故障发生时，通过重新选路或直接把工作业务切换到预定的保护路由来实现保护倒换和网络恢复。

2. 光复用段层

光复用段层保证相邻两个波长复用传输设备间多波长复用光信号的完整传输，为多波长信号提供网络功能。主要包括以下几项：

（1）为灵活的多波长网络选路重新安排光复用段功能；

（2）为保证多波长光复用段适配信号的完整性处理光复用段开销；

（3）为段层的运行和维护，提供光复用段的检测和管理功能。

3. 光传输段层

光传输段层为光信号在不同类型的光媒质（如 G.652、G.655 光纤）上提供传输功能，同时实现对光放大器或中继器的检测和控制功能等。通常涉及的问题有功率均衡问题、EDFA 增益控制问题、色散的积累和补偿问题。

（二）光传送网的节点技术

光传送网的节点技术是网络技术的核心，光节点的引入可以实现信号在光域上交换和选择路由，使光域联网成为可能。目前，光网络节点可分为两类：光分插复用器和光交叉连接器。

1. 光分插复用技术

光分插复用器（OADM）是 WDM 光传送网中的重要网元之一，也是克服传统网络中节点电子瓶颈问题的关键器件之一，其基本功能是从传输设备中有选择地下路、上路，或仅仅直接通过某个波长信号，同时不影响其他波长信道的传输。也就是说，OADM

在光域内实现传统的电 SDH 分插复用在时域内完成的功能，而且具有透明性，可以处理任何格式和速率的信号，这一点比在 SDH 网络中所用的电 ADM 更优越。

OADM 的物理实现方案可以是多种多样的，根据节点结构所采用的光子器件组合方式，目前已提出了多种可行的 OADM 节点方案。下面仅以"分波器＋空间交换单元＋合波器"的 OADM 结构为例说明其实现机理。

"分波器＋空间交换单元＋合波器"的 OADM 结构方案采用分波／合波器，OADM 的直通与上下的切换由空间交换单元来实现。分波器可以是普通的解复用器，如多层介质模式或阵列波导光栅（AWG）型解复用器等，空间交换单元一般采用光开关或光开关阵列，合波器可以采用耦合器或复用器。这种结构的支路与群路间的串扰由光开关决定，波长间串扰由分波／合波器决定。功率调节的作用是均衡各 WDM 信道的功率值，使其平衡和统一。

2. 光交叉连接技术

光交叉连接器（OXC）是全光网的核心器件，其功能与 SDH 中的数字交叉连接设备（SDXC）类似，不同之处在于光域网上直接实现高速光信号的路由选择、网络恢复等，无须进行光 - 电 - 光转换和电处理。

OXC 的光交换单元可采用两种基本的交换机制：空间交换和波长交换。实现空间交换可采用各种类型的光开关，在空间域上完成入端到出端的交换功能，典型的结构如基于空间光开关矩阵和波分复用／解复用器对的 OXC 结构，基于空间光开关矩阵和可调谐滤波器的 OXC 结构，基于分送耦合开关的 OXC 结构，基于平行波长开关的 OXC 结构等。实现波长交换可采用各种类型的波长变换器，将信号从一个波长上转换到另一个波长上，实现波长域上的交换，典型的结构如基于阵列波导光栅复用器的多级波长交换 OXC 结构、完全基于波长交换的 OXC 结构等。

另外，光交换单元中还广泛使用了波长选择器，如各种类型的可调谐光滤波器和解复用器。OXC 的难点之一是在光网络、光节点和业务接入层面上如何解决路由算法和控制问题。

六、自动交换光网络技术

ASON 由智能化的光网络节点所构建的光传送网，以及对光传送网进行控制管理的光信令控制网络构成。从发展趋势来看，网络资源管理的智能化将集中在业务层上，而光学资源的管理将由业务层和光传输层所共享的集成控制平面提供。ASON 的实现依赖于 CGMPIS 等控制协议所构建的控制平面的完善和智能化光层网络节点（如 OXC、OADM 和波长路由器）的真正实现，其中的关键技术主要包括以下几种：

1. 交换技术

ASON 离不开光交换技术的发展，采用光交换将使透明光网络成为可能，并可以实时地依据业务的需求和控制信令的指配，动态地进行光开关交换矩阵的倒换，实现按需动态配置波长，从而在透明光网络中建立端到端的光通道。而以动态可重配置的、多粒度的光交换设备为主构建的智能化的透明光网络极大地简化了网络和节点的体系结构，降低了网络的运营成本和管理的复杂性，使得各种不同网络的互联互操作变得简单可行，易于实现动态有效的端到端的带宽分配和光通道建立的智能性。因此，在未来的 ASON 中，作为光交换主角的将是 OXC、OADM 和波长路由器等节点设备。

波长路由器又称光路由器，它与 OXC 没有本质的区别。一般而言，当 OXC 能够实现动态波长选路功能时，就可称为波长路由器。或者说，在进行波长选路时，波长路由器是动态的，而 OXC 是静态或半固定的。波长路由器主要由波长选择器件和 OXC 控制模块两部分组成，其中波长选择器件是负责光通路倒换的光开关矩阵 /OXC 交换机构，OXC 控制模块负责对 OXC 倒换进行管理，OXC 中各光波长通道之间通过 CMPILS 协议和波长选路协议进行控制，实现选路交换快速形成，提供动态连接。光联网技术中综合了先进的 MPLS 业务量工程控制层技术，可以大大简化网络管理的复杂性，因此特别适合于由 OADM 和 OXC 组成的光互联网络系统。

2. 网络的智能化控制和管理

传统光传送网的 CP 由网管实现，它存在一些根本性的缺点，如当遇到光纤断裂等故障时收敛较慢，手工恢复的系统中通常的恢复时间一般以分钟、天和星期计量，在这种情况下加速业务恢复的唯一方式是预先划分专用的保护通道，这就给不同厂商设备之间的互连造成困难，而且不能使用分布式动态路由控制，这不仅难以满足 ASON 实时配置资源和动态波长分配的要求，而且资源的预留对网络资源也造成了一定的浪费。

因此，在具备了构建透明光网络所需的基本网络部件之后，另一个关键问题是如何实现光网络的智能化控制和管理，以使各种网络设备（如路由器、ATM 交换机、DWDM 传输系统和光交换机）能够协同工作，共同构建智能化的光网络，同时为各种不同厂商、不同技术网络的互操作提供更好的方式。其中主要包括网络拓扑和资源的自动发现、智能化的光路由和波长分配（RWA）算法、各种不同业务的接入和整合技术、光管理信息的编码和分发、网络生存性策略和自动保护恢复等技术。

在 ASON 中，提出了全新的 CP 概念。CP 涉及接口、协议和信令三个方面的问题，负责连接的提供、维护以及网络资源的管理。在网络中连接的提供需要路由选择算法，沿被选路由的请求和建立连接的信令机制，一旦一个连接成功地建立起来，它就需按照业务等级协议（SLA）进行维护，而获得网络的拓扑（包括网络总体情况和连通性）以及可用资源的信息是网络操作的基本功能。

理想地说，网络的拓扑和可用资源应该自动发现，以实现邻居和终端系统发起的请求机制、算法以及信息在网络中的通告。此外，有效的网络资源的利用要求维护一个网络总体的当前可用网络资源信息，这都是完成 CP 功能、实现连接动态提供的基础。ASON 正是有了这样的 CP，有了接口，通过协议和信令系统，动态地交换网络拓扑状态信息、路由信息及其他控制信息，才具备了实现光通道的动态建立和拆除的能力，具备了自动交换的能力。

3. 传输网络的生存性

高效灵活的保护与恢复手段是新一代 ASON 必须具备的重要特征。数据业务的快速增长，对光纤骨干网络的保护恢复能力和 QOS 能力提出了更高的要求。光纤骨干网络交换的粒度一般比较大，网络的瞬时失效将引起业务量的严重损失，因此在未来的智能化光骨干网中不能不考虑光网络的保护恢复策略，以增强网络的自愈生存能力。网络拓扑和多波长联网技术的应用，为保护恢复机制的设计提供了灵活性。重要的问题是如何将这些机制引入 MPL、SCP 中，以提高网络运行的可靠性。同样，在一个各自有各自的保护恢复策略的多层网络中，如何解决网络各层生存性机制间的协调，将是十分重要的问题。

此外，随着光网络的发展，ASON 从垂直层面的角度来看将日趋扁平化，多种业务将直接加在光层上。由于光纤复用波长数的增加和单波长速率的提高，使得光纤链路故障的影响面将十分巨大，也使得光传输网的恢复远比 SDH 等其他层的保护恢复困难。而在一般情况下，保护恢复越靠近物理媒质层，受影响层面的备用容量以及涉的传送实体数越小，保护恢复的效率就越高。由于光层恢复具有恢复可靠性高、恢复速度快、恢复成本低、占用网络带宽资源少等优势，所以光层恢复性的研究对 ASON 生存能力的提升至关重要。

第三节　自由空间光通信技术

一、自由空间光通信的发展背景和技术特点

1. 发展背景

自由空间光通信（Free Space Optical communication，FSO）又称无线光通信，它包括大气空间光通信和宇宙空间光通信。大气空间光通信在激光器件发明之后就开始研究并在工程上应用，但由于大气散射和不可预测的气候干扰，激光传播受到气候条件随机

变化的影响，使得大气空间光通信的质量较差，其应用受到很大阻碍。光纤的问世，使光通信的研究重点转向光纤。

当前光纤通信已普及全球，应用广泛，已成为高速有线信息传输的骨干通路和现代通信网络的基石。进入20世纪80年代后，空间卫星通信的发展，特别是天地一体化通信网的发展，卫星信息传输容量急剧增加，常规的卫星微波通信已经不能满足日益增长的带宽需要。因此，空间光通信就成了未来卫星通信的主要手段，特别是随着量子通信理论的成熟与应用，空间光通信还可能是承载量子信息的一种通信载体，成为未来宽带卫星通信的解决方案。因此，各国重新开始了对FSO的研究，并取得了很大技术进步，使得FSO的通信质量已可以达到电信级的水平，开始应用到公用电信网，接入家庭、个人用户。

此外，世界成立了空间光通信联盟，客观上对进一步推进无线光通信的应用和发展起到了促进作用。

2. 技术特点

（1）空间光通信信道容量大、光发射定向性好。空间光通信的信道容量和光纤相似，只是它的传输不用光纤，而是大气空间。它的定向性是由激光的固有性质决定的。

（2）空间激光通信系统具有功耗低、体积小、重量轻、容量价格比高等优点。特别是在超大容量长距离数字通信系统中，用星际光链路比地面光纤、电缆成本要低，因此对用于卫星间的中继通信十分有利。同时由于它的定向性，使其只需很小的功率就可以传送很远的距离。美国、欧洲和日本等国投入大量人力、物力和财力进行研究。主要发展同步卫星（Geosynchronous Orbit，GEO）之间、中轨卫星（Media Earth Orbit，MEO）之间、低轨卫星（Low Earth Orbit，LEO）之间，以及GEO-LEO和卫星与地面站之间的光通信系统。

（3）宇宙空间光通信没有地球大气层对激光传播的影响，因此比激光用于大气中的光通信更有利。

（4）空间光通信架设机动灵活，对市政建设影响较小，运行成本低。城市建设日新月异，空间光通信可以直接架设在屋顶，通过空中传送，只要在收发两个端机之间存在无遮挡的视距路径，通信就可以进行。既不需申请频率执照，也没有敷设管道的施工。在点对点传输的情况下，只需每一端都配置有光发射机和光接收机，可以实现全双工的通信。

（5）自由空间光通信系统便于和地面光纤网络连接，运行的协议透明，能适应常用的SDH、ATM、IP等现有协议体制；可组成点对点、星形和网格形结构的网络；可灵活拆装、移装至其他位置；易于扩容升级等。

二、地面空间光通信的技术问题

地球表面的大气层中存在着各种微粒，还会发生各种复杂的气象现象。由于 FSO 的光信号是裸露在大气中传输，势必会受到这些自然因素的影响。这些影响的主要表现在以下几个方面。

1. 大气对地面空间光通信传输的影响

表现在信号质量随传输距离增加迅速恶化。目前，通信距离通常小于 12km，远小于微波接力两站之间 50km 的通信距离。大气作用主要包括大气的折射引起的波前失真，折射会导致光束信号的闪烁、弯曲和扩散；大气的衰减是因为大气对光束的吸收和散射作用引起的信号能量减弱；大气的散射作用与大气中微粒的数目和大小有关，而且对于不同波长的光波，衰减作用也不同，一般自由空间光通信都采用波长为 850nm，因为大气对该波长的衰减作用小、信号透过率高、传输距离远。

风力和大气温度的梯度变化会产生气穴，气穴密度的变化将带来光折射变化，同样也会引起波前失真，影响 FSO 的通信质量。为消除该因素影响，可使用多波束技术，即在几个不同位置分别安装激光发射器的同时发送同样的信息，称为"分集技术"。方用此方法来改善大气激光的传输质量。几台激光发射器可安装在同一地点，彼此间距离约 200mm 就已足够大了。由于气穴体积非常小，最后总有一束激光束会被接收机正确收到，多波束的数目一般小于 8，通常为 4，称为 4 重空间分集。光发射天线可采用倒置的望远镜系统。另外可以在发送端和接收端分别使用自适应光学技术。

自适应光学系统中的关键部分是可变形反射镜、分光器、波前探测器和计算机闭环波前整形机构。可变形反射器多采用硅微电子机械系统（MEMS）技术、微制造技术。自适应光学系统是一个精密的自动控制系统。以前国防上和天文学上的自适应系统都是单向的，只要在光束通过望远镜后变形，或在激光武器的输出光束前变形。而在一个双向通信系统中，自适应光学系统不但要纠正接收的光束波前，而且同时要预变形输出光束的波前，用以预纠正两个自适应单元之间的光路径中已知的色差。使用自适应光学系统技术可以显著改善自由空间光通信的性能，减少大气的这些影响。目前实际应用的大气空间光通信一般都采用了自适应光学系统。

2. 系统性能对天气非常敏感

晴天通信效果好，而雨、雪和雾对传输质量的影响大，其中雾的影响最大。因为 FSO 的工作波长接近雾粒，能量易被吸收，同时，雾粒呈现出棱镜的作用，使激光发生衍射，进而使光信号能量迅速衰减。解决方法包括增大发射功率，增大发射口径。据测试，FSO 受天气影响的衰减经验值分别为：晴天，5 ~ 15dB/km；雨天，20 ~ 50dB/km；雪天，50 ~ 150dB/km；雾天，50 ~ 300dB/km。国外为解决这个难题，一般会采用更高功率的激光器二极管、更先进的光学器件和多光束来解决。

3. 影响 FSO 传输性能的另外因素就是大风和地震

由于 FSO 设备通常安装在高楼上，大风和地震引起建筑物的晃动会造成光路的偏移。因此，为了保证光传输链路的性能，光链路之间的瞄准、捕获和跟踪显得至关重要。一般采用偏光法和动态跟踪法。偏光法是让激光在发出时偏离一定的角度，在到达接收器时就会形成一个很大的光锥，光锥半径可达 3 ~ 6m。

使用前，要将接收器置于光锥的圆心处，这样，就可消除各种导致光线偏离的因素所产生的偏差。但是，这样产生的问题是接收端的单位面积功率降低。而动态跟踪技术比偏光技术纠偏的效果更好，但成本也比较高。它是通过反馈装置动态调整可移动镜片，可移动镜片控制入射光的传播方向，从而使激光束始终锁住目标。动态跟踪是一种闭环控制系统，适合用在高速数据传输的场合。

4. 激光的安全问题

超过一定功率的激光可能对人眼产生伤害，人体也可能被激光系统释放的能量伤害，所以产品要符合眼睛安全标准。

三、国内外研究自由空间光通信技术的状况

1. 国外研究现状

自由空间地面光通信一些国家已进入实用阶段，而在星际光通信方面，美国、西欧和日本从 20 世纪 80 年代就开始广泛地研究。随着通信的发展，生产自由空间光通信产品的厂商越来越多，而且一些大型的电信设备公司都对自由空间光通信技术表现出了极大的兴趣，如朗讯（Lucent）、思科（Cisco）、阿尔卡特（Alcatel）、康宁（Cornig）等公司，都注入了投资发展这类设备。一些大的电信运营商，如美国 QWEST、英国 BT、加拿大 NT 等也已开始试用这种系统。几个咨询公司对光无线产品全球市场价值的预测，都表明自由空间光通信技术在今后几年内会有较大的发展。

Light Pointe 公司的自由空间光通信设备可提供电信等级的光传输质量，可提供比传统光缆传输速度更快、成本更低的高速通信解决方案。Light Pointe 的系统以超快的带宽速度提供安全可靠的无线光传输，速度最高可达 2.5Gbit/s，产品可解决城市地区的连接问题。Light Pointe 的自由空间光传输（FSO）产品代替光纤传输，可适应任何协议（SONET、SONET/SDH、ATM、FDDI、以太网、快速以太网），速度最高可达 1.25Gbit/s，提供兆位级以太网通信能力，工作波长为 850nm，开始向市场提供 2.5Gbit/s、使用半径为 1000m、采用 1550nm 波长无线光通信产品。

Airfiber 公司则在美国波士顿地区将 FSO 通信网与光纤网（SONET）通过光节点连接在一起，完成了该地区整个光网络的建设，并发表了融合光和毫米波的无线通信系统

HFR（Hybrid Free space optic/Radio）。

Canon 是世界著名的生产光学仪器的公司，利用在光学系统方面的优势，也踏足自由空间光通信系统的领域。主要产品有：Canobeam DT-50，速率从 25Mbit/s 到 622Mbit/s，可连接 Fast Ethernet FDDI ATM。特点是具有自动跟踪系统，调整探测器件的位置以检测激光束的光轴，可以不因建筑物的摆动和震动而使传输中断。同时，镜头自动跟踪特性增加传输距离达 2km。Canobeam Ⅱ 数据率达到 622Mbit/s，有不同的网络接口，如 ATM、FDDI，并可选择 SNMP 的 TCP/IP 协议。

2. 国内研究现状

国内 FSO 的发展还基本在起步阶段。桂林三十四所、清华同方有限公司、中科院成都光电技术研究所、深圳飞通有限公司、上海光机所等单位先后推出了自己研制的 FSO 的样机，但 FSO 的设备还没有实现规模化的生产。上海铁通引入 FSO 设备，这是 FSO 设备在我国电信运营商中的首次规模应用，它特别适合于基于开拓业务的新型运营商。

3. FSO 研究的几个方向及发展趋势

FSO 技术的关键是如何提高传输的可靠性，使其尽量达到电信运营商的要求。现在的研究方向大致有以几方面：

（1）大气信道的研究

主要研究大气信道的空间损耗，不同气象条件下的传输衰减、大气闪烁、空气散射、背景噪声等。其主要目的是准确掌握某地的气候等通信条件，同时找到气象条件影响通信质量的规律，为通信的实现提供参考数据。

（2）传输可靠性的研究

传输可靠性的研究即在某地区一定通信条件下，采取必要的发射接收技术来正确进行数据的传输。现在几个大的 FSO 生产厂家都有一些自己的专利技术来解决这个问题，据统计，MRV 公司现在拥有最多的 FSO 专利，达 16 项之多。如 Light Pointe 公司，采用多光束（4 个）发射、接收技术，既可以消除气穴的影响，也可以克服小鸟等引起光路的突然中断。还有比较重要的一种技术就是跟踪技术，以 Canon 公司为代表，它采用 CCD，利用光强度或者波形来自动定位、调整发射端的位置。

（3）传输速率的提高

FSO 相对于其他接入设备最大的优势之一就是带宽。现在 FSO 产品的速率从 2Mbit/s 开始，形成多个系列，比较典型的有 10Mbit/s、100Mbit/s、155Mbit/s、622Mbit/s。有的公司采用和光纤通信中相似的波分复用（WDM）技术，速率可以达到 2.5Gbit/s、10Gbit/s。

（4）FSO 设备网络拓扑的研究

FSO 可以有 3 种拓扑，即点到点、点到多点（星形）和网状网结构，也可以把它们组合起来使用。目前，已使用的系统多采用点到点结构，其原因是大多数系统只是用来连接企业内部的各幢大楼，作为高带宽的专线连接。

第四节　激光雷达技术

激光雷达（light detection and ranging，LiDAR）是激光探测及测距的简称。激光雷达的基本工作原理与无线电雷达没有区别，即由雷达发送一个光信号，经目标反射后被接收机接收，通过测量反射光返回的时间来确定与目标的距离；通过测量反射光的多普勒频移或者测量两个或多个距离来计算目标的运动速度。激光雷达是激光技术与传统雷达技术相结合的产物。激光雷达可工作在脉冲状态，也可以工作在连续波状态，利用激光脉冲进行探测的称为脉冲激光雷达，利用连续波激光束进行探测的称为连续波激光雷达。

LiDAR 源自美国航天局（NASA）的激光测绘技术、空载激光扫描技术、全球定位系统（Global Positioning System，GPS）及惯性导航系统（Inertial Navigation System，INS）。

德国斯图加特大学（Stuttgart 大学）将激光扫描技术与实时定位定姿系统两者结合，形成空载激光扫描仪（Ackermann-19）。一台空载激光扫描仪即一台激光雷达。

空载激光扫描仪约从 1995 年开始商用，之后发展快速。目前已有 10 多家厂商生产空载激光扫描仪。研发空载激光扫描仪的最初目的是观测物体的多重反射值，测出地表上不同物体的高程模型。由于其高度自动化及精确的观测值，使空载激光扫描仪成了主要的测绘工具。

激光扫描方法不仅用于国防获取三维地理信息，而且其数据成果也广泛应用于资源勘探、城市规划、农业开发、水利工程、土地利用、环境监测、交通监测、防震减灾及国家重点建设项目等方面，可为国民经济、社会发展和科学研究提供极为重要的原始资料。应用低机载 LiDAR 地面三维数据获取方法与传统的测量方法相比，具有低成本、高密集、快速度、高精度等优点。

一、激光雷达技术原理及类型

激光雷达由发射机、天线、接收机、跟踪架及信息处理等部分组成。LiDAR 是一种集激光、全球定位系统（GPS）和惯性导航系统（INS）三种技术于一身的综合系统，用于获得数据并生成精确的数字高程模型（Digital Elevation Model，DEM）。DEM 通常用地表规则网格单元构成的高程矩阵表示，广义的 DEM 不仅包括数字高程模型，还包括等高线、三角网等所有表达地面高程的数字表示。

（一）激光雷达类型

由于传统的地理信息系统的数据结构都是二维的，高程是地理空间中的第三维坐标。激光、全球定位系统和惯性导航系统这三种技术的结合，可以高度准确地定位激光束打在物体上的光斑，要通过信息处理才能从回波中获取信息。根据信息处理的不同又可以划分为用于获取地面数字高程模型（DEM）的地形 LiDAR 系统和用于获得水下 DEM 的水文 LiDAR 系统等。

根据探测技术的不同，激光雷达可以分为直接探测型和相干探测型两种。其中直接探测型激光雷达采用脉冲工作模式，不需要干涉仪。相干探测型激光雷达可采用多种相干技术。"相干"是用于检测频率变化的一种技术。

按照不同功能，激光雷达可分为跟踪雷达、运动目标指示雷达、流速测量雷达、风剪切探测雷达、目标识别雷达、成像雷达及振动传感雷达等。

（二）激光雷达技术原理

脉冲 LiDAR 系统包括一个单束窄带激光器和一个接收系统。激光器产生并发射一束光脉冲，打在物体上并反射回来，被接收器所接收。接收器准确地测量光脉冲从发射到被反射回的传播时间，根据光的传播速度即可计算出距离。结合激光器的高度、激光扫描角度，从 GPS 得到的激光器的位置和从 INS 得到的激光发射方向，就可以准确地计算出每一个地面光斑的坐标 X、Y、Z。

激光束发射的频率可以从每秒几个脉冲到每秒几万个脉冲。例如，一个频率为每秒一万次脉冲的系统，接收器将会在 1min 内记录 60 万个点的位置坐标，使之成为效率极高的测绘工具。一般而言，LiDAR 系统的地面光斑间距在 2 ~ 4m 不等，可根据需要调整。

连续波 LiDAR 系统与脉冲 LiDAR 系统相比要稍复杂些，需采用相干技术提取回波信号的多普勒频移，计算出被探测目标的运动速度和运动方向。

发射机是各种形式的激光器，如二氧化碳激光器、掺钕钇铝石榴石激光器、半导体激光器及波长可调谐的固体激光器等；天线是光学望远镜；接收机采用各种形式的光电探测器，如光电倍增管、半导体光电二极管、雪崩光电二极管、红外和可见光多元探测器件等。

激光具有非常精确的测距能力，而 LiDAR 系统的精确度除了激光光源本身因素外，还取决于激光、GPS 及惯性测量单元（IMU）三者同步等内在因素。随着商用 GPS 及 IMU 的发展，通过 LiDAR 从移动平台上（如在飞机上）获得高精度的数据已经被广泛应用。目前，激光雷达在低空飞行直升机障碍物规避、化学 / 生物战剂探测和水下目标探测等方面已进入实用阶段，其他国防应用研究亦日趋成熟。

二、激光雷达技术应用

较早出现的一种激光雷达称为"火池"，它是由美国麻省理工学院的林肯实验室投资。林肯实验室演示了火池雷达精确跟踪卫星，获得多普勒影像的能力。火池激光雷达采用一台高稳定 CO_2 激光振荡器作为信号源，经一台窄带 CO_2 激光放大器放大。另有工作于蓝绿波段的中功率氩离子激光与上述雷达波束复合，用于对目标进行角度跟踪，而雷达波束的功能则是收集多普勒影像，实时处理并加以显示。两束波均由一个孔径为 1.2m 的望远镜发射并接收。

美国空军和海军研制"先进技术激光雷达系统（ATLAS）"拟装在巡航导弹上，用 CO_2 激光和新型红外雷达将巡航导弹引向目标。由于激光雷达是工作在从红外到紫外光谱段的雷达系统，激光雷达可提供目标区域的高分辨率三维图像，并可利用激光雷达精确测量目标位置（距离和角度）、运动状态（速度、振动和姿态）和形状，探测、识别、分辨和跟踪目标。其性能是其他雷达系统不可能达到的。

由于光电技术的进步，目前已研制出火控激光雷达、侦测激光雷达、导弹制导激光雷达、靶场测量激光雷达、导航激光雷达等。激光雷达在国防、民用方面的应用越来越广，并在继续发展。

1. 直升机障碍物规避激光雷达

直升机在进行低空巡逻飞行时，极易与地面小山或建筑物相撞。研制出能规避地面障碍物的直升机机载雷达，是飞行员梦寐以求的愿望。目前，这种雷达已在美国、德国和法国获得了成功应用。美国研制的直升机超低空飞行障碍规避系统，使用固体激光二极管发射机和旋转全息扫描器，可检测直升机前很宽的空域，地面障碍物信息实时显示在机载平视显示器或头盔显示器上，为安全飞行起了很大的保障作用；德国戴姆勒·奔驰宇航公司研制成功的障碍探测激光雷达更高一筹，它是一种固体 $1.54\mu m$ 成像激光雷达，视场为 $32° \times 32°$，能探测 $300 \sim 500m$ 距离，内直径 1cm 粗的电线，将装在新型 EC-135 和 EC-155 直升机上；法国达索电子公司和英国马可尼公司联合研制的吊舱载 CLARA 激光雷达具有多种功能，采用 CO_2 激光器，不但能探测标杆和电缆之类的障碍，还具有地形跟踪、目标测距和指示，活动目标指示等功能，适用于飞机和直升机。

2. 化学战剂探测激光雷达

传统的化学战剂探测装置由士兵肩负，一边探测一边前进，探测速度慢，且士兵容易中毒。俄罗斯研制成功的 KDKhr-1N 远距离地面激光毒气报警系统，可以实时地远距离探测化学毒剂攻击，确定毒剂气溶胶云的斜距、中心厚度、离地高度、中心角坐标以及毒剂相关参数，并可通过无线电通道或有线线路向部队自动控制系统发出报警信号，比传统探测前进了一大步。德国研制成功的 VTB-1 型遥测化学战剂传感器技术更加先进，它使用两台 9 ~ 11μm、可在 40 个频率上调节的连续波 CO_2 激光器，利用微分吸收光谱学原理遥测化学战剂，既安全又准确。

3. 机载海洋激光雷达

传统的水下目标探测装置是声呐。根据声波的发射和接收方式，声呐可分为主动式和被动式，可对水下目标进行警戒、搜索、定性和跟踪。但它体积很大，重量一般在 600kg 以上，有的甚至达几十吨重。而激光雷达是利用机载激光器发射和接收设备，通过发射大功率窄脉冲激光，探测海面下目标并进行分类，既简便，精度又高。迄今，机载海洋激光雷达已发展了三代产品。研制成功的第三代系统以第二代系统为基础，增加了 GPS 定位和定高功能，此系统与自动导航仪接口，实现了航线和高度的自动控制。

4. 成像激光雷达可水下探物

美国诺斯罗普公司研制的 ALARMS 机载水雷探测系统，具有自动、实时检测功能和三维定位能力，定位分辨率高，可以 24h 工作，采用卵形扫描方式探测水下可疑目标。美国卡曼航天公司研制成功的机载水下成像激光雷达，最大特点是可对水下目标成像。由于成像激光雷达的每个激光脉冲覆盖面积大，因此其搜索效率远远高于非成像激光雷达。另外，成像激光雷达可以显示水下目标的形状等特征，更加便于识别目标，这已然是成像激光雷达的一大优势。

第五节　光电信息处理技术

一、光电信息处理技术的基本概念

光电信息处理技术是基于对函数的数学描述与建模，运用光学元器件和计算机处理系统完成对光学信息的模拟分析和数字处理。这一技术通过光电转换、信号放大、滤波、调制、解调、编码、解码等一系列操作，将光学信号转换为电信号，并在计算机中进行进一步的分析和处理。光电信息处理技术的核心在于利用光学元器件的高效性和计算机处理系统的强大能力，实现对光学信息的高速、大容量、高精度的处理。

二、光电信息处理技术的发展概况

光电信息处理技术的发展可以追溯到 20 世纪中叶，随着光电子技术的兴起和计算机技术的快速发展，光电信息处理技术逐渐崭露头角。在这一时期，光电子器件如激光器、光电二极管、光电倍增管等的出现，为光电信息处理提供了重要的物质基础。同时，计算机技术的不断进步也为光电信息的数字处理和分析提供了强大的技术支持。

进入 21 世纪后，随着光通信、光网络、光存储、光显示和多媒体技术的飞速发展，光电信息处理技术迎来了新的发展机遇。光纤通信技术的广泛应用，使得光信号能够在长距离内实现高速、大容量的传输；光存储技术的不断创新，提高了数据存储的密度和速度；光显示技术的发展，则使得图像和文字的显示更加清晰、逼真。这些技术的出现和应用，极大地推动了光电信息处理技术的发展和进步。

三、激光全息技术及应用

1. 激光全息图像

激光全息技术由英籍匈牙利科学家丹尼斯·盖伯（Dennis Gabor）发明，盖伯设想记录一张不经任何透镜的，用物体衍射的电子波制作曝光照片（即全息图），使该全息图能保持物体的振幅和相位的全部信息，然后用可见光照明全息图来得到放大的物体像。根据这一设想，他提出了一种用光波记录物光波的振幅和相位的方法，并通过实验得到了证实，他也因此获得了诺贝尔物理学奖。但第一代全息图存在的两大问题是：再现的原始像和共轭像分不开；光源的相干性太差。所以全息术的发展陷入了休眠状态。

激光的出现提供了一种高相干性光源，人们将通信理论中的载频概念推广到空域中，提出了离轴全息图，使得第一代全息图中的两大问题解决，产生了第二代全息图，从而使全息术进入了快速发展阶段，相继出现了多种全息方法，在全息干涉计量、全息存储、全息显示、全息光学元件、计算全息、数字全息等方面得到了广泛的应用。全息术不仅可以用于光波波段，也可以用于电子波、X 射线、声波和微波波段。

激光全息照片不是用一般的照相机，而是用一台激光器。激光束经分光镜一分为二，其中一束照到被拍摄的景物上，称为物光束；另一束直接照到感光胶片即全息干板上，称为参考光束。当照射到景物上的光束被物体反射后，其反射光束也照射在胶片上，胶片由两束激光束感光后就完成了全息图像的摄制过程。全息照片和普通照片截然不同，用肉眼去看，全息照片上只有些乱七八糟的条纹。可是若用一束激光去照射该照片，眼前就会出现逼真的立体景物。

更奇妙的是，从不同的角度去观察，就可以看到原来物体的不同侧面。而且，如果不小心把全息照片弄碎了，那也没有关系。随意拿起其中的一小块碎片，用同样的方法观察，原来的被摄物体仍然能完整无缺地显示出来。全息照相的原理是利用光的干涉原理，利用两束光的干涉来记录被摄物体的信息。这个理论很早就有人提出过，但只有激光才能达到它所要求的高度单色性。因此，只有在激光器诞生以后人们才能实现景物的全息照片梦想。

2.激光全息技术的应用

（1）物探

利用三维数字信息可视化技术在飞机上测出地面地形高度，数据输入计算机；应用全息摄影技术制成全息图；定向白光点光源照明时，出现三维地形图。将所测得的石油勘探的海量数据输入计算机制成三维全息图，可一目了然地表明地层结构和地下储油层的分布。

（2）防伪

激光全息图像防伪技术是通过激光制版，将影像制作在塑料薄膜上，产生五光十色的衍射效果，并使图片具有二维、三维立体感。在普通光线下，隐藏的图像信息会重现。当光线在某一特定角度照射时，又会呈现新的图像。这种模压全息图片可以采用印刷工艺大批量快速复制，成本较低，且可与各类印刷技术相结合使用。产品的商标用激光全息图片制作，用户可以通过观看商标来识别生产厂家。

这种激光防伪标识，在其最初阶段仅仅依靠制作技术的保密来防伪。但是随着时间的推移，激光全息图像制作技术迅速扩散，后来被造假者从各个方面攻破，几乎完全失去了防伪的效果。

因此，在此基础上出现了采用计算机技术改进的激光全息图像防伪标识：如采用透明激光全息图像、采用反射激光全息图像和采用加密激光全息图像等。加密的全息图像的方式有随机位相编码图像加密、莫尔编码图像加密、激光散斑图像加密等。这些改进的防伪方法成本稍高，但防伪效果较好，不易仿制。

普通的激光全息图像一般是用镀铝的聚酯膜经过模压（也可以先用聚酯薄膜经过模压再镀铝）而成，镀铝的作用是增加反射光的强度，使再现的图像更加明亮。照明光和观察方向都在观察者这一侧，这样的激光彩虹模压全息图是不透明的。透明激光全息图像实际上就是取消了镀铝层，将全息图像直接模压在透明的聚酯薄膜上。目前，最新的防伪技术是在全息图内埋入隐藏图像，属信息隐藏技术。

（3）激光全息技术在医学上的应用

利用眼全息照相重现眼球晶体表面、虹膜和视网膜，这样就能用一张全息照片对从晶体到网膜的眼球各部分自由地进行三维检测，也可对眼底的微循环进行研究。利用激光全息，可对人体各部分进行三维记录；根据再现图像上的干涉条纹又可以测量人体器官的变形、内力和振动等；用全息测量矫形手术，寻找癌变部位和大小等。

四、光电信息处理技术的应用

1.大规模存储

光存储是当前信息存储中最有生命力的技术，而且在不断发展中。利用光谱烧孔

（burning hole），可使目前存储量增加上千倍。此外，光全息存储即将开发出容量1万亿位二进数据，存储速率1000Mbit/s的晶体存储器。

2. 自主导引与识别

自主导引与识别主要用于车辆的无人驾驶导引。方法是采用立体视觉，在视场中提取深度景物信息，可由多台相对位置固定的相机同时获取图像，也可由单台相机连续拍摄多帧图像，判断景物的立体结构（双目的）和判断物体的运动结构（单目的）。在图像信息处理中称之为计算机视觉，而这本质上是一种光电信息处理技术。

3. 光电侦察设备

国防光电侦察装备是利用目标和背景对光的反射或利用目标和背景本身的辐射差异来探测、识别目标。光电侦察装备的主要优点是成像分辨率高，提供的目标图像清晰，这是其他侦察装备无法比拟的；光电侦察大都采用被动方式，被动方式的隐蔽性好，抗干扰性能也好；在强电磁对抗环境中，雷达无法工作，光电侦察设备则不受影响；采用红外微光，白天和黑夜都能实施侦察。

现代光电侦察装备包括可见光、微光、红外、激光和光电综合侦察仪器。它们是以激光、红外、微光、光纤、半导体、微电子、计算机精密机械等现代技术为基础构成的光电器材。光电侦察装备获得的地域和目标图像、数据可以直接用于观察和记录，也可显示在荧光屏上供间接观察，还可记录在胶片或录像带上供事后审查，或通过数据传输系统传至千里以外的信息中心。

其主要侦察设备有：微光侦察装备（包括微光望远镜、轻武器瞄准具、微光夜视眼镜、微光电视等）、红外侦察装备（有主动红外夜视仪和热像仪两大类）、激光侦察装备、卫星光电侦察装备、机载光电侦察装备、舰载红外搜索跟踪系统及其他光电侦察装备和车载光电侦察装备等。

4. 复杂三维目标的复现

复杂三维目标的复现，首先需用结构光检测法获取面型的深度数据，即为量程数据，其次是记录这些多量程图像数据，最后是处理多重量程像，使之成为一个完整的、非冗余的3D表面和生成3D物体模型。

此外，光电信息处理还用于多媒体制作、虚拟现实等领域。

第六节　我国光电技术发展情况简介

21世纪是光子的世纪，光电子技术作为新世纪的尖端技术，在国家经济建设和科学持续发展中发挥着重要作用，得到了国内外的广泛关注。近年来，我国的光电子产业规模发展迅速，市场潜力巨大，光电子技术和产业在各个领域得到了广泛应用，其发展日新月异。

一、我国光电技术的发展概况

光电子技术是继微电子技术之后迅猛发展的新技术，随着半导体激光器和硅基光导纤维两大元件在原理上和制造工艺上取得重大突破，传统光学技术与电子技术开始得到较好的结合并形成了具有强大生命力的光电子信息技术，经过几十年的飞速发展，光电子产业日趋成熟。主要包括：光纤、光缆、大功率激光器、各类激光加工机械、激光雷达、光存储、半导体发光器件、光全息技术、平板显示等方面的产业，光电子产业的飞速发展对整个信息领域的技术革命起到了极大的推进作用。

光电子技术作为当今信息系统和网络中最为引人注目的核心技术，在我国得到了高度重视。我国在"863计划"中，将光电子技术选为信息领域的三个主题之一。我国光电子行业对光电子领域进行科技攻关，在激光、光纤、光缆、光器件上的技术和产业水平上，已经达到或者接近国际先进水平，成功实现了光电集成芯片、光电子材料和器件等关键技术的重大突破，并成功研制了用于高速光通信、光存储和光显示的多种关键器件，且较好地实现了产业化，使得不少光电子产品的国内市场主要份额已被我国厂商所占据，并保持了较大数量的出口，为我国光电子行业进一步参与国际竞争奠定了较好的基础。

近年来，我国光通信系统在世界市场上已经具有一定的市场份额，我国的光纤到户已经进入技术突破和高速发展阶段，在很多城市的小区内均已较好地实现了光纤到户的工程，使得"最后一公里"的光接入问题在技术上得到了较好的解决，使得光纤具有的巨大带宽得到了更为充分的利用，为"三网合一"的顺利推进打下了较好的基础。但和国外相比，在我国市场目前大规模建设FTTH的条件尚未完全具备，我国的光纤到户的规模还有待进一步的扩大。

我国光存储产业发展平稳，已在超高密度、超快速光信息存储和处理的基础性研究方面取得了重要突破，已使光存储容量得到了较大的提高。但受光盘相关的专利权方面的限制，在光存储方面，我国还只是生产大国而非技术强国。针对此不足，我国近年加大了对光存储技术的自主创新工作，在基于蓝光激光器的HD-DVD等具有极大市场的新兴技术方面正在迎头赶上。作为照明绿色革命的半导体照明产业，我国不论是在半导体照明灯具、景观照明等的特殊应用上，还是在管芯和外延片的生产技术上都有了长足的进步，对该领域中的标准和专利也进行了相关的研究工作。半导体照明作为我国重大专项得到了人们的广泛关注。

二、我国光电子产业的产学研之路

为实现我国光电子产业的自主创新发展，在研究国际相关技术发展趋势的基础上，必须要增加自己的产业竞争力，要进行跨越式的发展，更好地开拓新兴市场。产学研相结合是实现跨越式发展的必由之路，大学和科研单位是知识创新的主体、企业是技术创新的主体，两者缺一不可。

为了更好地提高和加强光电子企业的技术和产品的市场竞争力，我国建立了包括北京、武汉、上海、石家庄、深圳和长春在内的六个光电子成果转化产业基地。在武汉东湖新技术开发区，建立了国家光电子产业基地——中国光谷，成为中国光电子企业最集中的地区，其光纤、光缆的生产规模达到全球第二位，光传输技术已达到世界先进水平，已建成了我国最大的光通信技术研发基地、光电器件生产基地和激光技术研发、产业基地。自主创新成为其核心动力源，在全球光电子产业分工中，中国光谷逐步从中低端向中高端过渡，其专利申请量逐年增加，武汉中国光谷已经成为我国在光电子信息领域参与国际竞争的标志性品牌。

以中国武汉光谷为基地，国家批准由教育部、湖北省武汉市共建"武汉光电国家实验室"，实验室依托单位是华中科技大学，另有三个组建单位，即武汉邮电科学研究院、中国科学院武汉物理与数学研究所、华中光电技术研究所。武汉光电国家实验室是国家科技创新体系的重要组成部分，也是"武汉·中国光谷"的创新研究基地。实验室设立了基础光子学、激光科学与技术、光电子器件与集成、光电材料与微纳制造、微光机电系统、生物医学光子学、光电信息存储、光通信与智能网络、光子辐射与探测九个研究部。实验室的建设和发展突出"基础性、前瞻性、战略性"的特点，必将为推动我国光电子产业进一步发展，提升我国光电子产业国际竞争力提供强有力的科学和技术支撑。

经过近些年国内光电子产业的迅猛发展，我国国内企业在部分光电子产品市场上已经占有较大的市场份额，在竞争日趋激烈的光电子市场占据了一席之地，初步具备了与国外大公司竞争的能力。例如，在光通信领域，华为、中兴、烽火等公司作为具有代表性的国内企业在国际竞争中的实力日益增强，在光传输系统、光接入等领域的技术创新、工程承包等方面均有着突出的表现；长飞公司作为国内最大、世界第二的光纤、光缆生产企业，自主研发的新型光纤拉丝炉能够将直径 150mm 的光纤预制棒拉出 2000km 长的光纤，在光纤预制棒技术上取得了重大的突破。

我国许多大专院校和科研机构在光电子领域均进行了深入研究并取得了较大的进展，除了华中科技大学武汉光电国家实验室之外，中国科技大学在量子信息技术领域取得了重大的突破，在国内首次将该领域从单纯的理论研究发展到实验演示阶段，使得该技术向实用化又前进了一步。武汉理工大学在光纤传感领域的研究接近国际先进水平，在新型光纤传感器、光纤传感网络、光纤智能材料等方面取得了较大的成果，并建成了目前国内最大的系列光纤传感器生产基地。

科技的发展离不开相关领域的人才培养，我国对光电子领域的人才培养体系已进一步完善，教育部在电子信息与电气学科教育指导委员会下增设了光电信息科学与工程专业教学指导分委员会，该分委员会根据我国目前光电信息技术产业及人才培养现状，开展光电信息科学与工程专业发展战略研究及专业规范的制定工作，这将对提高光电信息技术人才的培养质量起促进作用。

目前，我国多数高等工科院校已设立了"光电信息科学与技术""光电信息工程"等本科专业，并在"物理电子学""光学工程""电子科学与技术"等硕士点和博士点等专业设有相关研究方向，培养光电信息技术的高层次人才；在华中科技大学、电子科技大学、国防科技大学等一些重点大学还建立有光电子科学与工程学院或者光电信息工程学院，我国光电信息技术的人才培养体系已初步形成，这必将对推动我国光电信息科学技术和产业的进一步发展发挥重要作用。

第六章 现代通信技术

通信技术是信息技术中极为重要的组成部分。从广义上来说，各种信息的传递均可称为通信。但由于现代信息的内容极为广泛，因此人们并不把所有信息传递纳入通信的范围。通常只把语音、文字、数据、图像等信息的传递和传播称为通信。面向公众的单向通信，如报纸、广播、电视便不包括在内。从总体上看，通信技术实际上就是通信系统和通信网的技术。本章从蓝牙技术、Wi-Fi 技术、移动通信、无线通信技术四方面对现代通信技术进行分析和研究。

第一节 蓝牙技术

蓝牙是一个开放性的、短距离无线通信技术标准，它用于在较小的范围内通过无线连接的方式实现固定设备以及移动设备之间的网络互联，可以在各种数字设备之间实现灵活、安全、低成本、小功耗的语音和数据通信。蓝牙是一种支持设备短距离（一般10m 内）通信的无线电技术，能在移动电话、个人数字助理（PDA）、无线耳机、便携式计算机、相关外设等众多设备之间进行无线信息交换。

利用蓝牙技术，能够有效地简化移动通信终端设备之间的通信，也能够成功地简化设备与互联网之间的通信，使得数据传输变得更加迅速、高效，从而为无线通信拓宽道路。蓝牙采用分散式网络结构以及快跳频和短包技术，支持点对点及点对多点之间的通信，工作在全球通用的 2.4GHz 工业、科学和医学频段，其数据速率为 1 Mbit/s。采用时分双工传输方案实现全双工传输，使用 EEE 802.15 作为协议标准。

一、蓝牙技术的形成背景

爱立信、诺基亚、东芝、IBM 和英特尔等五家著名厂商，在联合开展短程无线通信技术的标准化活动时提出了蓝牙技术，其宗旨是提供一种短距离、低成本的无线传输应用技术。这五家厂商还成立了蓝牙特别兴趣小组，以使蓝牙技术能够成为未来的无线通信标准。英特尔公司负责半导体芯片和传输软件的开发，爱立信公司负责无线射频和移动电话软件的开发，IBM 公司和东芝公司负责便携式计算机接口规格的开发。微软、摩托罗拉、三星、朗讯与 Bluetooth SIC 的五家公司共同发起成立了蓝牙技术推广组织，从而在全球范围内掀起了一股蓝牙热潮。

Bluetooth SIG（蓝牙技术联盟）是一家贸易协会，由电信、计算机、汽车制造、工业自动化和网络行业的领先厂商组成。该小组致力于推动蓝牙无线技术的发展，为短距离连接移动设备制定低成本的无线规范，并将其推向市场。Bluetooth SIC 宣布联想公司取代 IBM 在该组织中的创始成员位置，并立即生效。通过成为创始成员，有助于蓝牙这一无线技术在中国的发展。除了创始成员以外，Bluetooth SIG 还包括 200 多家联盟成员公司以及约 6000 家应用成员企业。

二、蓝牙技术简介

蓝牙技术是一种无线数据与语言通信的开放性全球规范，是一种用微波技术去取代传统网络中错综复杂的连接电缆来实现固定设备及可移动设备的互联而建立的一个特殊的短程无线通信。

三、蓝牙技术的优势

1. 全球可用

蓝牙无线技术是在两个设备间进行短距离无线通信的最简单、最便捷的方法。它广泛应用于世界各地，可以无线连接手机、便携式计算机、汽车、立体声耳机、MP3 播放器等多种设备。由于有了"配置文件"这一独特概念，蓝牙产品不再需要安装驱动程序软件。

蓝牙无线技术规格供全球的成员公司免费使用。许多行业的制造商都积极地在其产品中实施蓝牙技术，以减少使用零乱的电线，实现无缝连接。蓝牙技术在 2.4GHz 波段运行，该波段是一种无须申请许可证的 ISM 无线电波段。正因如此，使用蓝牙技术不需要支付任何费用，但用户必须向手机提供商注册使用 GSM 或 CDMA，除了设备费用外，用户不需要为使用蓝牙技术再支付任何费用。

2. 设备范围广泛

蓝牙无线技术是当今市场上支持范围最广泛、功能最丰富且安全的无线标准。全球范围内的资格认证程序可以测试成员的产品是否符合标准。市场上蓝牙产品的数量成倍地迅速增长，蓝牙技术得到了空前广泛的应用，集成该技术的产品从手机、汽车到医疗设备，使用该技术的用户从消费者、工业市场到企业等，低功耗、小体积以及低成本的芯片解决方案，使得蓝牙技术甚至可以应用于极微小的设备中。

3. 易于使用

蓝牙技术是一项即时技术，它不要求固定的基础设施，易于安装和设置，不需要电缆即可实现连接。新用户使用也毫不费力，只需拥有蓝牙品牌产品，检查可用的配置文件，将其连接至使用同一配置文件的另一蓝牙设备即可。后续的个人识别码（PIN）流程操作简单。外出时，用户可以随身带上自己的个人局域网（PAN），甚至可以与其他网络连接。

四、蓝牙技术在汽车中的应用

蓝牙（Bluetooth）技术，实际上是一种短距离无线通信技术。最初是由电信巨头爱立信公司创制，当时是作为 RS232 数据线的替代方案。利用蓝牙技术，能够有效地简化掌上电脑、笔记本电脑和移动电话手机等移动终端设备之间的通信，也能够成功地简化这些设备与 Internet 的通信，使这些现代通信设备与因特网的数据传输变得更加迅速高效。随着科技的不断发展，蓝牙的性能稳定性和安全性也得到了巨大的提升，使用者可以有更好的体验。汽车作为人们重要的交通工具，将蓝牙技术与汽车系统相结合，将会为汽车生产和汽车服务带来极大的便利。

（一）蓝牙技术在汽车中的应用

蓝牙系统在汽车上的应用主要是利用它的短距离无线通信技术，它的优点在于使用简单，无须烦琐的安装和前期投入。蓝牙的连接需要进行安全认证及配对，具有很强的安全性。现如今蓝牙系统在汽车上的应用主要有蓝牙免提通讯、蓝牙后视镜、车载蓝牙娱乐系统、车载蓝牙自诊断技术、汽车蓝牙防盗系统、汽车驾驶盘控制系统等六个方面。

1. 蓝牙免提通信

蓝牙车载电话是利用了蓝牙的无线通信技术，车载电话通过蓝牙无线访问用户的手机 SIM 卡，并识别其中的信息，包括手机号码、电话的服务商、用户 ID、手机中储存的联系人，并且能够自动登录电话运营商的网络，实现了用户手机与车载电话的无线连接，使用户在接听或拨打电话的时候直接使用车载电话，增强了驾驶的安全性。

2. 蓝牙后视镜

汽车蓝牙后视镜是后视镜通过蓝牙与手机连接，变成一个新型的车载电话，后视镜能够在镜面中显示来电电话号码并且集成了免提通话功能，变成一个手机显示器，可以通过汽车供电，同时也包含一个内置的电池。

3. 车载蓝牙娱乐系统

现在市面上最流行的车载蓝牙娱乐系统是导航一体机，在车载 GPS 导航的基础上增加了蓝牙车载电话功能，不但可以接听和拨打电话，还可以通过连接手机的电话本实现来电与去电号码及姓名的显示，而且还可以实现与智能手机的存储器通信，实现图片、音频、视频及文件在导航一体机中播放和显示，极大程度上方便了客户的使用。

4. 车载蓝牙自诊断技术

车载蓝牙自诊断技术是将汽车自诊断功能通过蓝牙传输技术发送给带蓝牙功能的智能手机，通过智能手机驾驶人员能够快速地收到汽车中的故障代码及故障代码所对应的含义，甚至能够收到发动机的数据流，能够让驾驶人员对车辆的性能及状态进行评估，确保车辆使用的安全性。该功能还可以通过手机运营商把故障代码直接传送给汽车维修企业，由专业的维修人员对车辆的性能进行评估，方便了一些对车辆性能及故障不熟悉的驾驶员也能快速判别车辆的状态。

5. 汽车蓝牙防盗系统

现有的汽车车门蓝牙防盗系统的工作原理是通过手机蓝牙与车载蓝牙进行匹配，然后通过手机 App 应用软件来实现车门锁止和车门解锁；发动机防盗的工作原理是通过蓝牙来控制发动机的启动电路（如用在改装车辆时，可用在任何可控制发动机运行的电路）的通断，进而实现发动机防盗。

控制原理是当车载蓝牙能够找到合法的手机蓝牙信号时，发动机可正常启动，而无法找到手机蓝牙信号或者手机蓝牙信号不合法时无法启动发动机；有些还可以实现车辆的遥控启动以及空调的遥控启动。蓝牙技术的汽车防盗系统在设计时采用了两个蓝牙系统，分别用于车门防盗及发动机防盗，两个系统合法认证时密码不一样增加了使用的安全性。两个蓝牙系统分别控制两个不同的单片机系统，用以实现车内的控制。

6. 汽车驾驶盘控制系统

这是一种极简单的汽车智能化方案，利用蓝牙传输技术实现汽车方向盘面板开关电子化优化设计，克服传统驾驶过程中需要低头找开关的弊端，使得大部分操作在方向盘上实现，汽车驾驶更便捷。

（二）蓝牙技术在汽车中的发展趋势

如今蓝牙技术已在人们生活中被广泛应用，其在汽车方面的应用就是一种有力的证明。它使得汽车驾驶越来越便捷化、智能化、人性化，成为未来不可阻挡的社会潮流。同时在未来的汽车行业发展中，蓝牙技术应发挥其特殊优势，提高自己的应用层次和高质量的数据传输。

下面主要对车轮力传输系统和车辆运行工况记录系统进行概述。

1. 车轮力传输系统

车轮力传输系统要求高精度，而蓝牙无线技术能够在数据传输中提高车轮力传感器采集数据的精度。汽车在行驶过程中的受力是多方向、多维度的，如何将这些受力很好地采集，对车辆的性能评估有着重要的意义。这样可以让专业的评测人员了解到车辆在动态行驶过程中的各方面性能系数。

2. 车辆运行工况记录系统

车辆的运行工况是车辆整个行驶是否安全的有力数据。蓝牙技术通过汽车装置中的采集设备，有效获取准确的数据。其中数据收发芯片具有安装携带简易、传输数据准确性高等多种优点，蓝牙技术无线采集的数据更方便集中处理和控制。

（三）蓝牙技术存在的问题以及应对措施

虽然蓝牙技术能够在驾驶过程中带来极大的便利，但是它也存在着许多的问题，仍需人们去解决。在我们的生活中到处都是蓝牙技术，但是许多人还是对蓝牙技术一知半解，缺乏与蓝牙技术相关的安全知识，导致出现一系列的问题。下面主要对蓝牙劫持和蓝牙窃听这两个相对严重的问题进行阐述。

蓝牙劫持是指用户通过蓝牙的相关技术匿名发送名片信息。这种做法并不会导致手机等设备删除或者直接更改相关的信息，但是可能会通过蓝牙将一些重要的隐私数据传送出去，抑或是会将外界的一些无用的垃圾信息导入到手机等设备当中。

而蓝牙窃听是指外界在不提醒设备用户的情况下直接访问手机的一种做法，使得外人可以直接通过手机来获取重要的隐私数据，甚至可以通过蓝牙技术来修改相关的信息。蓝牙窃听技术就是监听私人电话，这将会给使用者带来极大的安全隐私问题。

针对这两个问题，采取的主要措施：相关设备的生产商要通过硬件来加强各个方面的安全系数。同时，专业软件公司也要开发、升级具体的安全软件，从技术的角度减少这种重大隐患。同时，使用者在操作过程中也要注意安全问题，比如在日常不使用蓝牙技术时，或者在一些不确定是否安全的未知场所，可将手机等设备设置为不可发现的模式，或设置为不与未知设备相配对等模式。

目前蓝牙技术仍处于发展阶段，它在给人们带来生活便利的同时也存在许多问题。在汽车中的广泛应用，蓝牙技术给使用者带来免提通信、蓝牙后视镜等便捷应用的同时，也带来了一定的隐私安全问题。如今，国内的蓝牙芯片的价格也相对较高，生产较为困难。但是随着国家高新技术的发展，蓝牙技术一定会带来全新的变革。

五、BLE 蓝牙技术在智能门锁的应用

1. 锁体

智能门锁的锁体主要是由单片机与模板构成。其中，模板主要与移动设备进行互相连接，根据移动设备所发出的指令，将相关任务下达到单片机上。单片机可以结合BLE蓝牙技术传输的数据资料，存储相关数据，并通过改变电流方法实现锁舌转动过程。

2. 移动设备

移动设备作为智能门锁结构体系的重要组成部分，在选用过程中，操作人员应该优先选用可以支持BLE蓝牙技术的移动设备作为控制设备，而进行安全使用。一般来说，

该控制设备可以从系统平台上获取相关数据，并与智能门锁之间进行互动连接。连接成功之后可发出相应指令，如开锁并获取开锁记录等，同时设备还可以完成个人信息的存储。

3. 智能门锁系统服务平台

智能门锁系统服务平台可直接负责对运行数据的管理与维护。不管是用户涉及的信息，还是智能门锁运行涉及的信息，都可以存储于平台体系当中。举例而言，用户可直接通过利用相关设备从平台上获取相应数据。为了确保数据的安全性与合理性，用户可利用数据加密处理技术实现对数据资源的保管与存储。

（1）锁体蓝牙数据通道设计

锁体蓝牙可以为数据传输过程提供良好的通道。而通道可以为 App 提供数据支持，举例而言，蓝牙可以将数据传输到串口位置当中，可结合 BLE 蓝牙技术将数据传输到相应平台当中，相应平台可根据数据反馈情况完成控制操作过程。

（2）平台服务设计

平台开发设计主要以接口设计、业务逻辑设计以及权限管理设计为主。在应用框架的设计上，主要基于多层框架实现接口层与业务层的优化设计。为进一步提升平台应用性能，App 平台会根据向外发布的服务接口进行验证分析，并结合网络对服务器发出的请求进行识别，验证处理之后再反馈给用户；而接口层会根据相关组件情况进行调动处理，完成相对应的工作流程。可以说，在平台系统的支持作用下，智能门锁可以在短时间内对相关指令进行反应识别，完成门锁开门以及关门等工作任务。

总而言之，BLE 蓝牙技术的推广与应用无疑为我国智能门锁设计工作提供了良好的技术保障。鉴于 BLE 蓝牙技术的重要性，建议相关设计人员应该加强对 BLE 蓝牙技术的应用力度，最好可以主动结合 BLE 蓝牙技术的优势特点，实现对智能门锁结构体系的优化设计。除此之外，设计人员也可以借助 BLE 蓝牙技术的低功耗以及传输效率快等优点和特点，将其合理应用于其他智能家居设计工作当中，以期可以为我国智能家居的推广应用提供良好保障。相信在不久的未来，我国智能家居设计领域将会得到进一步的突破性发展。

第二节　Wi-Fi技术

一、Wi-Fi 技术概述

Wi-Fi 技术是当今使用最广的一种无线网络传输技术，几乎所有智能手机、平板计算机和便携式计算机都支持无线保真上网。其实质就是把有线网络信号通过无线路由器转换成 Wi-Fi 信号，利用无线电波来联网，供支持其技术的计算机、手机、平板等终端设备接收。手机如果有 Wi-Fi 功能的话，在有 Wi-Fi 信号的时候就可以不通过移动、联通网络上网，从而节省流量费。但是 Wi-Fi 信号也是由有线网络提供的，比如家里的 ADSL、小区宽带等，只要接一个无线路由器，就可以把有线信号转换成 Wi-Fi 信号。

二、Wi-Fi 的技术特点

1. 优点

（1）其无线电波覆盖范围广，Wi-Fi 半径则达 100 米，适宜单位楼层以及办公室内部运用。而蓝牙技术唯有覆盖 15 米以内。

（2）无须布线

Wi-Fi 的优势主要在不需要布线，可不受布线条件的限制。所以十分适应移动办公用户需求，具备着广阔市场前景。现今 Wi-Fi 已从库存控制、传统的医疗保健和管理服务等的特殊行业向更广泛的行业拓展，甚至开始进入教育机构以及家庭等领域。

2. 不足之处

现在所运用的 IP 无线网络，存在着部分不足之处，例如：切换时间长、覆盖半径小、带宽不高等，使它不能很好支持移动 VoIP 等要求高的应用。因为无线网络系统对上层业务开发的不开放原因，使很多适宜 IP 移动环境的业务难以开发。定位在家庭用户的 WLAN 产品，在许多地方不能够满足运营商在网络维护、运营上的要求。

三、Wi-Fi 的安全

Wi-Fi 提供大量应用前提之下，网络安全是值得我们关注的问题。一方面 Wi-Fi 给予了我们很多接入 internet 的方式，使我们拥有了互联网的无限资源；另一方面 Wi-Fi 同样给我们带来了很多安全问题，各种网络黑客、病毒、攻击等随时都有威胁我们在线交易的可能。

1. Wi-Fi 具有的安全隐患

Wi-Fi 的安全隐患来源于两个方面：一方面来源于网络的"攻击"；另一方面来源于网络的"陷阱"。Wi-Fi 的主要安全隐患包括：

（1）恶意钓鱼 App；

（2）访问攻击；

（3）DOD 和 DDOS 攻击。

2. Wi-Fi 安全机制

Wi-Fi 具有很多安全问题，但并没有影响到我们对 Wi-Fi 的喜爱。通过一系列的安全机制，对上网安全问题进行解决，主要包括网络加密和访问控制两部分来实现，即网络加密却只有能解密的正确接收者方可理解数据内容；而访问控制唯有通过 Wi-Fi 授权用户方可访问网络数据。

（1）WPA 技术

是一种基于无线网络的使用协议，WPA 通过授权的方式给用户访问 internet 网络提供数据保护，因此没有通过授权的用户无法访问数据。

（2）加密技术

现今的网络上使用加密方式主要为 AES 和 TKIP 方式。

（3）认证技术

Wi-Fi 上网的安全认证方式可确保用户访问数据的安全,其主要的认证有: Web 认证、无线接入认证、PPPOE 认证。

四、Wi-Fi 网络的配置和优化

（一）Wi-Fi 网络的配置

Wi-Fi（Wireless Fidelity）又称作"行动热点"，是 Wi-Fi 联盟制造商的商标，也是产品的品牌认证，是一个基于 IEEE802.11 标准的无线局域网技术。基于两套系统的密切相关，也常有人把 Wi-Fi 当作 IEEE802.11 标准的同义术语。Wi-Fi 联盟成立于 1999 年，当时叫作"Wireless Ethernet Compatibility Alliance（WECA）"。在 2002 年 10 月，正式改名为 Wi-Fi 联盟。

Wi-Fi 技术由澳洲政府的研究机构 CSIRO 在 20 世纪 90 年代发明，并于 1996 年在美国成功申请了无线网技术专利。IEEE 选择并认定了 CSIRO 发明的无线网技术是世界上最好的无线网技术，因此 CSIRO 的无线网技术标准，就成了 2010 年 Wi-Fi 的核心技术标准。

Wi-Fi 采用的是 IEEE802.11 标准，其主要工作是建立一套用于验证 IEEE802.11 产品互操作能力的测试程序，经过认证的 IEEE802.11b 产品使用的名称是 Wi-Fi。Wi-Fi 联盟针对 IEEE802.11a 产品开发了一个认证程序，称为 Wi-Fi5。

人们通常所说的 5G Wi-Fi 并不是指所有运行于 5GHz 频段上的 Wi-Fi，工作频率 5GHz 的标准有 IEEE802.11a、IEEE802.11n 和 IEEE802.11ac。而只有采用 IEEE802.1lac 标准的 Wi-Fi，才是真正的 5G Wi-Fi，其工作在频率 5GHz，能同时覆盖 5GHz 和 2.4GHz 两大频段，入门级速率是 433Mbps，一些高性能的 5G Wi-Fi 速率能达到 1Gbps 以上。

配置 Wi-Fi 的步骤如下：

1.确保有一台支持 Wi-Fi 的路由器，并连接电源和宽带网线。

2.打开电脑或移动设备的 Wi-Fi 设置。在 Windows 操作系统中，可以在任务栏的系统托盘中找到 Wi-Fi 图标，并单击它来打开 Wi-Fi 设置。在 iOS 设备上，可以从主屏幕滑动而上，找到并点击设置，然后选择 Wi-Fi。在 Android 设备上，可以下拉通知栏并点击设置图标，然后选择无线和网络，再选择 Wi-Fi。

3. 在 Wi-Fi 设置中，找到可用的网络列表，并选择要连接的 Wi-Fi 网络；通常，这些网络列表将显示网络名称（也称为 SSID）。

4. 如果 Wi-Fi 网络是需要密码的，将需要输入正确的 Wi-Fi 密码。

5. 一旦输入正确的密码，设备将尝试连接 Wi-Fi 网络，这需要一些时间，要耐心等待。

6. 一旦设备连接成功，将看到一个 Wi-Fi 连接成功的提示或图标。

（二）网络优化

Wi-Fi 优化是指解决在 Wi-Fi 网络质量分析及现场性能测试中发现的问题、用户申告处理流程中需网优解决的投诉及满足业务发展需求，对现有网络资源调整而开展的网络优化工作。

1.Wi-Fi 网络优化分工

Wi-Fi 网络优化工作主要包括三个方面：无线侧网络优化、无线侧设备优化及组网结构优化。

（1）无线侧网络优化

无线侧网络优化包括无线覆盖、容量、频率优化及运行指标优化。

无线接入边缘场强不低于 -75dBm，优化时应根据场强测试结果与现场实际环境调整室分天线（全向吸顶、定向板状）的安装位置，并检查天线的天面。

接入系统中信噪比应大于 24dB，调整相邻 AP 的信道配置，减少系统内部干扰；同时在测试中使用 Fluke 仪表对站点中的外部信号进行扫描，对发射信号很强且信道配置相同的信源进行定位，修改相同的信道设置。接入系统中下载速率应达到标准规定速率，优化时可调整交换机来提高出口带宽门限。

（2）无线侧设备优化

无线侧设备优化主要为 AP、接入交换机、POE 供电模块、多媒体箱、网线、设备等的工艺改进，性能优化提升及分场景应用等。

AP 设备优化包括：对以下内容进行全网统一规划，包括站点中的 AP 管理地址、业务与管理 VLAN、IEEE 802.11/g 协议、基于用户数与流量的负荷自动均衡，以及防止网络风暴设置等参数，对单个站点/小区统一优化后及时进行数据配置统一备份（本地统一保存），在设备出现故障更换后方便导入原始配置数据，有效降低安全风险。

①设备的散热优化

应注意设备的散热问题，尤其是多媒体机箱内的散热，适当的温度能保证设备最佳运行。

②设备的安全优化

优化时应统一将 AP 放置在多媒体机箱内，且将机箱挂在较高的位置，避免人为原因导致设备损坏而影响设备正常通信，并考虑必要的防盗措施。

③布线中网线布放优化

布放网线应远离强电（220V 线路），太近的话容易受到强电磁场的干扰，导致通信质量的下降、网速降低等问题。

（3）组网结构优化

组网结构优化主要指传输网络优化改造、城域网优化。传输网络优化改造、城域网优化需由无线专业人员协同传输，数据专业人员联合制定方案并实施。

2.Wi-Fi 网络优化工作内容

Wi-Fi 网络优化工作主要包括组网优化、传输优化、工程质量优化、覆盖优化、容量优化和频率优化六大方面。

（1）组网优化

① AC 用户容量优化

当峰值在线用户数超过 AC 承载数的 60% 时，需要进行网络调整，将部分用户分摊到其他 AC 上。

② IP 地址池与 IP 地址优化

主要从路由优化、网络安全和用户接入方面考虑。设备管理地址应该与用户地址分离，以便于管理和控制；及时根据 IP 地址池预警信息扩充 IP 地址池，以防止用户获取不到 IP 地址，一般预警门限设置为 60% 或 80%。

③ VLAN 划分

VLAN 具有三个好处，即端口的分隔、灵活的管理和网络的安全性。对于未划分 VLAN 或划分不合理的 AC，需要重新规划 VLAN（全局考虑，避免 VLAN 重复）。有效预防网络风暴，对于高校设备密集区，建议一个楼宇至少划分一个 VLAN，同时为避免用户网络风暴，可以在 AP 上开启用户隔离功能。

（2）传输优化

①传输带宽优化

将以前采用 2M 带宽协转、裸线传输的热点进行传输整改，如市到县建议采用波分、PTN（Packet Transport Network，分组传送网），到现场建议改用 PON 接入。OLT（Optical Line Terminal，光链路终端设备）上行接口带宽占用超过 60% 时，应及时进行网络带宽扩容。

②传输设备优化

当一个 ONU（Optical Network Unit，光网络单元）下挂多个 AP 时，ONU 应当具备带 VLAN 支持的以太网二层交换机的基本功能。近期支持 802.1Q VLAN、STP、

MAC 地址和端口绑定，远期支持组播等。

（3）工程质量优化

工程质量优化主要包括九个方面，分别为天线极化方向、馈线施工质量、网线规范性、电源的稳定性、线管的隐蔽性、POE（Power Over Ethernet，以太网供电）的可靠性、机柜的美化性、设备的安全性、监理的监管性。好的施工质量是设备稳定运行的基础，将优化工作前移，从源头抓起，更能确保优化的成效。

（4）覆盖优化

覆盖优化包括覆盖模型制定、定向天线纵深覆盖、AP 支路合路等方面。根据 WLAN 网络覆盖环境是否开阔、无阻隔，以及用户是否密集的特点，可以采取相对较为典型的覆盖方式。

（5）容量优化

容量优化方法包括容量估算、AP 发射功率调整、末端合路、滤波器 AP 扩容等方面，具体分析如下：

①增加单 AP 的吞吐量

合理规划 AP 的工作频点，减少同、邻频带来的干扰；适当降低单 AP 的发射功率，避免相邻楼层、相邻楼宇间的干扰。

②增加单位面积的容量

采用末端合路技术，即将 AP 信号在 GSM 室内分布系统的支路中合路，两者共用末端进行覆盖。这样可以有效减少 AP 的覆盖范围，即增加单位面积内的 AP 数量而提升容量。

③ 5.8GHz 的应用

Wi-Fi 的 2.4GHz 频段受到频点的限制，在工程中会不可避免地出现干扰情况。为了提升容量，可以采用 2.4GHz 和 5.8GHz 共建的思路，使用 2.4GHz 频段进行广域覆盖，在数据业务较密集区域布放 5.8GHz 频段的 AP，使用 5.8GHz 频段来吸收一部分数据业务流量，提升 Wi-Fi 容量。

（6）频率优化

当前主要包括利用 AC 实现自动信道分配以及手动规划信道两种频率优化手段。对于用户密集区域，经过大量的对比测试，手动规划 AP 的信道比 AC 自动规划效果更好；频率优化的同时需合理控制每个 AP 的发射功率，减少邻层干扰，提高通信质量；对两个 AP 的重叠覆盖区域，可利用定向天线，降低相邻 AP 间同频信号干扰。

（三）Wi-Fi 网络优化方法

Wi-Fi 网络优化方法常见有以下九种。

1. 调整信道

由于只有部分国家开放了 12 ~ 14 号信道频段，因此一般情况下，国内运营商均使用 1、6、11 号三个信道。在信道设置时无论在二维平面还是三维空间中，都要考虑到信道的合理设置以避免楼层间的干扰，例如 1 楼部署的 3 个 AP（从左至右）使用信道 1、6、11，此时在 2 楼部署的 3 个 AP 就应该使用信道 11、1、6，同理 3 楼为信道 6、11、1。

2. 调整天线角度

室内通常采用全向天线，但部分对信号泄漏控制要求较高的区域会采用定向吸顶天线和定向板状天线。AP 选配不同的天线会产生不同的覆盖角度，在设备的安装过程中，由于天线的角度偏差可能产生一些盲点和同频干扰，适当微调一下天线角度就可以改善信号质量和减少同频干扰。

3. 调整 AP 发射功率

在二维平面上交替使用 1、6、11 号三个信道来避免同频信道干扰，当某个无线 AP 功率过大时，部分区域会出现同频干扰，这时可以通过调整无线 AP 设备的发射功率来解决，保证客户端在一个位置上可见的同信道 AP 较强信号只有一个（不低于 -75dBm），但是在三维空间里，要想在实际应用场景中实现任意区域无同频干扰是比较困难的。

4. 调整 Beacon 帧发送时间

默认情况下 AP 每 100ms 发送一个信标帧（Beacon），该报文用于向周围的客户端通告 WLAN 网络服务，同时提供关联该 AP 所需要的基本参数（信标报文类似于蜂窝网络中基站通过广播信道发布的系统服务信息）。Beacon 报文通常使用最小速率进行发送，而且优先级比较高，所以可以考虑将 Beacon 帧发送的时间间隔从 100ms 调整到 160ms，以有效地降低空口资源的消耗。

5. 关闭低速率

Wi-Fi 网络中不是使用固定的数据速率来发送所有的报文，而是使用一个速率集进行报文发送，例如 IEEE 802.11g 支持 1、2、5.5、6、9、11、12、18、24、36、48、54Mbit/s，实际无线网卡或者 AP 在发送报文时会根据协议规定及算法，从这些速率中选择一个进行发送。通常 IEEE 802.11g 中的网络终端不会全部以最高的 54Mbit/s 速率发送报文，而是结合无线信号强度和干扰情况，采用较低的速率发送数据。在室内 Wi-Fi 网络中信号的传输距离均能满足要求，在控制好干扰的情况下，可以考虑将 1、2、6 和 9Mbit/s 速率禁用，这样从整体上提升对空口资源的占用。

6. 用户限速

当 Wi-Fi 网络中访问公网的带宽已超过了无线信道的传输能力时，如果存在个别的无线用户通过 Wi-Fi 使用下载工具下载文件，可能占用较多网络资源，进而直接耗尽了当前无线信道的带宽，造成了其他无线用户访问网络慢、Ping 抖动丢包等问题。为了

Wi-Fi 网络稳定运行，可在 AC 控制器上对无线用户执行限速操作，即控制每一个用户最大使用带宽（根据实际情况，IEEE 802.11g 通常建议为 2Mbit/s），这样可以适当地控制突发性大数据流量对无线网络中其他用户的影响，有助于网络的稳定运行和维护管理。

7. 二层隔离

每一个来自无线客户端的广播、组播报文都会向同一 AP 下的所有用户广播，而且广播报文使用较低速率进行传输，因此会影响无线信道的利用效率。为隔离用户间的广播信息传递，可以通过设置 VLAN，控制无线用户只能访问网关设备，而不能直接相互访问，从而大量减少 Wi-Fi 内部的无线网络广播流量，提高 Wi-Fi 网络的整体性能。

8. 用户终端电源管理属性

通常用户终端的无线网卡默认的电源管理属性是省电模式，此时可能会造成当用户终端离 AP 天线的距离较远时，无线网卡由于发射功率过低而导致回传数据包丢弃或重传。因此禁用用户终端的省电模式，采用最大功耗，可以提高用户终端的发送功率，提高 Wi-Fi 网络质量。

9. 调整 AP 发送报文的重传次数

默认情况下，AP 设备可以重传 5 次，确保报文能被终端正确接收。在网络环境异常的情况下可以修改为 8 次，会提高 AP 的发送成功概率，但是这对于终端到 AP 方向的丢包并无改善。

五、Wi-Fi 6

（一）Wi-Fi 6 的技术特点

Wi-Fi 全称为"Wireless Fidelity"，是基于 IEEE 802.11 系列标准的无线局域网通信技术，目的是实现基于 IEEE 802.11 系列标准的无线网络产品之间的互通性。随着无线技术的演进，在线图片、视频、流媒体等服务与应用对无线局域网技术提出了更高的带宽和传输速率要求，而企业与个人所拥有的终端数量不断增加，对无线局域网在密集环境中的终端接入能力是巨大考验。

1. 多用户—多输入多输出技术

多用户—多输入多输出（MU-MIMO）技术是指在无线通信系统中，一个基站同时服务于多个移动终端，基站之间充分利用天线的空域资源与多个用户同时进行通信。

Wi-Fi 6 支持上下行的 MU—MIMO 技术，可以一次同时支持 8 台终端设备上行 / 下行传输更多数据。MU—MIMO 路由的信号在空域、时域、频域三个维度上相互独立，同时发出不同的信号，能够同一时间与三台设备协同工作。由于三部分信号互不干扰，因此每台设备得到的频宽资源得到最优化的利用。从路由器角度对比，数据传输速率提高了 3 倍，优化了网络资源利用率，从而确保 Wi-Fi 不间断连接。MU-MIMO 技术给予了路由器并行处理的能力，适用于大数据包的并行传输，使路由器能够同时为多台设备传输数据，提高单用户的有效带宽，减少时延，极大地改善了网络拥堵的情况。

2. 正交频分多址技术

Wi-Fi 将 OFDM（正交频分复用技术）作为核心传输方案。该技术将信道分成若干正交子信道，可将高速数据信号转换成并行的低速子数据流，从而调制到每个子信道上进行传输。正交信号通过相关技术在接收端进行区分，来减少子信道之间的相互干扰（ISI）。每个子信道上的信号带宽小于信道的相关带宽，因此每个子信道可以看成平坦性衰落，从而消除码间串扰，且每个子信道的带宽仅为原信道带宽的一小部分，信道均衡更易实现。

正交频分多址（OFDMA）技术是在 OFDM 的基础上加入多址（即多用户）技术演进而来的。OFDMA 技术将帧结构重新设计，细分成若干资源单元，为多个用户服务。以 20MHz 信道为例，在 OFDM 方案里每一帧由 52 个数据子载波组成，但由于这一帧只为一个终端服务，传输的数据包过小的时候，空载的子载波也无法分配给其他终端。而在 OFDMA 方案里每一帧由 234 个数据子载波组成，每 26 个子载波定义为一个资源单元，每个资源单元可以为一个终端服务，这样每一帧就可以同时为 9 个用户服务，从而提升传输效率。

OFDM 使无线路由器一次只能与一台手机通信，即使只是在网页上加载一张图片，都要占用整个通信周期。Wi-Fi 6 的编码类型升级到 OFDMA，即正交频分多址技术，适用于小数据包的并行传输，能够让无线路由器在一个通信周期内跟多台手机同时通信，同时尽可能压缩每次通信周期的数据传输量，以提高传输效率和信道利用率，从而使网络更畅通。

3. 1024-QAM 调制技术

正交幅度调制（QAM 调制）是一种在两个正交载波上进行幅度调制的调制方式，这两个载波通常是正弦波，相位差为 90º（$\pi/2$）的正弦波，因此被称作正交载波。QAM 是幅度、相位联合调制的技术，其幅度和相位同时变化，利用了载波的幅度和相位来传递信息比特，因此在最小距离相同的条件下可实现更高的频带利用率。基于 IEEE802.11ac 标准的第五代 Wi-Fi 技术主要采用 256-QAM 的调制技术，数据流最大支持 4 个，而 Wi-Fi 6 采用的是 1024-QAM 调制技术，数据流最大支持 8 个。因此，第五代 Wi-Fi 256-QAM 调制技术的理论传输速率可达到 3.5GB/s，而 Wi-Fi 6 1024-QAM 调制技术则可以达到 9.6GB/s。

4. 目标唤醒时间机制

目标唤醒时间（TWT）机制是 Wi-Fi 6 的一项新技术，终端与 AP 之间有时间表，在协商好的周期到达时终端醒来，传输完成后返回睡眠状态，减少了保持传输和搜索信号所需的时间。路由器会自动生成一个数据交换用的唤醒时间，在网络数据传输不高的时段去依次唤醒这些低速设备进行数据交换，比如下载最新数据库、上传生成数据等操作，从而有效避免网络拥堵。TWT 作为优化网络带宽利用率的技术手段的同时，也有效减少了电量消耗，降低 30% 终端功耗。

Wi-Fi 6 通过 MU-MIMO、OFDMA、1024-QAM、TWT 等技术实现了更高的网络传输速率与更低的延迟，同时延长了待机时间并降低了终端功耗。此外，支持 2.4GHz、5 GHz、6 GHz 的使用频段，使得 Wi-Fi 6 所能利用的频段与信道增多，在资源分配上也更有弹性。这些新技术的应用，使得 Wi-Fi 6 技术能够极大程度地适应未来市场的需求，从而提高其市场普及率。

（二）Wi-Fi 6 之后的 Wi-Fi 技术趋势

1. IEEE802.11be 的新技术

IEEE 在 2018 年 5 月与 7 月，及 2019 年 5 月相继成立了兴趣组 TIC（Top Interest Group）、学习组 SG（Study Group）以及工作组 TG（Task Group），目的是制定新的高性能的 Wi-Fi 标准，即 IEE 802.11be Extreme High Throu-ghput（EHT）。

802.11be 的初始目标是支持最大 30 GB/s 的吞吐量，比 802.11ax 的速率还要高 4 倍，频率范围从 1 GHz 到 7.250GHz，包括 2.4GHz、5GHz 及新的 6GHz 未授权频段，但仍将与已有的支持各标准的 802.11 设备兼容。

提高无线传输性能，首先要从物理层的工作频率、频段或信道的宽度及工作方式，发送及接收的天线空口方式等方面进行讨论。以 Wi-Fi 技术为例，影响数据传输的吞吐量的因素主要包含 OFDMA 的子载波数量、子载波传输的比特数、编码速率、空间流个数、帧间隔及每次传输物理帧所需时间。

支持新的 6GHz 工作频率可以扩大频段带宽，能有效增加 OFDMA 的子载波数量；对信道或频段进行聚合绑定，支持频段或信道的全双工收发，能提高数据传输的效率和吞吐量；扩展多输入多输出（MIMO）的空间流数量，可以支持更多的同时进行传输的通道。这些物理层的扩展在标准定义过程中可以较早形成共识，因为它们能够直接提高有效的数据传输速率，是否能进入最后的标准规范，在于芯片厂家需要评估硬件的成本和可行性。

对于涉及数据链路层改变的多 AP 接入协作以及混合自动重传请求，因为其技术方案较复杂，对性能的提升程度需要详细评估，目前无法确定在标准讨论过程中将会如何做技术方案选择或权衡。

2. 新的 6GHz 免授权频段的支持

目前 Wi-Fi 使用的是 2.4 GHz 和 5 GHz，北美和欧洲正在议定向下一代 Wi-Fi 设备开放未经授权的 6 GHz 频段，即北美可以拓展使用 5925 MHz 与 7125 MHz 之间的频段范围，共有 1 200 MHz，而欧洲可以拓展使用 5925MHz 与 6425MHz 之间的频段范围，共有 500MHz。

支持 6 GHz 的工作频率，可以使下一代 Wi-Fi 设备具有更宽的频率范围和更多的信道来传输数据，从而提升了整体的 Wi-Fi 传输性能，这是 802.11be 把 6GHz 看作基本的规格要求的原因，同时 Wi-Fi 6 也把 6GHz 的支持作为下一阶段演进的计划。

支持 6GHz 的 Wi-Fi 6 或 802.1be 设备可以缺省就支持 3 频段（2.4GHz 频段，5 GHz 频段以及 6 GHz 频段），对于目前 Wi-Fi 联盟定义的组网标准（EasyMesh）的推广有着非常重要的帮助。通常家庭设备支持双频段（2.4GHz 和 5 GHz），在组网的时候一个频段必须用于 AP 与 AP 之间的传输通道，同时这个频段与另一个频段用于 Wi-Fi 终端的连接。AP 与 AP 之间的传输通道要保证较高的带宽和优先级，但这种双频段组网方式影响了家庭中 Wi-Fi 终端所能利用的 Wi-Fi 连接资源。而如果支持 3 频段的新 Wi-Fi 设备，就可以使用具备更大带宽的 6GHz 专门用于 AP 与 AP 之间的连接，不仅增强了 AP 之间的组网通道，也让家庭终端有更多的 Wi-Fi 连接的资源。

Wi-Fi 标准要支持新的 6 DZJY202004006 拓展原来的频段发现、优化信道扫描等功能，相关的 MAC 消息也要随之更新。

六、Wi-Fi 技术的应用

目前，基于 Wi-Fi 的组网架构，市场上出现了三种 Wi-Fi 的应用模式。第一，企业或者家庭内部接入模式。在企业内部或者家庭架设 AP，所有在覆盖范围内的 Wi-Fi 终端，通过这个 AP 实现内部通信，或者作为宽带接入出口连接到互联网，这是最普遍的应用方式，这时 Wi-Fi 提供的就是网络接入功能；第二，电信运营商提供的无线宽带接入服务。通过运营商，在很多宾馆、机场等公众服务场所架设 AP，为公众用户提供 Wi-Fi 接入服务；第三，"无线城市"的综合服务。基本是由市政府全部或部分投资建设，是一种类似于城市基础建设的一种模式。

1. 掌上移动终端的应用

Wi-Fi 技术最让人耳熟能详，也是最主要的应用，莫过于掌上移动终端的应用，如智能手机、苹果系列的 iPad 等。目前市场上支持非授权移动接入（Unlicensed Mobile Ac-cess，UMA）等技术，具备 WLAN 连接功能的智能手机越来越多。它们除了可以借助 CSM/CDMA 移动通信网络通话外，还能在 Wi-Fi 无线局域网覆盖的区域内，共享 PC 上网或 VoIP 通话。

2. 数字家庭的应用

数字家庭的许多设备都已连接到 Wi-Fi 网络中。从家用 PC、游戏机或蓝光 DVD 播放器，到可以存储上万首歌曲与大量图片的硬盘，再到数码相机、打印机或高清电视，IEEE 802.11 系列产品能够提供足够的带宽，为这些需求或更多需求提供支持，可谓是一条让每个人能够同时连接的网络，并可充分享受到数字音乐、流式视频和在线游戏带来的愉悦。

3.其他方面的应用

今天的 Wi-Fi 在许多行业中都是一项非常重要的通信工具。在医疗保健领域，Wi-Fi 用来连接病患监测设备和中央分析计算系统，追踪患者生命体征，并向医生实时通报患者的状态变化情况。

在医疗医学领域，Wi-Fi 连接让医生能够快速访问诊断系统，查找病患信息，比较以前的健康档案，指挥进行测试并查看测试结果；在商用航空领域，Wi-Fi 作为一项机上乘客服务，即使在 2 万 ft 高空，人们也能时刻保持连接，为广大航空公司提供一种能够创造收入的增值服务；在金融领域，通过安全可靠的 Wi-Fi 网络，金融市场每秒钟都会完成数十万次交易；在汽车制造领域，汽车制造商可以供应带有 Wi-Fi 功能的汽车系统，连接车载仪表设备与各种通信设备，让整辆车就好比一个可以移动的 Wi-Fi 热点；物联网作为新兴产业正被国家大力发展，Wi-Fi 技术凭借其低成本、低功耗、灵活和可靠等优势在物联网产业中发挥着重要作用。Wi-Fi 技术在物联网中广泛应用于电力监控、油田监测、环境监测、气象监测、水利监测、热网监测、电表监测、机房监控、车辆诱导、供水监控，带串口或 RS485 接口的 PLC、RTU 无线功能的扩展。

第三节　移动通信及其关键技术

一、CDMA 移动通信系统

1.CDMA2000-1X 移动通信系统

CDMA 无线技术是继 CSM 等数字通信技术之后，发展起来的一种新兴数字蜂窝移动技术。它利用数字传输方法，采用扩频通信等技术，大幅度地提高了频率利用率。它以具有容量大、抗干扰性强、系统设计相对简单的技术优势，得到电信运营商的广泛支持，更以其辐射小、语音清晰、保密性强的高服务质量，得到移动用户的青睐，从而将移动通信技术推向一个新的发展阶段。

CDMA2000-IX 作为第三代移动通信系统中的首选技术，在近几年得到了飞速的发展。

CDMA2000 的基本指导思想是用一个或多个载波组成一个系统的物理信道。将使用两个载波构成一个物理信道的方式叫作 1X，将使用三个载波构成一个物理信道的方式叫作 3X。国际上商用的 CDMA2000 系统都采用 CDMA 1X 技术。

CDMA2000 移动通信系统主要由无线网络（Radio Network，RN）、核心网（Core Net-work，CN）、操作维护系统（OMS）、移动台（MS）等功能模块及它们之间的接口组成。各部分的功能如下：

（1）RN 是系统的无线接入点，包括基站控制器（BSC）、基站收发信系统（BTS）、分组控制功能（PCF）。其中 BTS 主要负责收发空中接口的无线帧；BSC 主要负责对其所管辖的多个 BTS 进行管理，将语音和数据分别转发给 MSC 和 PCF，也接收分别来自 MSC 和 PCF 的语音和数据；PCF 主要负责与分组数据业务有关的无线资源的控制。它是 CDMA2000 系统中为了支持分组数据而新增加的部分，因此，把它看作分组域的一个组成部分。但大多数厂商在开发产品的时候，将它与 BSC 做在一起，所以这里将它放在无线部分中。

（2）核心网由电路域网络交换系统（Circuit domain Network Switching System，CNSS）和分组域网络交换系统（Packet domain Network Switching System，PNSS）两部分构成，主要处理语音呼叫和数据连接，并实现与外部网络的交换和路由功能。

CNSS 包括移动 MSC、VLR、HLR、鉴权中心（AC）、互通单元（IWU）等，电路域实现传统语音交换的功能。

PNSS 包括分组控制功能（PCF），分组数据服务结点（PDSN），认证、授权、计费（AAA）和归属代理（HA）。其中 PCF 负责与 BSC 配合，完成与分组数据有关的无线信道控制功能；PDSN 负责管理用户通信状态，转发用户数据；AAA 负责管理用户，包括用户的权限、开通的业务等信息。

目前，AAA 采用的主要协议为远程鉴权拨号用户业务（RADI-US），所以在某些文件中，AAA 也可以直接叫作 RADIUS 服务器。当使用简单 IP 时，分组域包括 PCF PDSN 和 RADIUS，这三部分为分组域的基本配置；当使用移动 IP 时，分组域还应在简单 IP 基础上，增加本地代理（HA）。HA 负责将分组数据通过隧道技术发送给移动用户，并实现 PDSN 之间的宏移动管理。同时，PDSN 还应增加外地代理（FA）功能，负责提供隧道出口，并将数据解封后发往移动台。

（3）OMS 是人机维护的接口，维护人员可以通过操作维护系统实时观察设备的运行情况，及时处理设备出现的异常现象。

（4）MS 是用户终端，由移动终端和 SIM 卡两部分组成，可完成话音编码、信道编码、信息加密、信息的调制和解调、信息发射和接收等功能。

2.移动通信系统

通用移动通信系统（UMTIS）作为一个完整的 3G 移动通信技术标准，结合了 WCDMA 的空中接口（移动电话和基站的空中通信协议）、GSM 系统的移动应用部分 MAP（提供从用户或者到用户的呼叫路由功能），以及 GSM 的语音编码算法［定义了将语音数字化、压缩、编码的方法，如自适应多速率（AMR）和加强全速率（EFR）

语音编码方法〕。换言之，依照 IMT-2000 的定义，WCDMA 只是一个空中接口，而 UMTIS 才是一个用于 3G 全球移动通信的完整协议栈，可用来代替 CSM。

然而，实际上也经常将 WCDMA 作为所有采用该空中接口的 3G 标准族的总称。除了 WCDMA 作为首选空中接口技术获得不断完善外，UMTS 还相继引入了 TD-SCDMA 和 HSDPA 技术。

UMTS 移动通信系统由核心网（Core Network，CN）、无线接入网（UMTS Terrestrial Radio Access Network，UTRAN）、用户设备（UE）、操作维护系统（OMS）四部分及其之间的接口组成。各部分的功能如下：

（1）CN 负责与其他网络的连接和对 UE 的通信和管理。包括核心网电路域交换（CN-CS）和核心网分组域交换（CN-PS）两部分。

（2）UTRAN 分为基站（Node B）和无线网络控制器（RNC）两部分。

（3)UE 主要包括射频处理单元、基带处理单元、协议栈模块以及应用层软件模块等，为用户提供电路域和分组域内的各种业务功能，包括普通话音、数据通信、移动多媒体、互联网应用（如 E-mail、www 浏览、FTP 等）。

（4）系统的所有功能单元都可以通过各自的接口连接到 OMS。通过 OMS 可以实现 UMTS 网络各功能单元的监视、状态报告和故障诊断等功能。

与外部网络的连接，可以分为以下两类：

①电路交换网络

提供电路交换（主要是语音业务）的连接服务，ISDN 和 PSTN 均属于电路交换网络。

②分组交换网络

提供数据报的连接服务，互联网属于分组数据交换网络。

二、4G 及其关键技术

世界很多组织给 4G 下了不同的定义，而 ITU 代表了传统移动蜂窝运营商对 4G 的看法，认为 4G 是基于 IP 协议的高速蜂窝移动网。现有的各种无线通信技术从 3G 演进，并在 3G 长期演进（Long Tern Evolution，LTE）阶段完成标准统一。ITU 4G 要求传输速率比现有网络高 1000 倍，达到 100 Mbit/s。

1.4G 的特点

与 3G 相比，4G 移动通信系统技术有许多不可比拟的优势，其特点主要如下。

（1）高速率

对于大范围高速移动用户（250 km/h），数据速率为 2 Mbit/s；对于中速移动用户（60km/h），数据速率为 20 Mbit/s；对于低速移动用户（室内或步行者），数据速率为 100Mbit/s。

（2）以数字宽带技术为主

在 4G 移动通信系统中，信号以毫米波为主要传输波段，蜂窝小区也会相应小很多。在很大程度上提高用户容量，但同时也会引起一系列技术上的难题。

（3）良好的兼容性

4G 移动通信系统实现全球统一的标准，让所有移动通信运营商的用户享受共同的 4G 服务，真正实现一部手机在全球的任何地点都能进行通信。

（4）较强的灵活性

4G 移动通信系统采用智能技术，使其能自适应地进行资源分配，能对通信过程中不断变化的业务流大小进行相应处理而满足通信要求，采用智能信号处理技术对信道条件不同的各种复杂环境进行信号的正常发送与接收，具有很强的智能性、适应性和灵活性。

（5）多类型用户共存

4G 移动通信系统能根据动态的网络和变化的信道条件进行自适应处理，使低速与高速的用户以及各种各样的用户设备能够共存与互通，从而满足系统多类型用户的需求。

（6）多种业务的融合

4G 移动通信系统支持更丰富的移动业务，包括高清晰度图像业务、会议电视、虚拟现实业务等，使用户在任何地方都可以获得任何所需的信息服务，将个人通信、信息系统、广播和娱乐等行业结合成一个整体，更加安全、方便地向用户提供更广泛的服务与应用。

（7）先进技术的应用

4G 移动通信系统以多项突破性技术为基础，如 OFDM 多址接入方式、智能天线和空时编码技术、无线链路增强技术、软件无线电技术、高效的调制解调技术、高性能的收发信机和多用户检测技术等。

（8）高度自组织、自适应的网络

4G 移动通信系统是一个完全自组织、自适应的网络，拥有对结构的自我管理能力，以满足用户在业务和容量方面不断变化的需求。

2. 4G 移动通信中的关键技术

为了适应移动通信用户日益增长的高速多媒体数据业务需求，具体实现 4G 系统较 3G 的优越之处，4G 移动通信系统将主要采用以下关键技术。

（1）OFDM 技术

OFDM 技术是一种无线环境下的高速传输技术，其主要思想是在频域内将给定信道划分成许多正交子信道，在每个子信道上使用一个子载波进行调制，各子载波并行传输。尽管总的信道是非平坦的，即具有频率选择性，但是每个子信道是相对平坦的。在每个子信道上进行的是窄带传输，信号带宽小于信道的相应带宽。OFDM 技术的优点是可以消除或减小信号波形间的干扰，对多径衰落和多普勒频移不敏感，提高了频谱利用率。

（2）MIMO 技术

多输入多输出（MIMO）技术是指利用多发射、多接收天线进行空间分集的技术，它采用的是分立式多天线，能够有效地将通信链路分解成为许多并行的子信道，从而大大提高容量。信息论已经证明，当不同的接收天线和不同的发射天线之间互不相关时，MIMO 技术能够很好地提高系统的抗衰落和噪声性能，从而获得巨大的容量。在功率带宽受限的无线信道中，MIMO 技术是实现高数据速率、提高系统容量、提高传输质量的空间分集技术。

（3）软件无线电技术

软件无线电技术是利用数字信号处理软件实现传统上由硬件电路来完成的无线功能的技术，通过加载不同的软件，可实现不同的硬件功能。其核心技术是用宽频带的无线接收机来代替原来的窄带接收机，并将宽带的模拟 / 数字、数字 / 模拟变换器尽可能靠近天线，并尽可能多地用软件来定义无线功能，各种功能和信号处理都尽可能用软件实现。软件无线电使得系统具有灵活性和适应性，能够适应不同的网络和空中接口。软件无线电技术能支持采用不同空中接口的多模式手机和基站，能实现各种应用的可变服务质量（Quality of Service，QoS）。

（4）基于 IP 的核心网

4G 的核心网是一个基于全 IP 的网络，目前选择 IPv4 技术作为 4G 网络的核心协议之一。采用全 IP 可以实现不同网络间的无缝互联，全 IP 也是一种低成本的集成目前网络的方法。此外，核心网独立于各种具体的无线接入方案，能提供端到端的 P 业务，能同已有的核心网和 PSTN 兼容。核心网具有开放的结构，能允许各种空中接口接入核心网，同时核心网能把业务、控制和传输等分开。所采用的无线接入方式和协议与核心网络协议、链路层是分离独立的。IP 与多种无线接入协议相兼容，因此在设计核心网络时具有很大的灵活性，不需要考虑无线接入究竟采用何种方式和协议等问题。

三、5G 及其关键技术

5G，即第五代移动通信技术，是对目前广泛使用的 4G LTE 技术的升级和扩展。它旨在提供更高的数据传输速度、更低的延迟和更大的网络容量，以满足未来移动互联网和物联网的发展需求。

（一）5G 技术概述

1. 定义与特点

5G 是第五代移动通信网络的简称，其峰值理论传输速度可达 20Gbps（即 2.5GB/s），比 4G 网络的传输速度快 10 倍以上。5G 具有高速度、低时延、大容量、泛在网、低功耗、高可靠性等特点，能够支持大规模物联网应用、无人驾驶、工业自动化等高要求场景。

2. 发展现状

截至 2024 年 4 月末，中国 5G 基站总数达 374.8 万个，占移动基站总数的 31.7%，5G 移动电话用户占比已超 50%。全球范围内，5G 网络也在快速发展，各国都在积极建设 5G 基础设施，推动 5G 应用的落地。

（二）5G 关键技术

1. 高频传输技术

5G 采用了更高频率的毫米波技术，能够提供更大的带宽和更快的数据传输速率。然而，毫米波传输也面临路径受阻与损耗的问题，需要采用先进的波束赋形等技术来克服。

2 OFDM（正交频分复用）技术

OFDM 技术被当今的 4G LTE 和 Wi-Fi 系统广泛采用，因其可扩展至大带宽应用而具有高频谱效率和较低的数据复杂性。5G 进一步优化了 OFDM 技术，实现了基于 OFDM 优化的波形和多址接入、可扩展的 OFDM 间隔参数配置等，提高了频率利用率和传输效率。

3. MIMO（多输入多输出）技术

5G 采用了更复杂的 MIMO 技术，通过增加天线数量来提高空间分辨率和信道容量。特别是大规模 MIMO 技术，可以在基站端使用多达 256 根天线，实现 3D 波束成型，提高信道容量和覆盖。

4. 网络切片技术

网络切片技术将物理网络切分成多个虚拟网络切片，每个切片适应不同的服务需求。这有助于满足不同应用场景下的网络性能和服务质量要求，同时降低网络建设和运营成本。

5. 边缘计算

边缘计算将数据处理和存储能力推向网络边缘，减少数据传输延迟和带宽需求。在 5G 网络中，边缘计算将发挥重要作用，支持实时数据处理和低延迟应用。

6. 软件定义网络（SDN）和网络虚拟化

SDN 和网络虚拟化技术使得网络更加灵活和可编程。通过软件定义的方式，可以动态地配置网络资源、优化网络性能，并快速响应业务需求变化。

7. 频谱共享技术

频谱共享技术使得 5G 能够利用共享频谱和非授权频谱资源，扩大网络容量和覆盖范围。这有助于解决频谱资源紧张的问题，并推动 5G 应用的普及。

8. 其他关键技术

还包括超密集异构网络、自组织网络、内容分发网络（CDN）等。这些技术共同构成了 5G 网络的核心能力，支持其实现高速度、低时延、大容量等目标。

四、卫星移动通信

1. 卫星移动通信概述及分类

利用地球静止轨道卫星或中、低轨道人造卫星作为中继站，实现区域乃至全球范围的移动通信称为卫星移动通信。它一般包括三部分：通信卫星，由一颗或多颗卫星组成；地面站，包括系统控制中心和若干个把公共电话交换网和移动用户连接起来的关口站；移动用户通信终端，包括车载、舰载、机载终端和手持机。用户可以在卫星波束覆盖的范围内自由移动，通过卫星传递的信号，保持与地面通信系统和专用通信系统的用户或其他移动用户之间的通信。

与其他通信方式相比，卫星移动通信具有覆盖区域大、通信距离远、通信机动灵活、线路稳定可靠等优点。卫星移动通信系统的应用范围相当广泛，可提供话音、电报、数据、图像、定位和寻呼等多种业务，可与地面蜂窝移动通信系统和其他通信系统相结合，组成全球覆盖无缝通信网。

卫星移动通信按应用环境可分为海上、空中和地面，即海事卫星移动系统、航空卫星移动系统和陆地卫星移动系统。

（1）海事卫星移动系统（MMSS）

主要用于改善海上救援工作，提高船舶使用的效率和管理水平，增强海上通信业务和无线定位能力。

（2）航空卫星移动系统（AMSS）

主要用于飞机和地面之间建立通信，为机组人员和乘客提供语音和数据通信。

（3）陆地卫星移动系统（LMSS）

主要用于为行驶的车辆提供通信、定位和导航。卫星通信按系统采用的卫星轨道可分为同步轨道（GEO）和非同步轨道卫星通信系统，非同步轨道又可分为低轨道（LEO）、中轨道（MEO）和高轨道（HEO）系统。

①非同步轨道

在这种轨道上运行的卫星相对于地面是运动的。它能够用于通信的时间短，卫星天线覆盖的区域也小，并且地面天线还必须随时跟踪卫星。

②同步轨道

这种卫星位于高达 3.6 万 km（即在赤道平面内）的圆形轨道，卫星的运行周期与地球自转一周的时间相同，在地面上看卫星好似静止不动，因此称为同步定点卫星。其覆盖照射面大，3 颗卫星就可以覆盖地球的几乎全部面积，可以进行 24h 的全天候通信。

2. GPS 应用领域

GPS 作为全球应用最广泛的定位系统，在越来越多的领域得到迅猛的发展，主要应用在以下几个方面：

（1）三维导航是 GPS 的首要功能

GPS 测量可同时精确测定观测站平面位置和大地高程，提供全球统一的三维坐标。飞机、轮船、地面车辆以及步行者都可以利用 GPS 导航器进行导航。GPS 卫星的数目较多，且分布均匀，保证了地球上任何地方、任何时间至少可以同时观测到 4 颗 GPS 卫星，确保实现全球全天候连续的导航定位服务（除打雷闪电不宜观测外）。

（2）GPS 应用于高精度测量

与传统的手工测量手段相比，GPS 技术有着巨大的优势：测量精度高；操作简便；仪器体积小，便于携带；全天候操作；观测点之间无须通视；测量结果统一在 WGS84 坐标下，信息自动接收、存储，减少烦琐的中间处理环节。当前，GPS 技术已广泛应用于大地测量、资源勘查、地壳运动、地籍测量等领域。

（3）GPS 除了用于导航、定位、测量外，由于 GPS 的空间卫星上载有的精确时钟可以发布时间和频率信息。因此，以空间卫星上的精确时钟为基础，在地面监测站的监控下，传送精确时间和频率是 GPS 的另一重要应用。应用该功能可进行精确时间或频率的控制，可为许多工程实验服务，如电力、邮电、通信等网络的时间同步。

（4）可利用 GPS 获得气象数据，为某些实验和工程应用。

第四节　无线通信技术

世界上的智能物体种类繁多，数量庞大，其中相当大的部分在使用的过程中位置不断变化。无线传输技术解决了互联网最后 1km 的技术难题，是绝大多数的智能物体接入互联网的首选。

一、室内环境的电磁传播

相比于室外通信，室内环境多种多样，常见的室内环境有家居，办公、会议、工厂等多种场景。

虽然室内电磁传播也受电波直射、反射、绕射、散射等机制的影响，但室内环境的复杂性相比于室外环境，室内电波信号的变化更加剧烈。信号强度很大程度上取决于室内收发天线位置、墙壁、楼板、家具的材料和布局等因素。例如，当天线安装高度与桌子高度接近时，天线和接收端之间很难存在直视路径；当天线安装于天花板时，天线和接收端之间存在直视路径的概率就会增大。此外，墙体、家具也将使电波发生大量的散射、反射，从而对接收信号的质量产生较大影响。

由于室内通信环境较为复杂，室内的隔断、家具等装饰都会影响信号的传播，因此，室内信道建模要比室外信道建模难度更大。

（一）无线通信环境和传播信道

无线电波是在开放的空间中进行传播，因此无线通信的环境也是开放式的，容易受到周围环境的影响，如建筑物、墙体、室内装饰、隔断等。基于无线通信环境的复杂性，在无线传播信道中，电磁波的传播机制是多种多样的，通常情况下可以分为反射波、绕射波、散射波这几类传播机制。

1. 反射波的传播机制

反射波一般发生在电磁波在传播过程中遇到远远大于自身波长的物体，即表面较光滑的物体中。例如，反射波经常发生在地球表面，如建筑物或墙体表面等尺寸较大的光滑物体表面。通常在反射波发生时，入射波一部分能量会以反射波的形式反射，还有一部分能量会进入反射体内继续传播。但当反射体为理想导体时，入射波所有能量会以反射波形式进行传播。

2. 绕射波的传播机制

绕射波一般发生在电磁波传播过程中在障碍物表面形成的二次波，绕过障碍物从背面继续进行传播。当电磁波频率较高时，绕射波的形成受障碍物的尺寸大小，以及在绕射点处电磁波的幅度、相位和极化特性等因素影响。绕射波的特性可以使信号在弯曲的地球表面进行传播，使不存在直射路径的收发两点间也可以进行有效通信。虽然在障碍物的阴影区，接收信号强度会急剧下降，但由于绕射波的存在，接收信号一般仍具有足够的强度用于信号的正确接收。

3. 散射波的传播机制

散射波发生在电磁波传播过程中遇到和自身波长可比拟的障碍物，并且单位体积内障碍物数量较大的场景。散射波经常由传播信道上的粗糙表面小物体或者不规则物体形成。在实际环境中，树叶、路标，灯柱等都可能成为散射体。散射波的方向是不固定的，可以是任意方向；相对于直射波，反射波和绕射波，散射波的能量比较弱。

上述几种电磁波传播形式以及无线电波传播环境的复杂性共同决定了无线通信传播信道的特点。一般情况下，无线传播信道对信号的影响主要体现在以下几方面：

（1）路径传播损耗

路径传播损耗主要反映大范围的空间距离上接收信号电平平均值的变化，与传播环境、传播距离、频率等因素有关。无线通信中发射信号功率大部分都用于补偿路径传播损耗，传播距离越远，频率越高，路径传播损耗越大。

（2）慢衰落

慢衰落又称阴影衰落，主要反映中等范围内（数百波长量级）的接收信号电平平均值的变化，主要由传播路径上障碍物阻挡而产生的阴影效应引起。这类衰落一般不存在于有线通信，通常遵循对数正态分布，变化速率较慢。

（3）小尺度衰落

小尺度衰落反映小范围内（数十波长以下量级）接收电平平均值的变化，电平幅度一般服从瑞利（Rayleigh）分布、莱斯（Rice）分布、纳卡伽米（Nakagami）分布。其中，当收发节点间不存在直视路径时，信道一般可建模为瑞利分布；当收发节点间存在直视路径时，信道一般可建模为莱斯分布，莱斯因子可用来表示直视路径分量与非直视路径分量的关系；与莱斯分布相比，纳卡伽米分布更接近于真实的无线信道环境，并且不需要假设直视路径的存在。

此外，小尺度衰落存在于空间、时间、频率三个维度上。其中，空间选择性衰落指不同地点与空间位置的衰落特性不同；时间选择性衰落指不同时间点的衰落特性不同，主要由移动物体或处于移动环境中的物体产生的多普勒频移导致；频率选择性衰落指不同频率的衰落特性不同，主要由多径效应导致。而多径效应是指接收到的信号不仅有直射信号，还有经过障碍物发射、散射等从不同路径达到的信号的矢量叠加产生的效应。

（二）室外信号向室内的电磁传播

虽然室内覆盖系统可较好地解决室内覆盖问题，但室内覆盖系统的成本较高，并且部分业主对室内覆盖有抵触情绪，不能保证每个大中型楼宇都部署完善的室内覆盖系统。很多情况下大部分建筑物室内覆盖仍然需要由室外基站进行覆盖。

1. 信号分布特点

为了直观地了解室外基站对室内进行覆盖的效果，以及分析室外信号向室内的电磁传播特征，结合实测数据说明室外信号在室内的分布特点。

假定建筑物墙体为钢筋混凝土结构，窗户采用镀膜玻璃，而且建筑物内部的办公室墙体、大厅与发射机之间没有障碍物时，基站发射天线位于周围建筑物顶部，高度为25 m，工作频率为90 MHz，基站天线增益为17.7 dBi，发射功率为60 dBm，下倾角为7°，发射天线和建筑物距离为22 m。由测试结果可知，基站发射信号可以直接到达的区域，接收信号质量较好。随着接收机位置向建筑物内部移动，接收信号质量逐渐降低。同时，由于周围建筑物的反射和散射作用，建筑物外部街道处接收到的信号强度要高于同位置室内接收信号强度。此外，也可发现室外发射信号并不能保证室内所有区域都得到较好的覆盖。

室外信号到室内覆盖的信号分布特点如下：

（1）在低楼层3层以下，由于大型建筑的这些楼层一般为面积较大的裙楼，且周围建筑的阻挡较多，总体接收信号良好且干扰较小，但也存在区域内局部室内信号较弱的情况。

（2）在中低楼层（3～10层），由于周围建筑的阴影效应减小，且处于天线的主瓣照射区内，信号较为稳定，接收信号比较为良好。

（3）在中高楼层（11～20层），由于天线的旁瓣抑制，信号较中间楼层弱，但由于遮挡较少，同时接收到来自多个基站的信号而造成严重干扰，是接收信号信干比最差的区域，方案设计须重点关注。

（4）在高楼层（21～40层），由于偏离室外基站天线的主瓣覆盖区，导致接收信号强度逐步下降，并且由于缺少主导信道信号，导致接收信号比较差。

（5）在超高楼层，则由于与室外基站高度落差过大造成信号盲区。

由上述分析可知，室内覆盖需要重点解决两个问题，在低楼层和超高楼层需要解决信号弱的问题，而在中高楼层则需要建立主导信号解决信号杂乱的问题。

2. 传播模型

由于室外基站发射的信号到达室内需要经过三段不同的传输环境，分别是室外传输、介质内传输、室内传输，因此室外到室内的信号损耗一般由三部分组成，即室外传播损耗、穿透损耗和室内传播损耗。此外，由于不同建筑物墙壁、窗户、地板等采用的材料不同，不同材料对信号造成的穿透损耗也不同。由于室外到室内传播环境较复杂，并且容易受墙壁，室内装饰等因素影响，室外到室内的链路传播模型一般也都是通过测量得到的经验模型。

（1）COST-231室外到室内视距传播模型

COST-231视距传播模型是基于900～1800 MHz测量得到的，测量距离为500m，该模型假设室外发射天线与建筑物表面存在视距传播路径。

（2）COST-231室外到室内非视距传播模型

COST-231非视距传播模型首先选择一个室外测量点，该测量点与室内测量点的距离最近，然后把室外到室内接收信号的损耗和室外天线到室外测量点的损耗进行关联。

（3）曼哈顿模型

曼哈顿模型（Manhattan Model）是一个室内—室外混合模型，所给出的是从室外进入室内所造成的衰减。

曼哈顿模型假定用户出入建筑物是通过相同的通道，在该通道上室外传播损耗和室内传播损耗可以线性叠加，因此不存在信号快衰。

影响电波自由空间传播特性的主要因素是传播距离以及电波频率。在考虑室外—室内传播模型时，除了考虑以上主要因素外，还需要综合考虑影响室内信号覆盖效果的其他多个因素。

一般情况下，影响室外信号对室内环境覆盖效果的因素主要有以下几个方面：

①室内外的距离

由于传播过程中电波能量的扩散以及室内环境的阻挡，室内接收点与室外信号的距离将是影响接收信号强度的重要因素。

②电波的工作频率

不同频率的无线电波其绕射能力及穿透能力有所不同，因此电波频率也是影响覆盖效果的重要因素。

③室内环境的楼层数

由于室外信号为地面信号，可以预见随着楼层的改变，不同楼层的室内覆盖效果将有所不同，因此需要把楼层数考虑进来。

④建筑物类型

建筑物自身的类型同样会影响室外信号对室内环境的覆盖。建筑物类型是指；建筑物是钢筋水泥框架结构还是砖混结构，外墙材料是瓷砖、大理石还是玻璃，等等。同样的室外信号对钢筋水泥结构的楼房与砖混结构的楼房的室内覆盖效果差别很大。因此，需要把建筑物类型因数考虑进来。根据需求的迫切性以及测试的可实施性，重点选择钢筋水泥框架结构、瓷砖外墙的中高层住宅楼作为研究对象。

⑤该建筑物所处环境类型

建筑物所处环境类型也会影响室外信号对室内环境的覆盖，若建筑物周围中高层建筑较多，可以预见电波反射、折射等现象较多，对室外信号的室内覆盖效果影响较大。因此有必要将该因数考虑进来。一般情况下，根据高，中层住宅楼周围建筑物的密集程度将其所处环境类型划分为密集市区和普通市区两种类型。

3. 穿透损耗

穿透损耗指室外参考点平均信号强度与室内参考点信号强度之差。通常情况下，室外参考点为室外离地 2m 处。穿透损耗可分为 4 类，墙体损耗、房间损耗、楼层损耗和建筑损耗。

（1）墙体损耗指信号穿透墙体带来的损耗，它一般与信号入射角角度有关。由于在室内有大量的反射，并且墙体周围也有大量的家具，墙体穿透损耗很难通过室内测量直接得到。在发射机与墙体存在视距传输的情况下，由于墙体的发射波入射角角度较小，与垂直波穿透损耗相比，反射波的穿透损耗较大。此外，非视距传输情况下，入射波的穿透损耗与视距传输时的穿透损耗也不同。因此，在不同的测量环境下，墙体的穿透损耗也会有较大差别。

（2）房间损耗指在离地面 1 ~ 2 m 的房间中测得的穿透损耗的中值，如果房间具有外墙，房间损耗通常情况下高于墙体损耗。

（3）楼层损耗指建筑物同一楼层中所有房间内测得的穿透损耗的中值。一般情况下，楼层损耗服从对数正态分布。

（4）建筑损耗指在建筑物所有楼层处测得的穿透损耗的中值，当采用建筑损耗时，需要指明地下室是否包含在测量范围内。

各种因素对穿透损耗的影响：

①入射角角度

一般情况下，室外基站对不同建筑物的入射角角度不同，随着收发天线间角度的增大，同一条件下测得的穿透损耗减小。

②建筑物外墙结构

建筑物外墙是影响建筑物穿透损耗的最主要因素。在外墙相关的参数（墙的宽度、材料等）中，外墙的结构和材料对建筑物穿透损耗影响最大。在测量结果中，即使是相邻的房间，并且与发射机间的相对角度相同，由于墙体和窗户的布局不同，穿透损耗值的标准差可达到 12 dB。

③接收机所处楼层高度

在某些场景中，穿透损耗随着楼层高度的增加而降低。这种与楼层高度相关的增益通常被称为楼层高度增益，单位为 dB/ 楼层。由于不同建筑物的楼层高度不同，有时也采用 dB/m 来表示楼层高度增益。然而当建筑物楼层高度大于其周围建筑物平均高度时，这种楼层高度增益很小，甚至没有增益。

④非视距传输

由于非视距传输主要通过信号的反射和散射进行传播，影响了信号与墙体之间的入射波角度，从而对信号的穿透损耗造成影响。

⑤频率

根据电磁波能量传输原理，频率越高，穿透能力越强，但电磁波穿透过程中传播损耗也越大。穿透损耗，如无特别说明，都是指电磁波通过各种途径越过障碍物后的综合能量损耗。由于电磁波能量传输受多种因素影响，不同的测量条件得出的结论不尽相同。

4. 典型频段的穿透损耗测量

由上述分析可知，穿透损耗与建筑物外墙结构、建筑物类型和使用材料有关。

建筑物墙体所采用的材料有多种，如部分家庭采用木质墙体，加上一些塑料板在室内搭建一些内墙，并用木质或混凝土结构构建楼层的隔断；而在办公环境里面，经常使用钢筋混凝土建造。由于墙体所用材料的物理和电气特性差别较大，很难用一种通用模型表示所有种类墙体对信号的衰减作用。研究者通常会采用大量实验得出的经验值来表示墙体对信号的衰减。

（三）室内电磁传播的经验模型

由于路径传播损耗模型与传播中的地形、地貌、距离、频率等因素有关，很难用一个确切、完整的公式对路径传播损耗模型进行表示。在工程中，通常会根据一些经验公式或模型进行路径传播损耗的分析，也就是通常所说的经验模型。经验模型是指对大量数据进行统计分析得到的模型，一般适用于预测半径大于 1 km 的无线电波传播情况。

（四）室内电磁传播的确定性模型

目前室内信道预测常用的确定性模型主要有射线跟踪（Ray Tracing，TR）和时域有限差分（Finite-Difference Time-Domain，FDTD）两种方法。

1. 射线跟踪法

射线跟踪法是在接收点将发射点信号经过信道后的所有可辨认的射线进行合并，合并过程是基于几何光学（Geometrical Optics，GO）原理、几何绕射理论（Geometric Theory of Diffraction，GTD）和一致性绕射理论（Uniform Theory of Diffraction，UTD）模拟射线传播路径来确定每条射线经过反射、折射或绕射后射线的幅度、相位和延迟，并计算所有射线的相干合成场强。由射线跟踪的原理可知，该方法与建筑物室内布局、天线位置及高度等工程参数密切相关，复杂度也要远远大于经验模型。

射线跟踪方法的核心是对电磁波传播过程中射线的路径进行跟踪。在电磁波的传播与散射问题中，当满足高频率或短波长的条件时，即当媒质特性、散射体参量等在一个波长的距离上变化十分缓慢时，电磁波的传播和散射具有局部特性，即在一个给定观察点领域内的场不需要由整个初始表面上的场分布来求取，而只需要由该表面上某一有限部分的场来求解。对于这种高频场的问题，便可以借助几何光学的分析方法来处理电磁波的传播与散射。基于几何光学，城市小区中主要的射线传播机制有以下几种：直射、反射、透射和绕射（边缘绕射、尖顶绕射和表面绕射）。下面分别给出这几种射线机制的求迹方法。

所谓直射，一般指两点间的直线路径。在射线传播过程中，如果遇到光滑表面的阻挡，则会发射射线反射，反射射线的轨迹要求满足入射角等于反射角。当电磁波在传播过程中遇到棱角、顶点和光滑曲面时就会发生绕射现象。由绕射场理论可知，棱角的绕射线与棱角直边缘的夹角等于相应的入射线与直边缘的夹角。入射线与绕射线分别位于通过绕射点与直边缘垂直的平面两侧或同一个平面上。并且一条入射线会激起无穷条绕射线，它们都位于一个以绕射点为顶点的圆锥面上。圆锥轴就是绕射点处边缘的切线，圆锥的半顶角就等于入射线与边缘切线的夹角。与棱角绕射不同，顶点绕射一般以顶点为中心沿径向辐射到任意方向，绕射波阵面是以顶点为中心的球面。光滑曲面绕射有两部分：一部分沿直线前进；另一部分沿物体表面传播。

通常情况下，由于顶点和光滑表面的绕射衰减速度快，在射线跟踪中一般不考虑，而只考虑棱角绕射。

射线跟踪常用的方法有射线发射法，射线管发射法、镜像法和 SBR 镜像法。射线跟踪模型的精度影响因素可分为内部因素和外部因素两种。其中，内部因素主要有计算射线时所采用的发射、衍射和散射算法，它们直接影响信号路径损耗计算的结果；外部因素主要有地图精度、建筑物介电系数和建筑物导电系数等。地图的分辨率越高越好，一般要求分辨率 5 m 以上；建筑物的介电系数代表了电介质的极化程度，介电系数越大，对电荷的束缚能力越强，典型值为 5；建筑物导电系数代表了电介质的导电能力，导电常数越大，对电荷的吸收能力越强，典型值为 0.0001。

考虑到射线跟踪法精度与复杂度之间的关系，在近距离场强预测中，二维射线跟踪算法起主导作用，而在远距离的场强预测中，三维射线跟踪算法对预测的准确性起到很大作用。

2. 时域有限差分法

时域有限差分法是利用有限差分式来代替时域麦克斯韦旋度方程中对时间和空间的微分式，得到关于场分量的有限差分式。时域有限差分法将所求解的空间划分为一定数量的网格，在每个网格上对麦克斯韦方程进行在空间和时间上的离散化处理。这种网格的特点是电场和磁场分量在空间的取值点被交叉地放置，使得在每个坐标平面上每个电场的周围由磁场分量环绕，同时磁场分量的四周由电场分量环绕。

在任意时间上空间网格任意点的电场值取决于三个因素：该点在上一时间步的电场值；与该电场正交平面上临近点上一时间步上的磁场值；媒质的电参数和磁参数。这种方法可在计算机的存储空间中模拟电磁波传播及其与散射体的相互作用。时域差分法也具有其自身的优点：

（1）计算精度高

由于时域有限差分计算的分量中包含了电磁场所有的分量，如散射场、反射场、绕射场等，精度较高。

（2）适用范围广

计算过程中直接使用介质分布参数，可以精确模拟介质的非均匀性、异向性、色散性等特性。

该方法与射线跟踪方法类似，同样需要大量的计算资源，所分析区域尺寸的大小直接影响计算时间的多少。

（五）室内信号向室外的电磁传播

随着人们对移动通信的需求越来越高，室内容量需求越来越大。除了室内分布式天线系统等传统室内覆盖方法外，运营商也倾向于使用一些低功率节点，为室内用户提供更好的服务。随着室内低功率节点越来越多，室内节点对室外用户的干扰成为网络规划和优化中不可忽视的因素。为了评估室内节点对室外用户的干扰，室内到室外的电磁传播模型的研究就显得至关重要。

相对于室外到室内的电磁传播模型，室内到室外的电磁传播模型研究相对较少，并且多数是基于测量的经验模型。重点介绍 WINNER 推荐的室内到室外电磁传播模型。WINNER 计划是无线世界创新联盟（Wireless World Initiative，WWI）下的一个项目，目标是研发出"无处不在的网络"。WINNER 项目分为三个阶段：第一个阶段建立满足不同情景模式需求的系统概念；第二个阶段对系统进行论证和优化；第三个阶段实际验证所推荐的系统。

二、无线局域网技术

无线局域网将无线通信技术与网络技术相结合，通过无线信道来实现网络设备之间的通信，提供有线局域网的功能。通过局域网与互联网的连接，无线局域网使得用户获得随时、随地、随意的宽带网络接入服务。

（一）无线局域网架构

无线局域网有两种基本架构，一种是适用于小范围的自治式网络架构（FAT AP），另一种是适用于中大范围的集中式网络架构（AC FIT AP）。

在自治式网络架构中，智能设备直接连接到网络接入点。在自治式网络架构中网络接入点功能强大，独立性强，具备自治能力，不仅可以发射射频提供无线信号供无线终端接入，还能独立完成安全加密、用户认证和用户管理等管控功能，因此被称为胖网络接入点（FAT AP）。

独立自治是 FAT AP 的特点，当单个部署时，由于 FAT AP 具备较好的独立性，不需要另外部署管控设备，因此部署起来很方便，成本也较低廉，在家庭或中小企业 WLAN 中，使用一个无线路由器就能将各类设备连接到网络中。

FAT AP 产品的管理平面、控制平面、数据平面都集成在同一个系统中，这种架构非常适用于简单小型无线网络部署，如家庭或者小企业无线网应用。缺点是在网络规模较大的情况下，较难集中管理。

集中式网络架构（AC FIT AP）在自治式网络架构上增加了无线控制器（AC）作为中央集中控制管理设备。原先在 FAT AP 自身上承载的用户认证、漫游切换、动态密钥等复杂功能转移到无线控制器上，AP 与 AC 之间通过隧道方式通信，可以跨越 L2、L3 网络，甚至广域网进行连接，大大提高了整网的工作效率。

集中式网络架构能够支持不同规模的无线网络部署。FIT AP 仅提供数据与控制平面的部分功能，剩下的数据与控制平面功能以及全部管理平面功能由 AC 完成。AC 与 FTT AP 间通过 CAPWAP 隧道传递控制与数据报文。集中式网络架构能够提供更为专业的、丰富的无线功能，适用于大中型无线网络，如火车站、飞机场等公共场合或大中型企业无线网应用。

集中式网络架构解决了自治式网络架构对于大中型网络难以集中管理的问题。这种架构具有三层漫游、基于用户下发权限优势功能，缺点是往往 AC 和 AP 需要跨越广域网通信，需要消耗更大的链路带宽，同时也会出现诸如用户认证慢、漫游性能差等问题。

（二）无线局域网通用技术标准 802.11

IEEE 802.11 系列标准主要确定无线局域网的访问控制方法与物理层规范。802.11 标准对网络的物理层（PH）和媒质访问控制层（MAC）进行了规定，其中对 MAC 层的规定是重点。各厂商的产品在同一物理层上可以互操作，逻辑链路控制层（LLC）是一致的，即 MAC 层以下对网络应用是透明的。IEEE 802.11 标准由很多子集构成，它详细定义了 WLAN 中从物理层到 MAC（媒体访问控制）层的通信协议。该系列中的 802.11b、802.11a 和 802.11g 都已经得到广泛应用，尤其是 802.11b 的产品普及率最高。

IEEE 802.11b 标准即 Wi-Fi 使用开放的 2.4GHz 频段，物理调制方式为补码键控（CCK）编码的直接序列扩频（DSS），最大数据传输速率为 11Mbit/s，无须直线传播。其实际的传输速率在 5Mbit/s 左右，使用动态速率转换。当射频情况变差时，可将数据传输速率降低为 5.5Mbit/s、2Mbit/s 和 1Mbit/s，且当工作在 2Mbit/s 和 1Mbit/s 速率时可向下兼容 IEEE 802.11。IEEE 802.11b 的适用范围在室外为 300m，在办公环境中则最长为 100m。IEEE 802.11b 使用与以太网类似的连接协议和数据包确认，来提供可靠的数据传送和网络带宽的有效使用。IEEE 802.11b 运作模式基本分为以下两种。

1. 点对点模式

点对点模式是指无线网卡和无线网卡之间的通信方式。具有无线网卡的智能物体可以与另一台具有无线网卡的智能物体相连接，对于小型的无线网络来说，这是一种方便的连接方式，最多可连接 256 台设备，即 Ad Hoe 模式或者独立基本服务集（IBSS）。

2. 基本模式

基本模式（BSS）是指仅使用一个网络接入点（AP）的无线网络。使用多个接入点的两个或多个 BSS 无线网络可以组成扩展服务集（ESS），这是无线网络规模扩充或无线和有线网络并存时的通信方式，也是 802.11b 最常用的方式。

在这种模式下，具有无线网卡的智能物体需要通过网络接入点与另一台具有无线网卡的智能物体相连接。网络接入点负责频段管理及漫游等指挥工作，一个接入点最多可连接 1024 台具有无线网卡的智能设备。当无线网络结点扩增时，网络存取速度会随着范围扩大和结点的增加而变慢，此时添加接入点可以有效地控制和管理频宽与频段。

IEEE 802.11a 是美国电气和电子工程师协会为了改进其无线标准 IEEE 802.11b，提高数据传输速率而推出的无线局域网络协议标准。802.11a 具备更高频宽的特性，适用于处理大量资料。IEEE 802.11a 工作在 5GHz U-NII 频带，从而避开了拥挤的 2.4GHz 频段，所以相对 802.11b 来说几乎是没有干扰的。物理层速率可达 54Mbit/s，传输层速率可达 25Mbit/s。采用正交频分复用（OFDM）的独特扩频技术，可提供 25Mbit/s 的无线 ATM 接口、10Mbit/s 以太网无线帧结构接口和 TDD/TDMA 的空中接口，支持语音、数据、图像业务，一个扇区可接入多个用户，每个用户可带多个用户终端。

IEEE 802.11a 标准的传输优点是传输速度快，速率可达 54Mbit/s，完全能满足语音、数据、图像等业务的需要；缺点是无法与 802.11b 兼容，致使一些早已购买 802.11b 标准的无线网络设备在新的 802.11a 网络中不能使用。

另外，IEEE 802.11a 因为空中接力不好、点对点连接很不经济，所以不适合小型设备。由于技术成本过高，缺乏价格竞争力，加上 5GHz 并非免费频段，在部分地区面临频谱管制的问题，因此 IEEE 802.11a 的市场推广率一直不高。

IEEE 802.11g 是 IEEE 为了解决 802.11a 与 802.11b 的互通而出台的一个标准，它是 802.11b 的延续，两者同样使用 2.4GHz 通用频段，互通性高。IEEE 802.11g 的数据传输速率可以达到 54Mbit/s，但由于 2.4GHz 频段干扰过多，因此其传输速率低于 802.11a。

802.11g 与 802.11a 和 802.11b 同时兼容。它同时支持 802.11b 的 CCK 和 802.11a 的 OFDM，802.11g 还支持分组二进制卷积编码（PBCC）技术。802.11g 中规定的调制方式包括 CCK-OFDM 和 PBCC-22 两种，其中 PBCC-22 作为对 IEEE 802.11b 的兼容方式，其最高传输速率达到 22Mbit/s，而 CCK-OFDM 则作为 802.11g 的强制 54Mbit/s 模式，同时支持两种模式的 802.11g 产品，便可以在与 802.11b 网络兼容的情况下，最高提供与 802.11a 标准相同的 54Mbit/s 连接速率。

802.11g 的兼容性和高数据速率弥补了 802.11a 和 802.11b 各自的缺陷，一方面使得 802.11b 产品可以平稳地向高数据速率升级，满足日益增加的带宽需求，另一方面使得 802.11a 实现了与 802.11b 的互通，克服了 802.11a 一直难以进入市场主流的尴尬，因此 802.11g 一出现就获得众多厂商的支持。

IEEE 802.11n 是 802.11g 的后续标准。802.11n 应用多入多出（MIMO）和正交频分复用（OFDM）技术，结合 40MHz 绑定、MIMO-OFDM 等多项技术，为了充分发挥物理层的能力，802.11n 对 MAC 层采用的帧聚合和 Block ACK 等多项技术进行优化。IEEE 802.11n 的传输速率得到极大的提升，理论速率最高可达 600Mbit/s。802.11n 可工作在 2.4GHz 和 5GHz 两个频段。802.11n 采用智能天线技术，通过多组独立天线组成的天线阵列，可以动态调整波束，保证让 WLAN 用户接收到稳定的信号，并可以减少其他信号的干扰，因此其覆盖范围可以扩大到几平方千米，使 WLAN 移动性大大提高。

802.11n 与 802.11a、802.11b、802.11g 兼容。鉴于 802.11n 设备发送的信号可能无法被 80211a、802.11b、802.11g 的设备解析到，造成 802.11a、802.11b、802.11g 设备无法探测到 802.11n 设备，从而往空中直接发送信号，导致信道使用上的冲突。为解决这个问题,当802.11n运行在混合模式(即同时有802.11a、802.11b、802.11g设备在网络中)时,会在发送的报文头前添加能够被802.11a或802.11b、802.11g设备正确解析的前导码,从而保证802.11a、802.11b、802.11g设备能够侦听到802.11n信号,并启用冲突避免机制,进而实现802.11n的设备与802.11a、802.11b、802.11g设备的互通。IEEE 802.11ac是IEEE 802.11n的继承者,与802.11n工作在2.4GHz和5GHz频段不同,802.11ac仅在5GHz频段工作。

802.11ac更宽的信道带宽需求是其限制在5GHz频段的主要驱动因素。由于带宽的增加,信道规划成为新挑战,尤其是在拥堵且零散的2.4GHz频段,这是802.11ac选择5GHz频段的另一个因素。即便在相对广阔的5GHz频段,制造商仍须为设备提供自动跳频功能,以便合理利用现有资源并节省频谱,它通过5GHz频带进行通信。

802.11ac使用更多的多流空间传输技术,采用8×8 MIMO多输入多输出。它使用256 QAM的调制,连续80MHz的数据传输信道带宽,甚至还可以使用信道聚合技术,将数据信道总带宽提升至160MHz。802.11ac理论最高速率能达到6.93Gbit/s,而真正可以使用的数据速率约为1.56Gbit/s。

802.11ac支持802.11a和802.11n的技术,设备互通,兼容802.11全系列现有和即将发布的所有标准和规范。它遵循802.11n安全标准的所有内容,使得无线连接能够在安全性方面达到企业级用户的需求。802.11ac将可以帮助企业或家庭实现无缝漫游,并且在漫游过程中能支持无线产品相应的安全、管理以及诊断等应用。802.11ac还大大提高了能源效率,使得集成了802.11ac智能物体的能耗大大降低。

在工业互联网时代,绝大多数的智能物体将通过无线传输方式接入互联网。其主要原因在于有些智能物体本身在不断改变位置,如智能手机、汽车、火车等;有些智能物体必须在野外工作,不方便通过有线连接,如布置在树林或农田里的传感器和设备;更多智能物体通过无线连接成本更低。根据智能物体的功能与应用,它们将以不同的速率接入互联网,而不同的接入速率将使用不同的无线传输技术。

(1)低速率业务

绝大多数的传感器和智能物体都属于这一类。此类设备使用的频次很低,传送的数据少,但总数非常大。对于这类应用,窄带物联网技术由于其功耗低,可连接设备数高,覆盖范围广,将成为这类业务的首选。

(2)高速率业务

如移动手机、车载设备和移动监控摄像头,其业务特点要求进行实时数据传输。这类应用将主要使用4G、5G或WLAN技术。

(3)中等速率业务

这类应用使用频率高,但传送的数据量不大,如各类家用电器、许多传送频率比较高的传感器等。这类应用将主要使用GPRS和WLAN技术。

三、室内可见光通信技术

可见光通信技术，是利用荧光灯或发光二极管等发出的肉眼看不到的高速明暗闪烁信号来传输信息的，将高速因特网的电线装置连接在照明装置上，插入电源插头即可使用。利用这种技术做成的系统能够覆盖室内灯光达到的范围，电脑不需要电线连接，因而具有广泛的开发前景。

室内可见光通信（Visible Light Communication，VLC）指利用发光二极管把传输的数据加载到光载波信号上，利用高速明暗闪烁信号将信号发送出去，并在接收端利用光电转换器将接收信号解调恢复的技术。由于人的肉眼很难观察到灯光的快速明暗变化，室内可见光通信并不影响灯光照明效果。

虽然可见光通信也属于无线通信范畴，但相比于传统无线射频通信技术，可见光通信具有以下优点：频谱不需要授权，且干扰较小。蜂窝通信所用的频谱是需要授权的。目前在 3GHz 以下移动通信可用频谱已非常稀缺，而对于 3GHz 以下非授权频谱，无线通信技术已有很多，如蓝牙、WiFi 等，该段频谱容易受到外部设备（如微波炉等）干扰。而可见光通信不需要进行频谱申请，同时由于可见光频段较高，在可见光频段的设备相对较少，外部干扰较小；发射功率限制小。考虑到射频信号对人体有危害，传统无线射频通信一般需要限制自身的发射功率，系统性能受到影响。而可见光通信使用自然光，一般情况下不需要限制发射功率；设备部署简单。只要有 LED 照明装置的场合，都可以部署可见光通信设备，部署成本低。

由于可见光通信的众多优点，室内可见光通信在近几年得到众多研究机构的重视，并取得了重要的成果。可见光通信也可被称为 LiFi（Light-Fidelity）。实验室环境下，LiFi 可达到 500 Mbit/s 的数据传输速率。

1. 室内可见光通信技术简介

室内可见光通信技术是指利用室内可见光照明设备的相关功能来实现信息传递的技术先进的室内可见光通信技术的成功研发，一方面可以使照明设备在具备自身照明功能的同时，还拥有信息传递的功能，不仅在一定程度上改善了信息传递的方式方法，也在很大程度上加快了信息传递的效率；另一方面也方便了人们的生产生活，在顺应了时代发展的同时，满足了社会的发展需求，为当代社会的发展与人民生产生活的进步起到一定的推动作用，具有广阔的应用前景。

2. 室内可见光通信技术原理

事实上，室内可见光通信的基本原理并不复杂，其原理是利用灯光的"明"与"暗"分别来对应数字信号 0 与 1，然后将待发射的广播、图像、影像、音频等信息进行调制，再加载到 LED 灯光上，最终利用 LED 灯光的高频闪烁原理将接收到的信号再次传递，从而完成室内可见光的通信过程。众所周知，白光 LED 区别于传统的光源，其响应速度极快，具有低压供电、利用电场作用发光、寿命长、辐射性低、稳定性高等物理优势，不会对人眼造成消极影响，兼具照明和通信两种功能，成为实现室内可见光的无线通信功能的媒介。

与此同时，在信号的接收端通常存在着光电探测元件，具有将刚刚接收到的可见光的信号进行放大和解调处理的功能，从而将其再次还原为广播、图像、影像、音频等信号，即室内可见光通信的基本原理是信号的转换与循环。

3.室内可见光通信技术的分类

（1）分集接收技术

室内可见光通信系统的正常运行需要很多关键技术的支持，分集接收技术就是其中之一。目前来看，传统的通信方式极易受到外界环境及其他不良因素的干扰，而分集接收技术的应用可以简单地解决这个难题，换言之，分集接收技术的主要作用就是防止室内可见光通信系统在信息传递的过程中由于外界干扰而出现信号失真的情况。就现今的科技水平来看，分集接收技术可以说是室内可见光通信系统得以顺利运行的最有力保障也是最不可或缺的重要技术之一。分集接收技术的工作原理是在室内可见光通信系统中应用信号探测器。

也就是说，在利用室内可见光通信系统来传递信息时，需要相应的工作人员对待接收信号进行信号检测，然后在所有的检测结果中挑选出信噪比更大的信号，再对此进行信号传递工作，在这个过程中必不可少要用到的仪器就是上文所提到的探测器。由此可见，分集接收技术的合理应用可以在很大程度上确保信息的真实性与有效性。

（2）正交频分复用技术

正交频分复用技术，用英文表示即 OFDM，是除了分集接收技术外，用以保证室内可见光通信系统正常运行的另一种主要技术。正交频分复用技术的主要应用原理是将数据传输所利用的通信系统分离，再以一定的规律分为众多不同的通信信道，众多子信道的正交可以在一定程度上提高数据传输的时效性，从而达到提高信号传输效率的目标。

（3）信道编码技术

事实上，室内可见光通信系统与其他普遍存在的通信系统有很多相似之处。例如，它们在信息传递的过程中都极易遭到外界环境及其他因素的影响，并因此出现数据乱码的问题，较为常见的现象是部分通信图像中出现马赛克，导致信息传输的中断。这时，倘若应用信道编码技术，就可以在信道系统出现乱码的问题时，对该问题进行有效的解决，从而大大降低由于信道误码所导致的信息传输中断的现象的发生，在很大程度上降低了该现象所造成的负面影响。信道编码技术的应用，为室内可见光通信系统提供了很强的抗干扰能力，同时，信息传递的安全性与有序性也随之大幅度提高。

此外，在传统的室内可见光通信系统中，由于距离的限制，信息传输时常被迫中断。

"长距离的信息传递该如何进行"这一直是困扰相关技术工作人员的一大难题，而随着信道编码技术的出现与应用，传统系统中的信息传输难题迎刃而解。信道编码技术的应用，延长了信息传递的距离，为用户提供了更方便的信息传输方式与功能。

（4）光码分多址技术

光码分多址技术，在英文中表示为 OCDMA，与上述三种主要技术的功能不同，其在室内可见光通信系统中的主要作用是将不同用户之间的数据信息区别开来，防止混淆与错误传输。

目前，为了便于用户的信息传递，室内可见光通信系统要求用户使用相同的光源来进行信息传递，虽然此要求在一定程度上对信息传递起到推动作用，但从另一方面来看，此要求也在很大程度上增加了区别不同用户信息的难度。此外，光码分多址技术的应用给不同的用户分配了各自专属的地址，将数据信息混淆的概率降到最低，由此将信息传递的准确性大幅度提高，为信息的传递提供了良好的环境。

第七章　电子信息技术的应用与发展

目前电子信息技术的发展十分迅猛，与我们日常生活联系紧密，并与各行各业都产生了交集。通过社会资源对我们的生活进行改造，并对原来网络交流方式进行了优化。在新时代大背景下，电子信息技术发展迅猛，正在依靠自身特点，不断改变、影响着我们的生活、学习等。对传统行业提升了生产效率，确保了产品质量，为企业带来了巨大的经济利益。如何更好地利用电子信息技术创造更多的经济效益与社会效益，已成为前各界学者十分关心的话题。基于此，本章主要对电子信息技术的应用与发展问题进行探讨。

第一节　数字电视系统概述

一、数字电视概述

数字电视（DTV，Digital Television）是指采用数字技术将活动图像和声音等信号进行编码、压缩等处理，经存储或实时广播，供用户接收、播放的电视系统。系统的各个环节，包括从演播室节目制作，到信号的处理、存储、传输，直至接收、变换、显示等全部过程都采用数字技术，流通与变换等均为数字信号的系统才能称为数字电视系统。而传统的模拟电视系统，其信号的生成、变换、发射、传输、接收、处理等一系列过程都是对连续信号（模拟信号）进行的。

数字电视是继黑白电视、彩色电视之后的新一代电视，有人称为第三代电视。它集计算机科学、音/视频数字信号处理及超大规模集成电路制造技术等发展之大成，是一项高科技的综合成果。

1.数字电视的特点

与传统的模拟电视相比，数字电视有许多优越之处，现归纳如下：

（1）抗干扰性能好，信号的信噪比高

在数字电视系统中，系统所转换、处理、传输的均是数字信号。在这种系统中，所引入的干扰与噪声的幅值只要不超过数字信号幅值的一半，系统就能识别与再生信号的高低电平，而将干扰与噪声去除，这一点在模拟系统中是无法实现的。在数字系统中，数字信号的信噪比及线性失真与信号被连续处理的次数无关，也就是说，在数字电视系统中，不会产生噪声、干扰及线性失真的积累，这也是模拟系统无法实现的。

实践表明，在一个实际的通信、广播信道中，要正常传输一路模拟信号，其信噪比至少要求40dB，而正常传输一路数字信号，其信噪比只要20dB即可。在数字电视系统中，音/视频数据均采用压缩编码与纠错处理，这种纠错编码技术在很大程度上能将噪声、干扰所引起的误码纠正过来，使系统的抗干扰能力进一步提高。这种能力的提高解决了模拟电视的图像闪烁、重影、亮色互串等问题，使城市楼群中的电视用户、移动载体中的移动电视接收到高质量、高清晰的数字电视节目。

（2）图像画质高，音频质量好

音/视频数字信号能采用帧存储的倍场频技术，削弱或消除图像大面积的闪烁效应；利用帧存储技术，采用插入算法，还会使图像垂直和水平清晰度得以提高，隔行扫描也可变成逐行扫描，使隔行扫描而产生的光栅闪烁的缺点得到克服。另外，帧存储技术也能保证行、场同步信号不致丢失，使图像显示稳定可靠，加之数字图像信号与伴音信号又采用了优良的纠错编码技术，使信号的信噪比大幅提高。

就清晰度而言，标准数字电视（SDTV）的画质、音质与DVD相当，分辨率为720×576像素，清晰度为现有电视的两倍；高清晰度数字电视（HDTV）的分辨率为1920×1080像素，清晰度为现有电视的5倍。此外，数字电视系统中不存在非线性失真的影响，这也是画质高、音质好的一个重要原因。

（3）所占频带窄，传输效率高

我国现有的模拟电视系统中，图像信号的带宽为6MHz，每个电视频道所占频带宽度为8 MHz。而在数字电视系统中，音/视频信号均采用压缩编解码技术，使信号的数据量大大减少，数据速率（码率）大大降低，随之信号所占的频带宽度也大大压缩。另外，压缩后的音/视频数字信号还可经过多电平（多进制）数字调制（如MPSK、MQAM等），进一步使其频带宽度降低（可降3倍、4倍、5倍等）。经过如此的压缩与调制，在现行8 MHz的电视频道中，可传送3～8套标准清晰度的数字电视节目，使信道容量大幅度提高。

（4）便于拓展各种业务

有利于构建"多网合一"的信息基础设施。根据数字信号特点，利用计算机技术，可在信道的数据编码中加入约定的密码，用户利用密钥解码，恢复原数据信息。加密解密，加扰解扰可使收费业务（如视频点播VOD）成为现实。另外，数字电视接收机可通过合适的接口电路与计算机相连，其显示屏可作为计算机的大屏幕显示装置，使电视网、互联网、电话网等相连，成为多网合一信息高速通道的一个组成部分。

2. 数字电视的几大标准

数字电视的国际标准主要有信元部分的国际标准及信道部分的国际标准。信源部分的国际标准比较统一，几乎均采用 MPEG（MPEG-1、MPEG-2、MPEG-3、MPEG-4）等音／视频标准，以及最新的 H264/MPEG AVC、Microsoft/SMPTE VC-1 和中国自主研制的 AVS 视频编码标准等。

数字电视信道部分的国际标准比较多，根据传输媒介的不同，可分为卫星、有线、地面等多种数字电视标准。世界上几大数字电视标准如下：

（1）美国的 ATSC 标准（Advanced Television Systems Committee），意为高级电视系统委员会之英文字头缩写。

（2）欧洲的 DVB 标准（Digital Video Broadcasting），意为数字电视广播或数字视频广播。

（3）日本的 ISDB 标准（Integrated Services Digital Broadcasting），意为综合业务数字广播。

（4）中国的 DMB-T/H 标准（Digital Multimedia Broadcas Terrestrial /Handheld），为中国地面数字多媒体广播标准。

3. 不同标准的信道与数字调制方式的比较

不同标准、不同信道，其数字信号的调制方式是不同的。

（1）QPSK

为正交相移键控，常用 32PSK、64PSK 等多电平（多进制）相移键控。

（2）QAM

为正交调幅或正交幅度调制，常用 16QAM、64QAM 等多电平正交调幅。

（3）OFDM

为正交频分复用（调制）之意，是以多个子载频做正交调制再复用的一种数字信号调制。其最大优点是抗多径传输效应好、抗同频干扰强，故特别适合地面数字电视信号的传输和移动电视广播（如车载电视接收、手持电视接收等）。

（4）VSB

为残留边带调幅，常用 8VSB、16VSB 等多电平调制。

二、数字电视广播收发系统的组成

此系统是由发送端、接收端及信道三大部分组成。

1. 发送端

主要有信源编码（含音／视频及数据的处理和压缩编码）、多路复用、信道编码（检错、纠错编码）、数字调制、无线发射或有线传输接口等。数字调制一般均采用多电平

（多进制）数字调制，其目的是对所传送的数据码率进一步压缩，使信号的频带宽度进一步减小，不同信道所采用的数字调制方式是有所区别的。

2. 接收端

主要有高频调谐器、数字解调、信道解码（检错、纠错解码）、解多路复用、信源解码（音 / 视频及数据的解码解压缩）、音 / 视频及数据信号的处理等。接收端许多部分的工作与发送端相对应，是它们的逆过程。

3. 信道

数字电视的信道有三类，即卫星信道、有线通道（光缆、同轴电缆）、地面信道（无线信道）。不同信道，信号的传输性能、技术要求等会有较大的不同。

三、ATSC 数字电视标准

目前，采用这一制式的国家有美国、加拿大、韩国、墨西哥、阿根廷等。我国的广国家广播电视总局播电视科学研究院、HDTV 总体组、康佳、TCL 等集团已成为 ATSC 组织的成员。

1. 技术要点

（1）规定了信源编码与压缩方式

ATSC 标准规定了视频信号的数据压缩采用 MPEG-2 标准，其中包括视频编码的输入、扫描格式及预处理方式、编码压缩的各种参数等；音频信号的数据压缩采用 Dolby AC-3 标准，包括音频编码的输入格式、预处理方式、编码与压缩的参数等。

（2）采用数据复用打包技术

ATSC 标准规定了将音频数据码流（数据包）、视频数据码流（数据包）、辅助数据码流（数据包）复用成单一的数据码流。其复用打包仍采用 MPEG-2 所规定的语法，并考虑到能与 ATM（异步传输方式）有互操作性。

（3）调制方式与信号传输

ATSC 标准规定了在现行 6 MHz 带宽的信道（NTSC）制中传输高质量的数字电视信号，采用残留边带（VSB）方式，具体如下所述：

在 6MHz 带宽的地面电视广播系统中，采用 8VSB 残留边带调制方式，可传输约 19.28MB/s 码率的数字电视信息，传送 35 套标准清晰度电视（SDTV）节目，或者一套分辨率为 1920×1080 像素的高清晰度电视（HDTV）节目。

（4）在 6 MHz 带宽的有线电视（电缆电视）广播系统中，采用 16 VSB 残留边带调制方式，能可靠传输约 38.57MB/s 码率的数字电视信息。

注意，中国的电视制式中，每个电视频道的带宽为 8 MHz，与美国的 6 MHz 是不同的。

2. 数字电视的节目流与传输流

音 / 视频模拟信号分别经 A/D 变换器变换成数字信号，后经各自的信源编码电路压缩、编码、打包（目的是按一定规范尽量减少信源各个符号的相关性，提高信源数据的传输效率，去除冗余度）产生了音 / 视频的基本码流（PES）。这些基本码流与辅助数据（可包括电子节目指南 EPG、服务信息 SI、图文电视等）以及节目时钟参考信息和其他节目源的基本码流等一起（如果有多个节目源的话），被传送到编码器复用打包，形成节目码流（PS）或传输码流（TS）。

在美国的 ATSC 数字电视制式中，视频压缩编码采用 MPEG-2 标准中的 MP@HL 等格式，最高图像分辨率可达 1920×1080 像素；音频压缩编码采用 Dolby AC-3 标准，信号采样频率为 48 kHz。

3. 帧结构

ATSC 常以 188 字节为一帧，每帧由两场组成，每场又分为 313 段。每场前要加场同步信息，每段前要加段同步信息。每一段信号由段同步（4 个符号）、有效数据（187×4=748 个符号）及 20 个附加的 R-S 码（80 个符号）组成。段周期为 $77.3\mu s$，场周期为 24.2 ms，帧周期为 48.4 ms。

4. ATSC 信道编码与调制系统

这一系统的组成，主要由信道编码、多路复用、残留边带（VSB）调制、上混频等几大部分组成。系统的输入信号来自信源编码及传输流复用器（IS-MUX），此为信号的数据流，即传输流 TS。

信道编码的目的是要在输入的数据流中添加冗余信息，或做必要的变换和编码，以便在接收中从受损（干扰、噪声等影响造成）的信号中恢复出原信息（数码）。这一系统中的信道编码包括数据随机化、R-S 编码（前向纠错编码，即里德—所罗门编码）、数据交织、格栅（状）编码等处理，对此做如下简介：

（1）数据随机化

主要目的是要打破 TS 流中可能出现的多个连在一起的"1"或"0"，避免信号低频分量过重而占有较多能量，以适应于信道的传输特性。数据随机化，也称能量扩散或数据加扰，使信号主要能量向高频段频谱移动。其实现方法是用一个为随机二进制序列（PRBS）发生器产生一个 PRBS 流，再与输入数据流逐位作异或运算。

（2）R-S 编码

即为里德—所罗门编码，它是以字节为单位进行前向误码校正（FEC）的纠错编码，它具有很强的随机误码和突发误码校正能力。

（3）数据交织

是一种在不附加纠错信息（数码），将数据码流的传输顺序有规则打乱的一种数据处理方法。在接收端交织后恢复成原数据码的顺序时，可将传输中可能出现的突发误码（连续的若干比特或若干字节的误码）分散开，以提高系统的抗突发误码能力。

（4）格栅编码

全称"Trellis Coded Modulation"，简称"TCM"，也称格状编码、栅状编码或网格编码。这是一种将卷积编码与调制技术结合在一起的编码，可在不增加信道带宽和不降低信息速率的情况下获得 3dB ~ 4dB 的编码功率增益，即 TCM 编码有助于提高抗随机噪声干扰的能力。

格栅编码也称为内编码，而上述的 R-S 编码称为外编码，这两种附加的内外编码结合在一起，称为级联编码。

（5）多路复用

位于格栅编码之后、导频加入之前的位置，段同步、场同步及测试信号等由此加入。其中段同步加于每一数据段的前面，为 4 个符号（两场的对应段合为 1 个同步字节）；场同步加于每一场的第一段，为 828 个字符（207 个同步字节）。

多路复用之后是导频加入模块，它是残留边带调制所需要的。

四、DVB 数字电视标准

音 / 视频编码及系统复用均采用 MPEG-2 标准，即使用统一的 MPEG-2 复用比特流传送。这里的音频编码与美国标准不同。

提出三种传输方式，即数字卫星电视（DVB-S），用于 11 GHz 和 12 GHz 频段的卫星系统，可以进行配转，以便适用于各种转发器功率与带宽的要求；数字有线电视（DVB-C），用于有线传送系统，与 DVB-S 兼容，通常用于 8 MHz 有线电视频道；数字地面（开路）广播电视（DVB-T），用于地面 7 ~ 8 MHz 频道的数字式地面广播电视系统。上述电视频道带宽与我国系统相当。

信道编码采用 R-S 前向纠错编码，即里德 - 所罗门卷积码。卫星电视信号采用四相移相键控数字调制方式（QPSK）或八相移相键控数字调制方式（8PSK）；有线电视网中的数字电视基本都采用 64 电平正交幅度调制方式（64QAM）；地面开路广播电视与其他制式有所不同，它采用了正交频分多路调制（OFDM）和格状（栅）编码（TCM）级联方式，也可采用 16 电平残留边带调制方式（16VSB）。

目前，欧洲的有线数字电视标准（DVB-C）和卫星数字电视标准（DVB-S）已成为全球化的国际标准，已被世界许多国家所采用。故数字电视各标准的不同之处，主要表现在地面电视的广播系统上。

五、ISDB 数字电视标准

ISDB 意为综合业务数字广播，主要由日本研究与应用，其他各国极少采用。音／视频的信源编码及系统复用均采用 MPEG-2 标准，基本与欧洲的 DVB 标准相同。

ISDB 标准既适用传送数字电视节目，又适用传送其他数据，故其是一个综合的业务服务系统。

传输信道（媒介）以地面空间为主，标准为 ISDB-T，高频调制采用正交频分复用（OFDM）方式；数字卫星电视 ISDB-S，则采用四相相移键控（QPSK）方式。

第二节　有线数字电视

卫星数字电视和地面开路数字电视，其传输媒体是卫星和广阔无垠的天空。而有线数字电视的传输媒体则是用光缆或同轴电缆，因为电视发端（电视台）与用户的电视接收机以缆线相连，故称有线电视。

现行的有线电视系统（有线电视网）所传送的信息大多数是模拟电视信号，每一频道占有 8 MHz 带宽，在所划定的频段宽度（70MHz ～ 550MHz）中可容纳 60 套 PALD 制模拟电视节目或 80 套 NTSC 制模拟电视节目。随着数字电视技术的飞速发展，有线电视系统中的数字电视节目将与日俱增，系统中所用电视节目的套数也会大量增加。

中国有线数字电视广播的发展十分迅速，已在有线电视网上播送数字电视节目，电视用户借助于电视机顶盒，将数字电视信号转换成传统电视机能接收的信息，高质量的数字电视节目呈现在人们眼前，随之而来的诸如点播电视、交互电视、付费电视等一大批新型电视业务也正蓬勃开展。

有线数字电视的调制方式，世界各国基本趋于一致，绝大多数都采用正交调幅（QAM）方式，严格地说，应为多进制（多电平）正交调幅（MQAM）方式，如 8QAM、16QAM、64QAM、128QAM 等。

有线电视，特别是有线数字电视有许多特点，这些特点给人民生活的改善、信息产业的发展、国民经济的增长带来巨大影响，产生了良好效益。

数字电视信号既可以在数字干线上传输，也可以在模拟干线上传输，目前有线电视系统（网络）几乎均为后者，采用的是光缆与同轴电缆相混合的网络系统，即 HFC 系统。

就传输系统而言，现在的有线电视并不是完全意义上的有线传输模式，因为有线电视台（中心）前端设备的节目来源，除了自制的节目外，大量的信息来源其他电视台通过无线（开路）、有线（电缆和光缆）传送或借助于卫星接收机从卫星通道获得（称卫视），也可从电话网、因特网获得。因此就整个有线电视系统的组成而言，它是一个集卫星电视、无线开路电视及有线电视为一体的综合电视广播系统。

一、有线数字电视的特点

1. 宽带入户，功能多样化

传统有线电视网的传输媒介多为同轴电缆或微波同轴电缆混合系统，可传送数十套电视节目，带宽较窄，容量有限，并难以实现双向传输。近几年来，随着"信息高速公路"的建设及光纤技术、数字技术，计算机技术的发展，光缆或同轴电缆混合（HFC）系统正以频带宽、容量大、成本低、双向性、强抗干扰性等为显著优点，成为多媒体宽带接入网的最佳选择之一。

我国有线电视系统主要采用光缆或同轴电缆混合和多路微波分配系统（MMDS）相结合方式。新建有线电视网络均采用 HFC 系统，其电缆入户带宽为 300MHz ～ 750MHz（绝大多数为 450 MHz 以上的系统），故一条有线电视电缆上可传送几十套电视节目，如北京数字有线电视试验使用的频率范围为 614 MHz ～ 742 MHz。

由于有线电视系统的频带宽、容量大，故可向多功能方向开拓，如开设图文电视、会议电视、视频点播（VOD）、电话业务、计算机联网服务，如互联网的接入等。

2. 不受其他信号干扰，可加设频道

有线电视信号是在同轴电缆或光纤的封闭媒体中传输，与卫星电视和地面开路电视相比，不受天电干扰、工业干扰及其他电磁波的干扰，故信号质量好。由于有线电视系统的上述特点，故可在相关频段内设置多达数十个增补频道，使电视频道数量大大增加。

3. 提供信息，有偿服务

有线电视可利用其优势，为电视用户提供各种有偿信息和服务，一改电视观众看电视、听广播不收费的历史，但与其他入户信息相比，有线电视的收费标准是低廉的。近年来，有线电视网已从传统的转播电视节目发展到各种专业频道，除了已有的新闻、电影、体育、娱乐、音乐、动画等频道外，还增播了气象、购物、商业信息、医疗保健、历史地理、科学技术、金融证券等频道，另外还可为儿童、老人、妇女等设立专门频道，其分工会更加精细。点播电视、交互电视、电视电话、远程教育等将会越来越普遍，越来越受到广大用户的欢迎。

4. 逐渐规模化和规范化

近年来，有线电视已发展成为一种重要的文化、信息产业，随着电话、电视、计算机等信息技术的飞速发展，"信息高速公路"的构想正在变成现实，多网合一的目标已成为现实。

二、有线电视系统的组成

一般的有线电视系统是由信号源、前端、干线传输系统及用户分配网络等四大部分组成。

1. 信号源

信号源的任务是为有线电视网提供所需的各种高质量音 / 视频节目（信号）和数据。常用的信号来自当地电视台的开路电视广播，卫星电视广播，微波地面站的接收、调幅、调频广播电台的广播以及自办的各种电视节目源（来自摄像机、录像机、视盘机、计算机等设备）。

有线电视台在转播本地电视台开路广播的节目时，对接收质量的要求十分严格。在VHF 频段，基本上是一个频道用一副专用天线接收，且天线放大器也是单频道专用放大，如此可避免其他信道信号的干扰；在 UHF 频段，可采用一副天线对频率相差不大的几个频道信号进行接收，并在天线不远处加装天线放大器，以提高增益，加大信号噪声比。

对于卫星电视信号的广播，每颗卫星需一副专用天线接收，不同极化的频道各有专用高频调节器分别处理，以保证各频道信号质量。

自办节目是各有线电视台所不可缺少的。所需设备有演播室、转播车、摄像机、录像机、字幕机、计算机、编辑机、切换台及自动播出装置等。

2. 前端系统

前端系统是有线电视系统的核心，位于各信号源与干线传输系统之间。它的主要作用是要对高质量的各信号源的信号分别进行处理（如频率变换、调制、解调、低噪声放大等），并在阻抗匹配的前提下，将它们转换成（混合成）一路复合宽带信号，再送干线传输系统中的发射机进行放大或电—光转换等处理，最后送干线电缆（光缆或同轴电缆）输出。

前端系统通常由频道转换器、调制器、加扰系统、混合器、导频信号发生器等多种设备组成。小型或简易的有线电视系统前端往往不设导频信号发生装置。规模稍大的有线电视台或有线电视系统通常有多个前端，为多种信号源提供服务。

前端系统大致有如下几种类型：

（1）直传前端

即不对电视信号的载频进行频率变换，只将电视台发送来的某频道的电视信号直接传送至混合器。这种前端过于简单，仅用于条件较差的有线电视系统，它属于早期传统型。

（2）频道交换型前端

也称重新调制型前端。先将接收来的某一频道的电视信号进行解调，再重新将解调出的信号调制到另一所需的频道载频之上，然后再送混合器处理。这一方式可使音、像信号的电平恒定，且能分别进行调整，交调干扰小，改频（更改频道）也很方便。这种前端很适合中型有线电视系统采用，也属于早期传统型。

（3）外差型前端

也称邻频前端。对电视信号采用很多满足邻频传输要求的处理，以提高相应的性能指标，如采用中频调制、混频等处理。外差型前端性能优越、技术指标高，适于大型有线电视系统采用。

大型有线电视的前端系统均设置导频信号发生器，以便传输系统进行自动增益控制（ACC）和自动斜率控制（ASC），从而保证信号的传输质量（信号的强弱控制与频率特性补偿）。有线电视前端系统常设三个导频，第一导频为47MHz；第二导频为110.7MHz；第三导频为229.5MHz。

加扰系统只是在点播电视、交互电视等付费电视系统中使用。

3. 干线传输系统

这一系统位于前端的混合器之后，用户分配系统之前，是一个范围较大或很大的传输网络。它主要由光发射机、光接收机、干线电缆、干线光缆、干线放大器、桥接放大器、多路微波分配系统、调频微波中继等组成。这一系统的主要任务是要将前端输出的高频电视信号和数据，高质量地输送至用户分配系统。干线电缆主要有同轴电缆和光缆，用微波代替电缆也是一种传输方法。

同轴电缆传输是应用较早、成本低廉、设备可靠、安装方便的一种干线传输方式。其缺点是电缆本身的损耗较大，每隔几百米就要安装一个干线放大器来补偿损耗、提高信号电平，因此也引入了非线性失真和噪声干扰，影响了信号的质量，同时又由于同轴电缆的损耗在高低频率区域有较大差别（频率高，损耗大），故在干线系统中要接入均衡器进行幅频特性的补偿。

另外，同轴电缆的损耗又与温度、湿度等环境因素有关，需要在干线线路上分段使用带自动增益控制（AGC）和自动电平控制（ALC）的干线放大电路。当干线上需要分出一路信号给支线时，需要用桥接放大器，设置输出端口。

干线放大器等有源设备的供电通常采用远端供电方式，在前端端口或某个合适的位置安装电源装置，以低压交流形式与高频电视信号一同在电缆中传送至所需设备。

光缆传输方式是通过光发射机将高频电视信号转换至红外光波段，使其在光纤中传输。接收端再通过光接收机将红外波段的光信号反变换成高频电视信号。光纤传输系统的特点是频带宽，容量大，损耗低，抗干扰能力强，失真小，性能稳定，工作可靠，其成本也在逐步下降。

4. 用户分配系统

用户分配系统也称用户分配网，它位于有线电视系统的末端，其主要作用是将干线传输系统送来的高频电视信号分配给每个用户的电视接收机,这一系统包括支线电缆、分支放大器(支线放大器)、分配器、线路延长放大器、分支器、楼栋放大器、用户盒、终端电阻等装置。其中除了各放大器是有源电路外,其他均为无源部件。用户分配系统中的放大器和分配器应保证各电视接收机有足够的信号强度,保证各电视用户的相互隔离、互不影响。线路延长放大器用于补偿支线同轴电缆的损耗,视线路远近可以有两级或三级级联。

三、有线数字电视的发展

有线数字电视的未来发展将呈现多元化与智能化趋势。首先,随着 4K、8K 超高清技术的普及,有线数字电视将提供更加清晰、逼真的画质体验,满足用户对高品质视听享受的需求。其次,智能化将是未来发展的关键方向,通过集成人工智能技术,有线数字电视将实现语音控制、智能推荐等功能,提升用户体验。同时,有线数字电视还将加强与互联网、移动设备的融合,实现跨屏互动和个性化服务,满足用户多样化的需求。此外,随着广电网络的整合与升级,有线数字电视的覆盖范围和服务质量也将不断提升,为用户带来更加稳定、可靠的观看体验。

第三节　高清晰度电视（HDTV）

HDTV 是英文 "High Definition Television" 的缩写。

什么是高清晰度电视呢?按照国际无线电咨询委员会(CCIR)的定义:高清晰度电视系统是一个具有正常视觉的观众在距该系统显示屏高度 3 倍距离上所看到的图像质量与观看原图像(景物)或实际表演时所得印象相同的一个系统。与常规的电视系统相比,HDTV 图像的水平和垂直空间分辨率都提高了 1 倍,并改善了彩色重显,屏幕的宽高比扩大到 16 : 9,而不是传统的 4 : 3,另外它的伴音也有一路增加至多路高保真输出。

由于 HDTV 的信息量大大提高,为传统电视信号的 5 倍以上,为此信号传输时所占有的频带宽度及数据所需的存储器容量也大大增加。因此,图像与伴音数据的压缩应是 HDTV 研究中的一个重要课题。

有人误将 HDTV 与数字电视(DTV)划成等号,混为一谈,其实二者还是有所区别的。HDTV 可分为模拟 HDTV 系统和数字 HDTV 系统两大类型,早期研制的属于前者,其研制工作始于 20 世纪 70 年代的日本,由于其发射信号为模拟形式,故也称其为模拟传输制式,而近期研制的 HDTV 则侧重于数字系统。

现在所指的 HDTV 制式,不仅采用数字方式处理视频信息,实现码率压缩,而且高频调制直至信号发射，均采用数字方式，故称为全数字高清晰度电视。

一、高清晰度电视的特点

传统模拟电视的分辨率不高，背景也较模糊，真实感较差，与之相比，HDTV 具有如下几个特点：

1. 图像分辨率高

传统电视的分辨率在 300 线上下，而 HDTV 的垂直与水平分辨率均提高了 1 倍，因此图像清晰，线条明快。传统电视的扫描行数为 525 行（NTSC 制）或 625 行（PAL 制），而 HDTV 的扫描行数可以在 525 行到 2125 行选择（如 1052 行、1125 行、1250 行等多种制式），通常有 1052 行（美国）或 1 125 行（日本）。当然，扫描行数愈多，图像信号的频带也愈宽。

通常，VCD、DVD、HDTV 均采用 MPEG-2 标准做图像数据压缩处理。其中，VCD 一般为低级主档格式，图像分辨率为 352×240 像素（NTSC 制）或 352×288（PAL 制）。

DVD 常用主级主档格式，图像分辨率为 720×480 像素（NISC 制）或 720×576 像素（PAL 制）；HDTV 则用高级主档格式，图像分辨率为 1920×960 像素（NTSC 制）或 1920×1152 像素（PAL 制）。其水平清晰度大于 700 线，SDTV 标准的水平清晰度大于 500 线。

上述数据表明，对于同样大小屏幕的一幅图像而言，HDTV 不压缩时的样点数约是 DVD 的 5 倍、VCD 的 22 倍。可见，HDTV 的分辨率被大大提高。

在扫描方式上，HDTV 目前仍为隔行扫描（2∶1），目标为逐行扫描（1∶1）。

2. 图像的屏幕横纵尺寸比大

在对高清晰度电视的研究中，对人的视觉生理和心理进行了反复试验和测试，并依此确定了图像的屏幕尺寸、屏幕形状、所需亮度等基本物理参数。屏幕的横向尺寸与纵向尺寸之比（宽高比）为 16∶9 或 5∶3 时，人们可获得满意的观赏效果；人眼与屏幕间的水平视角大于 30°，可获得高清晰度效果，而传统电视的视觉为 10° 左右。人与屏幕间的最佳距离应为屏幕高度的 3 倍，而传统电视为 7 倍。

上述条件表明，HDTV 屏幕面积至少要达到 8000 cm²，其对角线长度至少要达到 100 cm（约 40 in）。

应该指出的是，16∶9 幅面的标准清晰度电视（SDTV）有两种格式。其中一种是采样频率为 18 MHz 的真 16∶9，其水平清晰度与 4∶3 幅面标准清晰度电视相同。另一种 16∶9 格式的采样频率与 4∶3 幅面标准清晰度电视（SDTV）完全相同，只是水平位置上将 4∶3 的 720 个像素拉到 16∶9 的标准，因此其水平清晰度非但未能提高，反而有所下降，但由于采样频率相同，大多数演播室设备都能支持，人们通常所说的 16：9 和 4：3 兼容的摄像机大多数是指这一种情况。从系统的角度说，这种 16：9 格式不是一种系统格式，而是原 4：3 系统中的信号源格式，只是在源和接收端才能体现出来。

实际上，高清晰度电视（HDTV）系统完全可以兼容 16：9 标准清晰度电视（SDTV）节目。目前，大多数标准高清晰度电视机和高清晰度电视机都能接收从 4：3 普通电视到高清晰度电视等各种电视格式。

3. 扫描行数增加

研究与实践表明，电视图像的扫描行数应是观看距离的函数，主观评价相同质量的图像时，观看距离愈近，则要求扫描行数愈多。

4. 图像压缩技术先进

未压缩时 HDTV 的视频信号频带很宽，仅亮度信号就在 20 MHz ~ 30 MHz 上下，因此必须对其压缩。目前，HDTV 系统中的图像压缩均采用 MPEG-2 标准，因此通用性强，易于与其他媒体相容。

5. 具有多种扫描方式

众所周知，不同电视制式、不同媒体（计算机、电视等）、不同等级（如 MPEG-2 中有 11 个等级）中的图像格式，其主要差别表现在图像中频、扫描格式、清晰度等几个方面。而在 HDTV 系统中，它利用数字存储技术和计算机控制功能，可以使各种扫描格式兼容，并能在计算机的显示器上显示电视图像。这一技术可以大大改善图像的画面质量。

6. 水平视角大，临场感觉好

现行电视系统的水平视角只有 10° 左右，观众的临场感较差，而 HDTV 系统的水平视角大于 30°，视距与屏幕图像高度之比大于 3，屏幕尺寸在 74 ~ 86 cm（29 ~ 34 in），故 HDTV 的临场感非常好。

7. 采用周全的调制方式

在地面开路广播电视和有线电视系统中，HDTV 常采用残留边带调制（VSB）方式，如美国地面广播采用的是 8VSB 调制。

8. 两种数字音频压缩标准

目前，用于 HDTV 系统音频的数字压缩标准有两种：一种是 MPEG-2 标准中采用的 MUSICAM；另一种是 Dolby AC-3（美国 ATSC 系统中采用）。这两种标准不仅提供 CD 质量的音响，而且数据的压缩比高，其采样频率可为 32 kHz、44.1 kHz、48 kHz 和 16 bit 线性量化。

二、高清晰度电视的传输

高清晰度电视（HDTV）技术中的两大问题是音／视频数据的压缩和信号的传输。前一问题采用了 MPEG-2 标准对音／视频数据进行压缩编码，形成了所需码流；后一个问题包含对已压缩的数据如何做调制及其他相关处理，并对数据做进一步压缩，以降低码率，提高信号的频率利用率，即在单位时间和单位带宽内更有效地传输更多的数据位（bit）。

1. HDTV 系统中常用的几种数字调制方式

在 HDTV 及数字电视系统中，下述几种数字调制（解调）方法已被经常采用：

（1）QPSK 调制

即正交相移键控。卫星通信、卫星数字电视广播及卫星 HDTV 等均采用此类调制方式。

（2）QAM 调制

即正交幅度调制，HDTV 的地面开路广播（如美国）、有线电视网中的数字电视常采用这一调制方式。MQAM 为多电平正交幅度调制，信号频带被进一步压缩。

（3）OFDM 调制

即正交频分复用调制，欧洲的地面开路数字电视广播等采用这一调制方式，COFDM 为编码正交频分复用调制。

（4）VSB 调制

即残留边带调幅，HDTV 及数字电视的地面开路广播等系统中常采用这一调制方式（如美国大联盟 HDTV 的传输方案即如此）。

2. 数字调制压缩信号带宽举例

在 HDTV 系统中，未经压缩的图像信号数据传输速率高达 663.55 MB/s，经 20.8：1 的压缩编码后，数据传输速率降至 31.9 MB/s。如果对其采用 8VSB（8 电平残留边带调制）数字调制，若其频率利用率（系数）为 5.3 B/s/Hz，则调制后信号的带宽压至此例说明，可在 6 MHz 模拟带宽的信道内传输一路经过 8VSB 调制的数字 HDTV 信号。

31.9 MB/s+5.3B/s·Hz≈6 MHz

又例如，一路数据传输速率为 8.448Mbi/s 的视频图像信号（相当于目前演播室的图像质量），若用 8VSB 对它进行数字调制，则调制后信号的频带宽度为：

8.448 MB/s+5.3B/s·Hz≈1.6 MHz

信号的频带被压缩，可使信道容量增多。如在 400 MHz 带宽的传输信道中，可传输上述质量的图像信号达 250（即 400 MHz+1.6 MHz）套之多，效果是十分明显的。

3.HDTV 地面广播的 MQAM 传输方案

经过压缩等处理后的音 / 视频及附加数据输入本系统，其数据传输速率有 13.34 MB/s 和 18.22 MB/s 两种。其中后一种中的图像数据传输速率占 17.47 MB/s，而伴音和附加数据仅占 0.75 MB/s，实际图像质量较好。为了提高信号的抗干扰能力，系统中采用了（116，106）或（155，145）R-S 纠错码（里德—所罗门纠错码）和 3/4 或 4/5 格（栅）状编码，并增加了所需的同步数码，使数据的总传输速率增至 19.51 MB/s 和 24.39 MB/s。

经过 16QAM 或 32QAM 正交调幅，使原传输速率降低到原来的 1/4 或 1/5。调制后的信号再经 a=0.23 余弦滚降频谱特性的滤波，保证信号的频带宽度为 6 MHz。

接收过程是发射的逆过程，为了对付信号传输中的多径干扰，在 MQAM 解调、A/D 转换后，增加了一个数字自适应均衡器，以消除符号（数码）间干扰。自适应均衡器采用 256 阶抽头的硬件电路。对格状编码采用 Viterbi 软判决解码，使 MQAM 的抗干扰能力更强。

4. HDTV 地面广播的 OFDM 传输方案

此方案为欧洲许多国家所采用，其频道带宽与我国相同，也为 8 MHz。在 8 MHz 带宽内，模拟电视信号与数字电视信号兼容传输。

系统中，输入的音 / 视频等数据的总码率为 25.088 MB/s，经 R-S（224，208）纠错编码，数据码率增至 27.017MB/s。再用 16QAM 或考虑格状编码 32QAM 将其调制到 512 个并行的子载频信道上。

OFDM 方案实质上是一种并行调制方案，将数据符号的周期延长 N 倍，以有效克服多径传输效应，提高对多径传输的抵抗能力。对于带宽为 8 MHz 的电视频道而言，将其划分成 N（如 512）个子带，选用 N 个子载频，并将串行的符号序列（数据）也分成长度为 N 的段，将每段内的 N 个符号分别调制到 N 个子载波上并一起发送，即完成了 OFDM 调制。

在 OFDM 系统中，子载波间隔的选择是十分关键的。与普通的频分复用系统不同，在 OFDM 系统中，为提高频带利用率，各子载波上的信号频谱是相互重叠的，但载波间隔的选择要使这些载波在整个符号周期上是正交的，即加于符号周期上的任何相邻两个载波的乘积等于零。这样，即使各载波上的信号频谱存在重叠，经同步解调后，仍可无失真地还原出原调制信号（数据），这一点在彩色电视的 R-Y、B-Y 的正交调制中均有论述。理论与实践均证明，当载波间最小间隔等于符号周期倒数的整数倍时，可满足正交条件。为实现最大频谱效率（利用率），一般取载波的最小间隔等于符号周期的倒数。对于上述带宽为 8 MHz 的电视频段，选用 512 个子载频后，每一子信道的波形脉冲宽度为 T=512/8 × 106=64μs。

由于地面广播信道反射波强度大的路径其时延一般较小（一般在 3μs 以下），因此可采用加保护时间 Q（Q=1.95μs）的方法来吸收掉符号间的干扰，即使调制波形的宽度为 T+O（65.95µs），而子信道间隔仍为 T。

应指明，为了对付同频道的 PAL 制信号的干扰，凡在 PAL 信号频谱中信号能量大的地方（如图像载频、色度幅载频、伴音载频等附近区域）不设子载波。这种方法称为频谱开槽。这种方法可大大减小 OFDM 与 PAL 信号间的相互干扰，其效果与 VSB 中使用 NTSC 抑制滤波器大致相同。但频谱开槽后，8 MHz 带宽中的 512 个信道只剩下448 个，取消了 64 个。

数据每段（N 段）内的 N 个符号序列可用同一种数字调制方法，如 QPSK 调制或MQAM 调制等，对 N 个子载频进行调制。当然，不同的子载频也可以不同的调制方法进行调制。

三、高清晰度电视（HDTV）的发展

高清晰度电视（HDTV）的未来发展，将呈现以下几个趋势：

1. 超高清化

随着 4K、8K 等超高清技术的不断成熟，HDTV 将向更高分辨率发展，为观众带来更加细腻、逼真的视觉体验。超高清电视不仅提升了像素数量，还具备更高的帧率、位深和动态范围，使画面更加流畅自然。

2. 智能化

未来的 HDTV 将深度融合人工智能技术，实现语音控制、智能推荐、智能家居联动等功能，使电视成为家庭智能生活的一部分。通过 AI 算法，电视能更精准地理解用户需求，提供个性化的内容和服务。

3. 网络化

随着互联网的普及和发展，HDTV 将更加注重网络功能的建设。未来的电视将支持更丰富的网络应用，如在线视频、云游戏、远程教育等，满足用户多样化的娱乐和学习需求。

4. 大屏化

随着显示技术的进步和制造成本的降低，HDTV 的屏幕尺寸将不断增大，为用户带来更加震撼的视听效果。同时，大屏电视也将更加注重设计和工艺，提升整体的美观度和用户体验。

5. 环保节能

未来的 HDTV 将更加注重环保和节能，制造商将采用更高效的显示技术和节能设计，降低电视的能耗和碳排放，推动绿色消费和可持续发展。

第四节　数字电视电话及视频监控系统

一、数字电视电话系统

电视电话按传输信号不同可分为模拟电视电话和数字电视电话；按图像活动与否可分为静止图像电视电话及活动图像电视电话；按图像色彩可分为黑白电视电话和彩色电视电话。但无论是哪种电视电话，一般均由下列五部分组成：

1.语音处理部分

包含电话机、A/D 转换器、语音编码器（以上为发送处理）及电话拾音器、D/A 转换器、语音解码器（以上为接收处理）等几大部分。为了使语音与图像同步，语音通道中还要有延时电路。

2.图像信号输出部分

含有 CCD 摄像机、A/D 转换器、图像信源编码器及相关的视频信号处理电路。

3.图像信号输入部分

包含图像监视器、D/A 转换器、图像信源解码器及相关的视频信号处理电路。

4.复用器及解复用器

其中，前者做发送时语音信号、图像信号的复用；后者做接收时语音信号、图像信号的解复用。

5.信号的发送与接收部分

包括供发送时用的信道编码器与调制器，以及接收时用的信道解调器与信道解码器。

数字电视电话系统的传输信道主要有模拟信道与数字信道之分。前者即为现有的公共电话交换网（PSTIN）。数字信号必须经过调制—调解器变成模拟信号才能在模拟信道中传输。调制—解调器的数据传输速率（码率）为 56 kB/s 或 33.6 kB/s。为此，必须对图像信号做高压缩比的编码处理。PSTN 系统每秒传送 10 帧图像（分辨率为 100×100 像素）已不成问题。在具有综合业务数字网的地方，直接利用 ISDN 网进行数字信号传输，可大大提高通信质量。

研究与实践表明，如果图像的清晰度达到 100×100（1 万）像素，每秒传输 7 帧画面时，此电视电话已能为人们所接受。

二、视频监控系统

1. 视频监控系统概述

视频监控系统目前已成为安全防范、防盗报警、环境监控、交通管理、工业生产、医疗手术、考场监控等诸多领域或部门所采用的一种音/视频技术。这种系统以固定摄像机和遥控摄像机，能将被监控空间的场景和音响通过有线或无线信道传送到主控中心，以使主控人员发现问题，加以解决。对被监控的信息可按需要全部存储或部分存储，以便查核。

第一代模拟监控系统，成熟于 20 世纪 80 年代，主是以模拟设备为主，构成闭路电视监控系统，大量应用于工业生产的监控，故有时也称其为工业电视。

第二代数字化视频监控系统，成熟于 20 世纪 90 年代中期，它是利用计算机和多媒体技术来实现监控，但在系统中仍有模拟设备存在，还不是全数字化的。

第三代数字远程视频监控系统，也称多媒体数字视频监控系统，简称数字视频监控系统。这是全数字化系统，它是以网络为依托，以图像信号的压缩、编码、存储、传输、显示为技术核心的一种音/视频处理系统。通过现代通信网络，被控目标可延伸至任何地方。随着宽带网络的普及、多媒体技术的应用，特别是 IP 网络和 MPEG-4、MPEG-7 技术的成熟，网络化的数字视频监控系统的发展将更加迅速。

第三代数字视频监控系统的主要特点如下：

（1）高度集成化

其主机集合了传统录像监控系统的所有后端控制设备，其中包括画面分割器、电视墙、矩阵、云台控制器、长延时录像机等部件，既节省了大量的空间，又大大方便了系统的使用与维护。

（2）高度智能化

如画面动态侦测报警、自动锁定、自动存储等多种设定功能。

（3）大容量存储空间

对数字系统而言，是很容易做到几百 GB 或几千 GB 的存储空间，而且存储空间可循环使用，将超过一定期限的信息删除，并将新信息保存下来。这一功能在银行系统中是很重要的。

（4）实时性和快速检索性

即可用多个检索词，实现对所存信息做快速检索。这是传统视频监控系统无法实现的。

2. 视频监控系统组成

（1）系统主机

也称控制中心或监控中心。视频矩阵的切换通常也包含其中，控制主机均为 PC，规模稍大一点的监控主机应为 PC 式视频服务器。整个系统以"硬件 + 软件"的机制对整个设备进行控制和视频处理，系统的一切操作均在主机的指令下进行，如摄像机聚焦的调节、云台的转动、监视图像的切换、信号存储的控制、报警信息的处理等。

（2）视频采集卡

也称图像采集卡。它能对各摄像机（头）所摄信号进行实时处理，如 A/D 转换，按一定标准（如 MPEG-2 标准等）对图像数据进行压缩、编码等工作。

（3）摄像机（头）群

也称信号采集系统。它主要由多台定焦镜头的固定摄像机、多台变焦镜头由云台控制摄制角度的摄像机及其他种类的摄像机组成。云台受系统主机控制，按需要转动角度和方位。

（4）音频监控及报警系统

它也属于视频监控系统的一部分，由报警主机、音频矩阵切换及相关传感部件组成，它的工作也受系统主机控制，在某些领域中，这一报警系统是十分重要的。

（5）视频监视

稍大一点的视频监控系统均以电视墙做图像监视，在系统主机的控制下，电视墙上的画面可以自由切换、放大、伸缩；在云台转动下，可以改变所观察图像的不同方位或特写场景。

（6）存储器

在现代的视频监控系统中，大都以硬盘录像机，磁盘阵列做存储设备。其特点是容量大，检索快，体积小，易保存。

3. 银行数字视频监控系统组成

这一系统要通过通信卡及通信网络与上级银行联络，以传送信息、查验相关的业务数据，并实现远程图像信号的监控。

控制中心通过多端口路由器与多个远程分行实现联网，并将其中各个分控中心联网组成 100MHz 的局域网。在中心局域网上的任何主机，都可以实现对多个不同分行现场的同时监控。控制中心旁的相关部门（如行长室、保卫科室等）可设分控计算机，分控计算机在某些时刻可监控任意多个现场的视频图像，并可对其进行控制。

4. 智能化住宅小区监控系统组成

在管理控制中心（即监控中心或中心主机）下设两个子系统，分别为住户智能化管理子系统和物业综合智能管理子系统。前一子系统主要对住户（业主）的相关信息进行采集与管理；后一子系统则涉及整个小区的信息采集、处理与控制，其中既有摄像机获取的图像信息，也有多种防盗报警的开关，同时还包括多种网络进入小区的信息服务管理，如宽带网络的接入、有线电视网上的视频点播等。

三、数字电视电话及视频监控系统的发展

数字电视电话及视频监控系统的未来发展将深度融合人工智能、大数据与云计算技术，实现智能化、高清化、网络化与集成化。智能电视电话将不仅提供高清音/视频通信，还将集成智能家居控制、健康管理等功能，成为家庭智能中心。视频监控系统则将借助 AI 算法，实现智能分析、异常检测与预警，提升安全防护水平。同时，云存储与云计算技术的应用，将使得视频监控数据更加安全、易管理，实现跨区域、跨平台的无缝集成与共享。

第五节　蓝牙技术及其系统组成

蓝牙的英文名称是 Bluetooth，它是 1998 年由爱立信、IBM、英特尔、诺基亚和东芝等五大公司联合发起制定的一项新的无线通信技术。随后摩托罗拉、朗讯、康柏、西门子等一大批公司也加入其中。

蓝牙技术实质上是低成本、低功耗、短距离的无线数字通信技术的代称，是一种无线数据与语音通信的开放性全球规范。其工作频率为全球通用的 2.4GHz ISM（工业、科学、医疗）微波波段，无须申请频率分配；其最大数据传输速率为 1MB/s（逐步向 24MB/s 发展）；最大传输距离约 100m（通常为几十厘米至几十米）；蓝牙技术的最大特点是替代了移动设备、固定设备之间的短距离连接线或电缆，建立真正意义上的无线个人局域网，故有人也称蓝牙技术为电缆替代技术。

蓝牙原为丹麦国王哈拉尔一世的外号，他为四分五裂的北欧的统一立下了不朽功勋。所以五大公司联合采用蓝牙命名，希望该技术能成为全球短距离无线通道的统一标准，蕴含一统天下之意。

一、蓝牙技术的特点

1. 采用跳频扩谱技术

由于蓝牙采用开放式的 ISM 频段，故会受到各种电磁干扰，微波炉工作时的泄漏就是一种干扰源。为了提高通信的可靠性，蓝牙在体制上选用了跳频扩谱技术，即将频带分成若干个跳频信道，系统中的收发信机工作时分配的跳频序列（伪随机码）按一定规律（跳频谱图）不断地做一个信道跳至另一个信道（跳频速率为 1600 次/秒）的周期变化，故能有效地避开某些干扰的特点。由于收发双方是按约定的规律同步做跳频变化，因此能保证正常的蓝牙通信（干扰则无比规律）。

2. 语音信源编码及数据包格式

在一个蓝牙微网中可同时使用三个同步信道进行双向语音通信，也可使用一个信道同时进行异步数据通信和同步语音通信。蓝牙的空中（无线）接口常采用对数型 PCM（脉冲编码调制）语音编码或采用连续可变斜率增量调制 CVSD，传输速率为 64 kbps。CVSD 编码的优点在于能处理丢失或被损坏的语音样本，在比特率误码达 4% 的情况下，仍能满足所要求的可懂度。数据压缩方法按 G.711 建议执行。

蓝牙信号基带技术支持两种不同的连接方式，即面向连接的同步（SCO）方式，无连接的异步（ACL）方式，前者主要用来传输数据，后者主要用来传输语音。每种连接方式最多可支持 16 种不同类型的数据包格式，其中 4 种用于传送控制信息。两种采用 TDD 实现全双工通信。

3. 信道编码采用差错控制编码技术

蓝牙技术虽采用跳频扩谱技术有效避开某些干扰点，但当干扰正好落在跳频频点上时，仍会造成误码。为了进一步保证通信的可靠性，蓝牙系统采用了三种不同的纠错编码方案，其中两种为前向纠错（1/3 FEC、2/3 FEC），另一种为自动请求包重传（ARQ）方案。

4. 采用安全保密技术

无线通信的信号很容易被截获，为了确保通信的安全，蓝牙系统采用了以下安全保密措施：

（1）权限鉴别

通过"请求→响应"过程对用户的身份进行确认，防止非法用户访问或篡改重要的数据和文件，并对某些功能的运用进行限制。

（2）加密

采用密码流（8 ～ 128 位加密密钥）对信号进行加密，以防窃听和入侵。在一次连接全过程中，会话密钥可随时更改，以进一步增强对蓝牙系统的防窃听功能。

5. 灵活的蓝牙设备组网技术

在任意一个有效的通信范围内，所有参与的蓝牙设备都是平等的，即任一蓝牙设备在主从网络和分散网络中，既可作为主设备，也可作为从设备，或同时既做主设备又做从设备。因此，在蓝牙系统中没有从站、主站之分。另外，所有设备都是可移动的，其间无任何连线，故组网十分方便、快捷。

6. 软件的分层结构

蓝牙的通信协议与其他许多通信系统一样，也采用分层结构。其程序写在一个芯片中，其底层为各类应用所通用，高层则视具体应用而有所不同。根据协议，各种蓝牙设备无论在何地方，都可以通过人工或自动查询来发现其他蓝牙设备，从而构成主从网或分散网，以实现系统提供的各种功能，使用起来十分方便。

7. 蓝牙与其他近距离无线通信之比较

近距离无线通信有多种方案，主要有红外线式方案、无线通信方案、Zig Bee 方案、家用射频网络（Home RF）方案、IEEE 802.11 方案、蓝牙技术等多种，以下简单介绍其中几种：

（1）红外线式无线通信方案、Zig Bee 方案

特点是速度快、价廉、安全、低功耗，目前已用于扫描、空调器、电视机、计算机等设备的遥控中。其主要缺点是距离短（一般只有几米），必须在视线范围内直接对准才能进行通信，其间不能有阻挡，故红外线只适用于两设备之间（点对点）的通信，不能连接更多的设备。

（2）家用射频网络（Home RF）

特别设计用于家庭及小型商业网络的近距离无线通信网络技术，也使用 2.4 GHz 频段，通信距离在十多米之内，数据速率可达 10 MB/s，比蓝牙高得多，且价格便宜，容易安装，每个网络最多可允许接入 127 个设备（蓝牙系统接入设备暂为 7 个）。

（3）IEEE 802.11 方案

这一标准的设备类似于没有线缆连接的以太网，数据速率很快，可达 11 MB/s，可靠性高，是一种严格用于数据传输的标准，但不用于语音信号和电话信号的处理，故这种方案适合办公室中的通信，而不宜在家庭网络中应用。

蓝牙技术的优点很多，这点上面已有详细论述，但蓝牙技术也有不足之处，目前主要问题是成本稍高，有效通信距离偏短（几十厘米至几十米），数据速率不高，安全性能也不令人满意。但毫无疑问，蓝牙技术已成为近年应用最快的一项近距离无线通信技术，其席卷全球之势已不可挡，其不足之处也在不断克服中。

二、蓝牙系统的组成

蓝牙系统主要由天线单元、链路控制单元（硬件）、链路管理单元（软件）、主终端、高层协议单元等几大部分组成。

1. 天线单元

蓝牙系统的天线为微带天线，体积甚小、重量很轻、全方位，天线电平建立在 0 dBm（1mW）的基础上，遵从 ISM 频段标准，当采用扩频技术时，其发射功率最大可增至 20 dBm（100 mW）。在蓝牙组件上，无线已制好，使用者可省去很多麻烦。

2. 蓝牙链路控制单元（硬件模块）

这一单元主要包括连接控制电路、基带信号处理及高频接收/发射电路，还使用了 3～5 个单独调谐元件，基带链路控制器负责处理基带协议和其他一些低层常规协议。蓝牙基带协议是电路交换与分组交换的结合，采用时分双工方案，实现双向传输（通信）。

3. 蓝牙链路管理单元（软件）

这一软件单元包含有链路管理协议、逻辑链路控制与应用协议、串行电缆仿真协议及服务发现协议（即发现远端蓝牙链路管理设备，并与之通信的服务）等多种软件体，其程序写在一个 99 mm 的微芯片中。

4. 主终端

主终端通常指的是在蓝牙通信中作为主设备（Master Device）的蓝牙终端。在蓝牙通信中，设备被分为主设备和从设备（Slave Device），主设备负责发起连接、管理连接以及控制通信过程。

5. 高层协议单元（软件协议栈单元）

高层协议单元也称软件协议栈单元，蓝牙技术的规范接口可以直接集成到笔记本电脑或通过 PC 卡与 USB 接口连接，或直接集成到手机中或通过附加设备连接。蓝牙技术系统中的软件（协议栈）是一个独立的操作系统，它不与任何操作系统捆绑，符合已经制定好的蓝牙技术规范。这种规范适用于不同的商用操作系统，如 Windows、Unix、Windows XP 等。它也支持 USB 2.0 接口。

三、蓝牙技术的发展

蓝牙技术的未来发展将聚焦于更高速率、更低功耗、更远距离以及更广泛的兼容性。随着物联网时代的全面到来，蓝牙技术将不断升级，以满足智能家居、可穿戴设备、工业自动化等领域对无线连接的高要求。未来蓝牙版本将进一步提升数据传输速度，降低设备能耗，延长电池寿命，同时实现更远的连接距离，确保设备间的无缝互联。此外，蓝牙技术还将加强与其他无线技术的互操作性，为用户带来更加便捷、高效的使用体验。

第六节　汽车电子技术简述

一、汽车电子技术

随着科学技术的飞速发展，电子技术已经深深融入汽车整体的各个部分，二者已密不可分。

目前，汽车电子设备包括控制、驱动、安全、显示、通信、定位、导航、检测、娱乐等各个领域，涉及电子工程、计算机软硬件、系统集成、传感器、集成电路等基础单元。可以说，几乎所有的电子信息产品都可以应用于现代或未来的汽车中。据国内外专家预测，未来几年中，汽车上各类电子装置的成本将占汽车总成本的 40% ~ 60%，这一比重将随着电子技术的发展及汽车制造工业的跃进而逐年加大，它意味着汽车正由单纯的机械产品向高级的机电一体化的产品方向阔步前进。

如今，高档汽车内电子系统中的微控制器（微处理器或微处理机）已达几十个，各类传感器也多至上百个。卫星定位、电子导航、蓝牙上网、电视播放已不成问题，汽车黑盒子也将很快成为产品。

当前，汽车中的电子技术主要分为四大类：即动力系统中的电子技术（发动机控制系统），车辆行驶姿态中的电子技术（汽车底盘控制系统）、车身内部（车辆内部）的电子技术和汽车信息系统。微机是整个汽车电子的核心，它负责指导各组成部分的工作。如今数字处理（DSP）、嵌入式系统等已在汽车技术中得到应用，使多微机控制向集中控制发展。

总体而言，汽车电子是由车体电子控制系统与车载汽车电子控制系统两大部分组成的。

二、汽车电子技术的应用

（一）在汽车动力系统控制中的应用

汽车的动力系统控制也称汽车牵引系统控制，它主要包括发动机电子控制和电子动力传输控制（包括电子变速控制）两项主要内容：

1. 发动机电子控制系统

发动机电子控制系统又分为电子控制燃油喷射装置（EFI）、电子点火装置（ESA）、怠速运转控制（ISC）、废气再循环（EGR）、电动油泵、二次空气喷射、发动机排量、发动机增压等及其他相应的控制，这里主要说明前两项：

（1）电子控制燃油喷射装置（EFI）

这一装置可以自动保证发动机始终工作在最佳状态，使其在输出一定功率的条件下最大限度地节油和净化空气。

汽车研发人员经过大量的实验，获得发动机最佳工作状态时的供油规律，经过分析、修改、论证，将这些规律（数据）存入微机系统，在发动机工作时，微机（或控制系统）将根据各种传感器测得的空气流量、排气管中含氧量、进气温度、发动机转速及工作温度等多种参数，按预先编制好的程序进行分析、运算，然后与系统中存入的最佳工作状态的数据进行比较和判断，然后调整发动机的供油量。这样就能使发动机一直处于最优工作状态下运行，使发动机的综合性能得到提高，以达到节省燃油、减少废气排量的重要目标。

现代生产的中高档汽车都无一例外地采用电子燃油喷射技术。汽油发动机的控制系统常用多点喷射的燃油喷射控制方法,即在汽油机的各汽缸进气支管中安装燃油喷射器,通过对各燃油喷射器的控制来决定喷入各汽缸的油量。

（2）电子点火装置（ESA）

这一装置的主要作用是控制发动机的点火时间。它主要由传感器、信号调理、微处理机、执行机构等几大部分组成,该装置根据传感器送来的有关发动机各种参数进行运算、判断,然后进行点火时刻的控制（调节）,使燃油充分燃烧而节省燃料（节省效果在15%以上）,减少废气排出。另外,新型发动机的电子点火装置还具有自适应控制、智能控制及自诊断等操作功能,使控制效果更好。

2. 电子动力传输控制

这一控制的主要作用是直接控制汽车车轮的转动,根据传感器对油门位置及车速等的检测,经微机处理后,控制变速器使其达到最佳的汽车行驶扭矩,并闭锁该运行点和液力离合器的液压。由于采用了电子控制系统,故可使动力传送的精度提高,使变速器的设计更加随意、控制机构更加简单,并能改善汽车的燃油经济性和驾驶性。近年来,已将发动机电子控制单元与传动系统的电子控制单元合二为一,成为一种电子动力牵引控制系统。

在不少资料中也将变速器控制划归车辆行驶姿态的控制（也称汽车底盘的控制）。

（二）在车辆行驶姿态控制中的应用

这种控制系统主要是用来控制车辆运行中的三大状态——行驶、转向和停止,采用电子技术后,使汽车的驾驶灵敏度提高,行驶的稳定性增强,司乘人员的舒适性改善。

车辆行驶姿态的控制也称为汽车底盘控制,主要包括电控自动变速器（ECAT）、防抱死自动刹车系统（ABS）、电子转向助力系统（四轮转向控制系统）、适时调节的自适应悬挂系统、常速行驶控制系统（CCS）、防滑控制系统（车轮与地面附着力控制）,等等。

1. 电控自动变速器（ECAT）

多种传感器根据发动机的载荷、转速、车速、制动器的工作状态、驾驶员所控制的各种参数,传送给计算机,经计算、判断后自动地改变变速杆的位置,从而实现变速器换挡的最佳控制,即得到变速器的最佳挡位和最佳换挡时间。这种控制的优点是加速性能好,灵敏度高,能准确反映行驶负荷和道路条件等状态。

传动系统的电子控制装置,能自动适应瞬时工作状态的变化,保持发动机以尽可能低的转速工作。

电子气动换挡装置是利用电子装置取代机械换挡杆及其变速机构的连接,并通过电磁阀及气动伺服阀来执行,这不仅能明显地简化汽车操纵,而且能实现最佳的行驶动力性和安全性。

2. 防抱死制动系统（ABS）

这一系统是汽车安全的重要部件，通过控制来防止汽车制动车轮的抱死，以保证车轮与地面达到最佳滑动率（15%～20%），从而使汽车在各种路面上制动时，车轮与地面都能达到纵向的峰值附着系数和较大的侧向附着系数，以保证车辆制动时不发生抱死拖滑而失去转向能力等不安全的工况，提高汽车的操纵稳定性和安全性，减小制动距离。

驱动防滑控制系统（ASR）也称牵引力控制系统（TCS 或 TRC），是 ABS 的完善与补充，它可以防止起动和加速时的驱动轮打滑，既有助于提高汽车加速时的牵引性能，又能改善其操作稳定性。

最初设计的 ABS 系统只作用于汽车的后轮，在采用计算机控制的近期防抱死刹车控制系统中，则对汽车的前后四轮均做控制，这样不仅能防止汽车在刹车过程中后轮被抱死（锁死），而且能防止用于转向的前轮也不被抱死（锁死），从而使汽车行驶方向的稳定性得以增强，并且还能提高汽车的可操纵性。

3. 电子转向助力系统

转向助力是指当车辆停止或低速行驶所减小转动方向盘的力及车辆高速行驶时所增强的力，其目的是使车辆驾驶保持平稳。

这一系统是用一部直流电机代替传动的液压助力缸，由蓄电池和电动机提供动力。这种微机控制的转向助力系统和传统的液压助力系统相比，具有部件少、体积小、重量轻等特点，同时还使转向作用力及转向回正特性最优化，提高了汽车的转向能力和转向响应特性，增加了汽车低速行驶时的机动性及调整行驶速度时的稳定性。

4. 适时调节自适应悬挂系统

这一系统的电子控制单元能根据车身高度传感器、悬挂装置的瞬时负荷传感器、车速传感器等相关传感器送来的信息，经计算机处理后，发生反控信号给改变车身高度的执行器，即自动适时调节悬架弹簧的刚度和减震器的阻尼特性、以适应当时的负荷，保持悬挂的既定高度，使车身高度达到某一最佳值，如此能极大地改进车辆行驶的稳定性、操纵性和乘坐的舒适性。

5. 常（恒）速行驶自动控制系统（CCS）

常（恒）定车速控制也称恒速自动巡航控制。这种系统是通过车速传感器、定速控制开关及定速取消开关等部件的信号，由计算机给出控制命令，自动调节气门的开度（位置），驾驶员不必经常踩踏油门，汽车即能保持预先设定的车速。若遇爬坡，车速有下降趋势时，控制系统则自动加大节气门的开度；在下坡时，又自动关小节气门的开度，以调节发动机功率，使汽车达到一定转速，当驾驶员转入低速驾驶或制动时，此恒定车速控制系统会自动关闭。

（三）在车辆内部控制系统的应用

车辆内部系统控制的目的是为司乘人员提供更为舒适、更为便利、更为现代化、更为安全的乘坐环境，以提高整车的档次和市场的竞争力。车辆内部的控制系统包括诸多方面，例如车用自动空调系统、电动座椅、电动车窗、电动天窗、车灯控制，挡风玻璃的雨刷控制、数字化仪表显示、安全保护系统（安全带、智能安全气囊、中控门锁等）和轮胎压力监测报警系统（TPMS）等。

1. 自动空调等系统

汽车用自动空调系统与家用空调略有差别，它除了能自动调节车厢内的温度，还要控制车内空气出口流量、风扇转速、吸入空气或排出空气的多少及空调压缩机的运行等。

2. 数字化汽车仪表显示

从发展趋势来看，数字化汽车仪表显示（常用液晶屏幕显示）正逐步取代传统的指针式（机械式）仪表指示，国内现有多个单位正在研制一体化汽车智能数字仪表板，这种仪表板的特点是界面友好，显示直观、明了、快捷、便利。

3. 汽车安全保护系统

汽车安全保护系统是安全带、安全气囊、侧碰保护、防撞装置、合成玻璃、防抱死制动（ABS）等各种软硬件措施。这些系统与部件有些与电子技术有关，有些无关，但研究与统计表明，汽车的安全保护系统是汽车电子技术增长最强劲的需求之一，其年平均增强在 25% 以上。用户对此项要求往往列于购车的首选。因此，安全气囊、防抱死制动系统（ABS）等将成为汽车的标准配置。

汽车中的预紧式安全带和传感器系统将有所增加（4 个或更多），如此可提高冲碰检测能力并提高整车的稳定性，进而可构成统一的安全气囊网络。智能型安全气囊内装有微处理器和多个传感器，形成一个较复杂的电子系统。

国际上常将汽车安全保护系统划分为主动安全保护与被动安全保护两种。

目前，中国正在开展轮胎压力监测系统（TPMS）的研制，这一系统通常分为直接 TPMS 和间接 TPMS。

（1）直接 TPMS

将传感器和高频发射电路安装在轮胎的气门附近，直接监测轮胎的压力高低、轮胎缓慢漏气或温度异常变化，并及时向车载无线接收机报警，以有效防止爆胎等事故的发生。这一系统要求可靠性高、发射电路用的电池寿命要长（低功耗脉冲式发射等）、抗高低温，抗振动的性能要好等。目前，直接 TPMS 系统所使用的无线电收发频率还没有统一标准可循，所采用的频率基本上与遥控车门或防盗报警器的频率相同，一般为 433 MHz，调制方式为频移键控（FPSK），故在实际使用中很难避免同频干扰。另外，发射电路与传感器的低功率、低功耗设计也存在技术难点。开发不需要电池的无线传感发射器是个重大课题与发展方向，这种无线传感发射器可以整合在汽车轮胎中，使二者成为一个整体。目前很多公司正在开发此项产品，此项工作需与各轮胎制造商配合，共同制定一个统一的标准。

（2）间接 TPMS

在防抱死制动系统（ABS）中用轮胎速度传感器来测量每一轮胎的转速及 ESC 等相关信息，由微处理进行分析、计算，推断出某只轮胎的压力（气压）是否增高或降低，进而判断故障是否会发生。这一方案的特点是耐用性强、可靠性高，不受电池及其他电波干扰的影响，无须对汽车轮胎进行改装，故成本低，容易实现，很适合轿车与轻型货车使用。

主动安全保护的下一个目标是普及电子稳定系统（ESP），以防止车辆转弯时失控。这一系统的安装可使各客车的交通事故降低 20% ~ 50%，使货车的交通事故降低67%。

三、汽车电子信息系统

很多资料中，常将这一系统划入车辆内部控制系统。随着电子技术及汽车工业的快速发展，这一系统已愈来愈复杂、功能也愈来愈强大，内容也愈来愈丰富，独立成为一个系统来分析，处理是比较合适的。汽车信息系统包含多个层面，主要有音/视频系统(也称娱乐系统)、车载卫星定位系统、车载卫星导航系统、车载通信系统（含无线上网系统）、车内多微机间的网络通信系统（总线系统）。

1. 音视频系统（娱乐系统）

音/视频系统可分音频系统和视频系统两大部分，前者又称音响系统，可接收广播电台的音频广播，也可播放磁带、CD 盘或转接 MP3 上的节目。视频系统可收看电视台的地面广播频道，也可播放 DVD 盘片的画面。收音机、电视机、视盘机可以是专为汽车设计的专用机型，也可以是和计算机合成一体，成为一个汽车专用的音/视频与计算机一体化设备。如今，音/视频系统已由模拟型转成数字型了，数字音响、数字电视的时代已经到来。

基于软件无线电技术与数字信号处理器的成熟与应用，车载无线电接收设备有可能将 AM/FM 接收、电视接收、卫星数字广播接收、卫星定位，甚至通信功能等集成一体，成为多网合一的系统。

2. 卫星定位与卫星导航系统

汽车的卫星定位近年来得到很大发展，尤其是在汽车出租行业中得到广泛应用，另外它在跟踪、汽车被盗破案等方面也具有重大意义。汽车的卫星导航是在卫星定位的基础上发展起来的，它的前提是要有精确的导航用电子地图。目前符合汽车工业标准和我国法规的汽车自主导航用电子地图产品已投放应用,具体有北京、天津、上海、广州等多个城市,覆盖中国广大地区的导航电子地图产品已陆续推出。

车载自主导航系统主要是车载全球卫星定位系统(GPS)接收机,它能精确监测出车辆的当前位置,并将这一位置数据与存储在光盘或计算机中用户自定义的电子地图数据做比较、判断,计算出行车路线,实时将定位和路线等信息在显示屏上显示出来,向驾驶员提供距离最短且能绕开车辆拥堵地段的最佳行车路线。另外,它还可以显示前方道路状况,如沿途天气、车流量、交通事故、交通堵塞等各种信息。

为旧车配备车载 GPS 自主导航系统会面临车内空间限制,利用车载 DVD 光盘或大容量存储器存储并显示电子地图信息是一种可行的办法。

3. 汽车上网系统

汽车上网系统是一种无线网络结构,司乘人员通过它可自由上网,发送邮件、浏览信息、下载文件等各种网上操作。目前,IBM、摩托罗拉等公司已合作开发出车用无线因特网技术。另外,微软公司也专门为"车上网"设计了软件,采用 Windows CE 操作系统,以交互式语言识别各种多媒体功能,为驾驶员能自由与 PC 机系统交换信息、保障安全行车创造条件。另外,"车上网"系统还装有车载自动化办公系统,该系统采用超高速光纤串行数据通信(MML),因此具有多路数字式通信功能,可有效地调控多信道大容量的输入、输出信号,如 CD、DVD 显示器、电视接收、音响、全球卫星定位、卫星导航等系统均可以和该系统交换信息。

4. 车内微机间的网络系统(总线系统)

由上述分析可知,汽车内往往有多个电子控制系统,高档轿车内的微处理器多达数十个,国内中档轿车的车身子系统也有 6 ~ 8 个,传感器的数量则更多。这些子系统很多都相互关联、互相影响、互相制约的,它们之间如何传递信息、交换数据,如何受主机(主微处理或 PC 机)的指挥与控制,为驾驶员提供汽车当前的工作状况是一件十分重要的事情。所以车内微机间的网络系统(总线系统)一直受到汽车电子的研发人员及汽车制造商的高度重视。车内网络系统(总线系统)有多种模式,如分布控制方案、分级控制方案、分布集中控制方案、电子网络方案等。如今,分布式控制已向集中控制和网络系统方向发展,具体介绍如下:

(1)分级控制方案

用一个中央控制计算机分别指挥多台(例 4 台)微机,分别控制防滑制动、优化点火燃油喷射、数据传输等工作。日产公司的一些汽车用此方案。

(2)分布集中控制方案

对汽车各大部分做分块集中控制(如发动机、底盘、信息显示、报警等几大部分)。日本五十铃某些汽车就是对发动机点火、燃油喷射、怠速及废气再循环等进行分布集中控制。

（3）电子网络系统（总线系统）

为了更好地在各控制系统（子系统）间完成信息交流、数据传递、共享资源（如共用所有传感器及相关设备），并使系统标准化与通用化，世界各国都在积极合作，进行汽车局域网的研究与开发，其显著成果是制定了控制器局域网络协议（CAN总线）及其他许多网络标准，开发出许多相关的微处理器产品。

汽车车内网络系统的发展，为我国汽车电子产业带来很大的机遇与切入点，它降低了企业的进入门槛，借助于LIN或CAN总线接口的单芯片方案，以DSP或嵌入式系统实现中低档轿车和轻型货车车身装置的机电一体化，这样可大大缩短汽车车身的研发周期。

四、汽车电子技术的发展

随着自动驾驶、车联网、人工智能等技术的不断融合，汽车将变得更加智能、安全、环保。未来汽车将实现高度自动驾驶，通过高精度地图、传感器和算法，精准感知周围环境，自主规划行驶路线。同时，车联网技术将让汽车与周围车辆、基础设施实现无缝连接，提升道路通行效率和安全性。此外，新能源汽车技术的不断突破，也将推动汽车电子技术在节能减排、续航能力提升等方面取得更大进展。

第七节　电子对抗

一、电子对抗概述

电子对抗（ECM，Electronic Counter Measures）是作战双方利用电子技术与设备所进行的电磁斗争。美国及欧盟称之为"电子战"，俄罗斯称之为"电子斗争"。

电子对抗的实质就是敌我双方为争夺电磁频谱的控制权，简称其为制电磁权，这如同制空权、制海权一样。夺取了制电磁权，就意味该方能自由地使用某频段信号的电磁频谱而不受对方的电磁威胁，同时也剥夺了对方使用该频谱的权利。当然，制电磁权也有其时空性等弱点，在总体上处于相对劣势的一方，也可科学指挥合理集中力量，在某一时域或地域夺取局部的制电磁权，以弱胜强也不无战例。

电子战已经历了100多年的历史，留下了一串串耀眼的光辉，也留下了成堆的白骨。如今，电子战已从开始时的战争辅助手段一跃成为战争的主角。随着科学技术的飞速发展，专门用于电子战的飞机、舰艇、卫星，以及用来摧毁雷达等装置的反辐射导弹相继服役，武器装备的电子化程度已越来越高，越来越走向尖端。

21世纪的电子对抗将重点发展网络对抗、计算机病毒对抗等新型武器，电子战将进入一个新的时代。现代化的战争是一场海、陆、空、太空、电的多维一体化战争。

电子对抗的发展依赖于现代化的高新技术，特别是电子技术、通信技术、计算机技术、控制技术、软件技术、微电子技术、微波技术、传感技术、光电技术及材料学科、机械学科等诸多领域，诸多技术的协同发展。

二、电子对抗分类

电子对抗主要包括三个方面：电子侦察（又称电子支援）、电子干扰（电子进攻）、电子防御。另外，电子对抗也可按信号的频域（频段范围）电子设备类别或按配置所处地域来区分。当然，这些分类也不是很严格的，只是一个概况而已。

下面重点对几种电子对抗做一些简介。首先说明的是电子对抗侦察、电子干扰、电子防御等，其往往是一个综合体，是很难区分的。例如某种电子对抗飞机、某种电子对抗设备，它们往往都是攻防兼备的，故下面只对电子对抗的几个主要方面做一些说明。

1. 电子对抗侦察

也称电子支援，采用高灵敏、宽频带的探测接收系统（警戒系统），搜索或截获敌方电磁辐射信号或声呐信号，经过快速分析、计算、识别、定位，迅速获取敌方电子设备的技术参数（如信号的频率、调制方式，强度等）和位置等情报，为实施电子干扰、电子防御及摧毁该辐射源，提供支援。如今，飞机、舰艇、坦克、车辆等各种运载器均可携带这种高灵敏探测设备，无人驾驶的电子侦察飞机就装有这些电子侦察系统。

另一种常用设备是侦察卫星，它可进行全球性的、不间断的电子侦察，特点是覆盖面积大、侦察距离远、利用时间长、安全性能好。当卫星飞经敌方地域高空时，卫星上的定向探测系统开启工作，能在全频段上收集被侦地域电磁辐射信号，经预处理后做短期存储，当卫星运转至己方领域上空时，其上的遥测系统按控制指令快速地将存储的数据发回地面，地面的技术人员及时分析、提取特征信息，确定敌方电子设备的技术参数，同时可根据信号获取的时间（及摄像所获的图片）等因素，准确推算出敌方相关电子设备（装备）的具体位置。由于现有的定位系统的技术性能不断提高，定位精度在几米之内已不成问题。

2. 电子干扰

这是为了削弱或破坏敌方电子设备效能而采取的电子技术措施。通常以人为方式主动辐射或转发电磁波或声波（其技术参数由电子侦察获得），制造假回波或吸收电磁波，以达到扰乱或欺骗对方电子设备，使其失效或降低效能等反侦察目的。

电子干扰按是否辐射能量，分为有源干扰与无源干扰。

（1）有源干扰

用辐射电磁波或红外线以干扰对方。如通过专门的干扰发射机发射信号或转发与目标回波相同或相似的假信号以欺骗对方，此欺骗又分距离欺骗、角度欺骗、速度欺骗等。常见的有源干扰分瞄准式、杂波阻塞式、回答式、投掷式多种方式。

（2）无源干扰

不辐射电磁波或红外线的电子干扰。通常是利用无源器材来改变己方目标或模拟己方目标对电磁波的反射，从而破坏敌方雷达对我方目标的侦察与跟踪。无源干扰主要包括无源诱饵、干扰物与投放器（假目标），这些诱饵与物器有箔条、金属粉末仿真弹（仿飞机、舰艇等），涂敷金属的气悬体，激光干扰气悬体，空气电离气溶剂等。新型的隐身巡航导弹、隐身飞机等也属此类。隐身技术的突破，给雷达的探测带来了巨大威胁与挑战。当然，有矛就有盾，目前，反隐身技术的发展也令人瞠目。以雷达为例，米波和毫米波雷达、双基地雷达、超视距雷达、谐波雷达、机械预警雷达、波动雷达和光电探测系统等不断涌现，加之高性能吸波材料的应用，干扰与反干扰战在不断升级。

现代化的战斗机和轰炸机通常都装备机载警戒和干扰功能的综合电子对抗系统，即机电自卫系统，它能挫败对方电子设备、突破对方防御。另外，现有的弹道导弹也配有干扰、欺骗和隐藏功能的综合电子系统，即弹载突防系统，可在外层空间按程序连续投放箔条，形成干扰走廊，还可投放金属化充气气球，造成虚假多目标，使对方反弹道导弹系统饱和而失去效能。弹头本身也采用隐身技术，也可在弹头前方发射小型火箭作为诱饵，以迷惑对方。

3.电子防御

为了保卫己方电子设备与装备不受敌方侦察、干扰定位和摧毁而采取的各种电子技术措施，这些措施归纳为：

（1）扩频技术

用伪随机码等技术对己方电子设备的信号波形进行设计，扩展其带宽，以较低的功率密度产生伪噪声信息，使真实的信号不易被敌方的电子侦测系统侦察与识别。

（2）自适应天线技术

以自适应方式控制天线的方向图，使其主波瓣（信号的接收或发射的主要方向）指向所需信号，而将方向图的零值点对准各干扰源的方向，使天线攻守兼备，矛、盾齐全。

（3）新防御体制的设计

如双基地雷达体制等，这是由战略家和电子技术等专家们的智慧所决定。

4.网络对抗与计算机病毒对抗

这是近几年来迅速发展的一种电子对抗，也是21世纪电子对抗中的重点发展方向。网络对抗泛指网络攻击、网络防御的方式及各自实现的策略或过程。网络攻防双方对抗的焦点是信息资源的可用性、机密性、完整性、安全性、防御性。

现今世界是网络时代，全世界有一张大网，罩着每个国家、每个部队、每个部门、每个家庭，连着每一台计算机，如果这张网受到攻击，有一个程序、一个病毒使它不能工作而瘫痪，那会是一个怎样的情景，一场战争又将如何进行！如今，病毒软件在全世界已有成千上万种，时时有病毒病毒暴发，时时有计算机失灵，"渗透病毒"武器的研制仍在不断进行中。

一些科学家预言，未来的战争破坏力最大的已不再是核打击。在电脑已成为武器控制和国家经济中枢等情况下，"计算机病毒打击"将更直接、更危险。有人预言，一个网络攻击团队可顶七个空降兵团，此言应当引起重视。

由此说来，网络对抗和计算机病毒对抗中的防御将是十分重要的，能用什么样的盾牌来抵御锐利子的进攻，应该是每个电子技术专业大学生肩负的重任。下述几点措施是很值得注意的。

（1）物理层的隔离

关键系统或重要单位不与公用网连接，而采用专线式或封闭网络体系，这样可将网络攻击拒之门外，自成一个信息"孤岛"。

（2）设置良好的防火墙

对网络间的相互访问进行有效限制，防火墙技术发展很快，新的软件层出不穷，防御能力也在不断提高。如身份验证等手段可有效防止欺骗性的攻击，就是此一例。

（3）有效的信号控制接入

利用直扩、跳频或扩跳频相结合的信号传输技术。这是一种有效的、安全的网络接入控制手段。

（4）加密措施

对有用信息进行某种形式的变换，使得只有解密密钥的用户才能解出原有信息，如此可防御网络监听、保护信息的安全传送。另外，信息的加密，特别是算法加密，还能有效地防范密码被破译的危险，至少也能延长密码被破译的时间。网络传输中一般采用链路层加密和网络层加密的保护措施，前者是在相邻链路节点间点对点通信中加密，后者也称端至端加密，加密措施所存在的问题是对密钥的管理。

三、电子对抗的发展

电子对抗的未来发展将更加智能化、网络化、综合化。随着人工智能、大数据、云计算等技术的深度融合，电子对抗将实现更精准的态势感知、更高效的决策支持和更灵活的作战手段。网络空间将成为电子对抗的新战场，网络攻击与防御技术将不断升级，确保信息安全的同时，也增加了电子对抗的复杂性和挑战性。此外，电子对抗将更加注重体系对抗，实现多领域、多层次的协同作战，为现代战争提供强有力的信息保障。

结　语

　　综上所述，电子信息技术，作为当代科技进步的重要驱动力，正以前所未有的速度塑造着我们的世界。从基础理论的探索到应用技术的创新，电子信息技术不仅深刻地改变了人们的生活方式，还极大地推动了社会经济的发展。微电子技术的飞速发展，使得集成电路的集成度不断攀升，计算性能与能效比大幅提升；通信技术的日新月异，从有线到无线，从低速到高速，从局域到全球，实现了信息的即时传递与共享；信息处理技术的不断创新，人工智能、大数据、云计算等前沿技术不断兴起，让数据处理与分析能力跃升至前所未有的高度。这些成就不仅丰富了人类的知识宝库，而且为各行各业的发展注入了强大动力。然而，电子信息技术也面临着诸多挑战，如何保障信息安全、维护网络空间稳定、促进技术公平与可持续发展等问题亟待解决。因此，我们需要在加强技术创新的同时，注重法律法规建设、伦理道德引导以及国际合作与交流，共同推动电子信息技术的健康发展。

　　展望未来，电子信息技术发展然充满无限可能。随着量子计算、生物计算等新型计算模式的探索，我们有望突破现有计算能力的极限，开启全新的计算时代。同时，物联网、5G 乃至未来 6G 通信技术的持续演进，将进一步促进万物互联，构建更加智能、便捷的社会生活。此外，人工智能与电子信息技术的深度融合，将推动智能制造、智慧城市、智慧医疗等领域的快速发展，为人类社会的可持续发展贡献新的力量。

参考文献

[1] 孙正凯.计算机与电子信息技术的工程应用研究 [J].中国新通信,2024,26（5）:83-85.

[2] 李庆庆.电子信息技术在消防通信指挥中的应用研究 [J].产业创新研究,2024（12）:120-122.

[3] 谢延璋,胡腾.电子信息技术在数字化煤矿建设中实践探究 [J].中国矿业,2024,33（S1）:207-210.

[4] 李衍一.5G通信技术在电子信息工程中的应用 [J].集成电路应用,2024,41（6）:214-215.

[5] 李奕.智能技术在信息工程自动化设计中的应用 [J].集成电路应用,2024,41（6）:118-119.

[6] 吴光珩.基于电子信息技术的智能汽车驾驶辅助系统设计与优化 [J].时代汽车,2024（12）:28-30.

[7] 高玲,杨亚男.基于电子信息技术温室环境自动调控系统设计 [J].农机化研究,2024,46（11）:126-130.

[8] 李龙飞.电子信息技术在网络安全中的应用 [J].电子技术,2024,53（05）:266-267.

[9] 尤克丽,刘金山.电子信息技术在乡村振兴中的应用价值分析 [J].农业工程技术,2024,44（14）:107-108.

[10] 周小勇.电子信息科学与技术在互联网时代的创新 [J].科技资讯,2024,22（9）:37-39.

[11] 穆春林.电子技术与电子信息工程技术在汽车领域的应用研究 [J].内燃机与配件,2024（9）:123-125.

[12] 王飞,朱义民.基于智能算法的电子信息处理软件与传输技术研究 [J].网络安全和信息化,2024（5）:101-103.

[13] 刘鑫.基于区块链技术的电子病历信息安全存储分析 [J].网络安全和信息化,2024（5）:142-144.

[14] 夏鸿达.电子信息技术在公共管理中的应用 [J].今日财富,2024（13）:98-100.

[15] 高占岳 . 计算机网络技术在电子信息工程中的应用 [J]. 办公自动化，2024，29（09）：19-21.

[16] 史宇鑫 . 基于电子信息技术的智能农机设备远程监控与控制系统设计 [J]. 南方农机，2024，55（8）：84-86.

[17] 罗威 . 智能化通信中电子信息工程技术的运用现状与发展 [J]. 智慧中国，2024（4）：90-91.

[18] 张雪敏，谷力 . 基于电子信息技术的电器电磁机构设计 [J]. 自动化与仪器仪表，2024（4）：211-215.

[19] 孙畅畅，杨茜 . 电子信息技术在办公自动化中的有效运用 [J]. 电子元器件与信息技术，2024，8（4）：67-69.

[20] 花文俊 . 电子信息技术在物联网中的应用 [J]. 电子技术，2024，53（4）：170-171.

[21] 刘铁成，孙明欣 . 电子信息技术在无人驾驶汽车中的应用 [J]. 汽车维修技师，2024（8）：46.

[22] 姜梅，张焕英 . 基于电子信息技术的智能信息检索系统设计 [J]. 信息与电脑：理论版，2024，36（5）：81-83.

[23] 王长兴 . 基于电子信息技术的供应链可视化与优化策略研究 [J]. 科技经济市场，2024（4）：34-36.

[24] 郑意捷 . 互联网背景下的电子信息科学技术创新 [J]. 信息与电脑：理论版，2024，36（7）：179-181.

[25] 赵金成 . 计算机网络技术在电子信息工程中运用分析 [J]. 信息与电脑：理论版，2024，36（7）：13-15.

[26] 支开来 . 智能控制技术在电子信息系统中的优化与改进 [J]. 集成电路应用，2024，41（4）：318-319.

[27] 王兆秀 . 电子信息自动化技术在物联网中的应用 [J]. 集成电路应用，2024，41（4）：338-340.

[28] 吴瑞 . 电子信息工程中计算机网络技术的优化与实践 [J]. 网络安全和信息化，2024（4）：100-102.

[29] 赵海岗 . 新时期电子信息工程技术与安全管理研究 [J]. 电子元器件与信息技术，2024，8（3）：157-160.

[30] 周睿 . 计算机通信技术与电子信息技术在人工智能领域的应用分析 [J]. 电子元器件与信息技术，2024，8（3）：55-58.

[31] 刘丽 . 电子信息技术实践与应用研究 [M]. 哈尔滨：东北林业大学出版社，2024：1-14.

[32] 秦琨 . 航天电子技术与应用前沿地面装备信息化技术及发展 [M]. 上海：上海科学技术出版社，2023.

[33] 李厥瑾，王菁，冯秀亭 . 人工智能与电子信息技术应用研究 [M]. 长春：吉林科学技术出版社，2023.

[34] 刘天钊，王新泉 . 新时期电子信息原理与技术探索研究 [M]. 汕头：汕头大学出版社，2023.

[35] 刘侃，谷满仓 . 电子信息技术篇 [M]. 北京：北京理工大学出版社，2021.

[36] 吴莉莉，林爱英，邢玉清 . 电子信息科学技术导论：第 2 版 [M]. 北京：机械工业出版社，2021.

[37] 杨婧 . 电子信息工程的现代化技术研究 [M]. 长春：吉林科学技术出版社，2021.

[38] 张俊涛，陈晓莉 . 数字电子技术基础 [M]. 西安：西安交通大学出版社，2022.